戦国武将列伝❖7

畿内編【上】

天野忠幸 編

戎光祥出版

はしがき

本書は、『戦国武将列伝』の畿内編にあたり、おおむね近畿二府四県と若狭で活躍した人物を取り上げる。主な活動期間が応仁・文明の乱から天文年間の人物を上巻に、天文年間から元亀年間の人物を下巻に収めた。

戦国時代は幕末維新期と並ぶ人気のある時代とされ、マンガや小説、大河ドラマ、ゲームの題材として取り上げられることも多い。駅前や城跡には戦国武将の銅像が立ち、郷土の英雄となっているところもある。しかし、そうした「恩恵」がなかった地域がある。それが首都京都を中心とする畿内近国である。

戦前は皇国史観によって、足利《あしかが》将軍家や室町幕府《むろまちばくふ》は逆賊とされた。戦後になると織田信長革命児説がもてはやされ、畿内の武将は守旧勢力として滅ぼされるべき存在とみなされた。つまり、どんな研究成果が出ても、受け入れられなかったし、評価されてこなかったのである。

しかし、二十一世紀に入った頃から、状況は変わり始めた。一つは、戦国時代の畿内研究の先駆者で、衝撃的な研究成果を発表してきた今谷明氏の書籍が次々と復刊されたことである。もう一つは、そうした今谷氏の幕府像や畿内のイメージを超克する様々な研究成果、すなわち全国的な家格秩序の頂点に位置する足利将軍家とそれを支える側近や直臣たち、管領《かんれい》家として地域に大きな影響力を及ぼす細川《ほそかわ》氏や畠山《はたけやま》氏、新たに幕政に意見する六角《ろっかく》氏、京都との関係を絶やさない若狭武田《たけだ》氏、応仁・文明の乱を引きずりながらも生き残った赤松《あかまつ》氏と山名《やまな》氏、そして、足利将軍家なき世を示した三好《みよし》氏など、畿内近国の大名権力の研究が一書にまとめられ、書店の棚に並んだこと、インターネットで買えることである。私が学生や院生の頃からすると夢のようであるが、一部の大書店のみとはいえ、現在は日本中世史の書棚に「戦国期畿内」というコーナーが常設され、誰でも目にすることができるのだ。

その一方で新たな問題も出てきた。畿内の武将たちの名前は、後世の軍記物などに見えるものが慣用的に使われてきたが、実際はそのような名前は名乗っていないということがわかってきた。つまり、旧来の人名辞典が使えなくなってきたのだ。また、研究は進んだといえども、まだまだマイナーで、織田氏・羽柴《はしば》（豊臣《とよとみ》）氏・徳川《とくがわ》氏は別格としても、武田氏・上杉《うえすぎ》氏・毛利《もうり》氏の書籍と同数の人物を登場させても、畿内の場合は「みんな似たような名前ばかりで区別がつかない」、「名前が何度も変わっていて誰かわからない」「よく知らない人物が羅列されている」という声が多い。そこで、本書では、どのような幼名・仮名《けみょう》・実名（諱《いみな》）・官途《かんと》名をいつ頃より名乗ったのかを、できるだけ記してもらうことにしたので、参考にしていただきたい。

また敵味方がすぐに変わるのが、畿内政治史の難解な点とよく言われる。それは細川氏と畠山氏がそれぞれ二つに分裂したためでもあるが、大まかには、澄元《すみもと》流細川氏（澄元、晴元《はるもと》、信良《のぶよし》）と義就《よしひろ》流畠山氏（義就、義豊《よしとよ》、義英《よしひで》、義堯《よしたか》、在氏《ありうじ》、尚誠《ひさまさ》）が手を結び、高国《たかくに》流細川氏（高国、晴国《はるくに》、氏綱《うじつな》）と政長《まさなが》流畠山氏（政長、尚順《ひさのぶ》、稙長《たねなが》、長経《ながつね》、晴熙《はるひろ》、晴満《はるみつ》、政国《まさくに》、高政《たかまさ》、秋高《あきたか》）が連携し、対決する構図となる。また、足利氏は義澄《よしずみ》流（義澄、義晴《よしはる》、義輝《よしてる》、義昭《よしあき》）と、義稙《よしたね》流（義稙、義維《よしつな》、義栄《よしひで》）に分かれ、「二つの将軍家」が生み出されるが、義澄流が圧倒的に優勢である。このあたりを踏まえておけば、多少わかりやすいと思う。

それでは現代に勝るとも劣らない混沌とした社会を、懸命に生きた人物の生き様を御覧ください。

二〇二二年十月

天野忠幸

目　次

凡例

一、本書では、戦国時代に主に畿内を基盤として活躍した武将四十四人を取り上げ、各武将の事蹟や個性、そして彼らは何のために戦っていたのかをまとめた。なお、本書では公家である葉室光忠、僧侶である下間頼秀・頼盛、筒井順興・順昭、杉坊明算・照算、女性である赤松洞松院についても、自ら戦場に赴いていること等の理由から武将として取り上げた。

一、人名や歴史用語には適宜ルビを振った。読み方については、各種辞典類を参照したが、歴史上の用語、とりわけ人名の読み方は定まっていない場合も多く、ルビで示した読み方が確定的なものというわけではない。また、執筆者ごとに読み方が違う場合もあり、各項目のルビについては、各執筆者の見解を尊重したことをお断りしておきたい。

一、用語についても、それ自体が論点となりうるため、執筆者間で統一をしていない。

一、掲載写真のうち、クレジットを示していないものについては、戎光祥出版編集部撮影のものである。

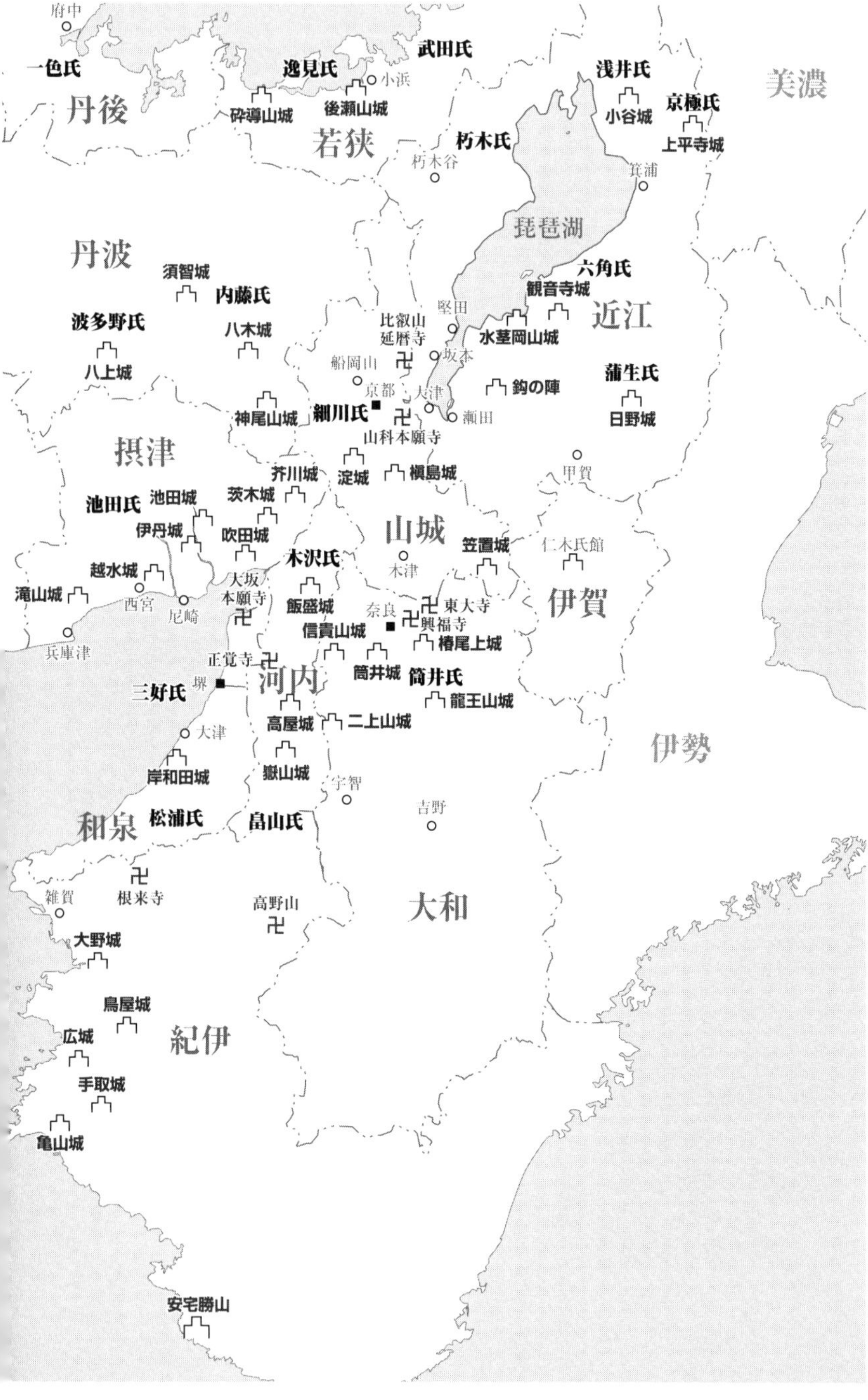

府中
一色氏
丹後
逸見氏
砕導山城
武田氏
小浜
後瀬山城
若狭
朽木氏
朽木谷
浅井氏
小谷城
京極氏
上平寺城
美濃
箕浦
琵琶湖
丹波
須智城
内藤氏
波多野氏
八木城
八上城
六角氏
観音寺城
堅田
比叡山
延暦寺
坂本
水茎岡山城
近江
船岡山
京都
大津
鈎の陣
蒲生氏
日野城
神尾山城
細川氏
瀬田
山科本願寺
摂津
芥川城
淀城
槇島城
甲賀
池田氏
池田城
茨木城
伊丹城
吹田城
山城
笠置城
仁木氏館
越水城
木沢氏
木津
滝山城
西宮
尼崎
大坂
本願寺
飯盛城
東大寺
伊賀
奈良
興福寺
兵庫津
信貴山城
椿尾上城
正覚寺
堺
三好氏
河内
筒井城
筒井氏
龍王山城
高屋城
二上山城
伊勢
大津
岸和田城
獄山城
宇智
吉野
和泉
松浦氏
畠山氏
雑賀
根来寺
高野山
大和
大野城
鳥屋城
紀伊
広城
手取城
亀山城
安宅勝山

戦国時代の畿内関係図（全体）

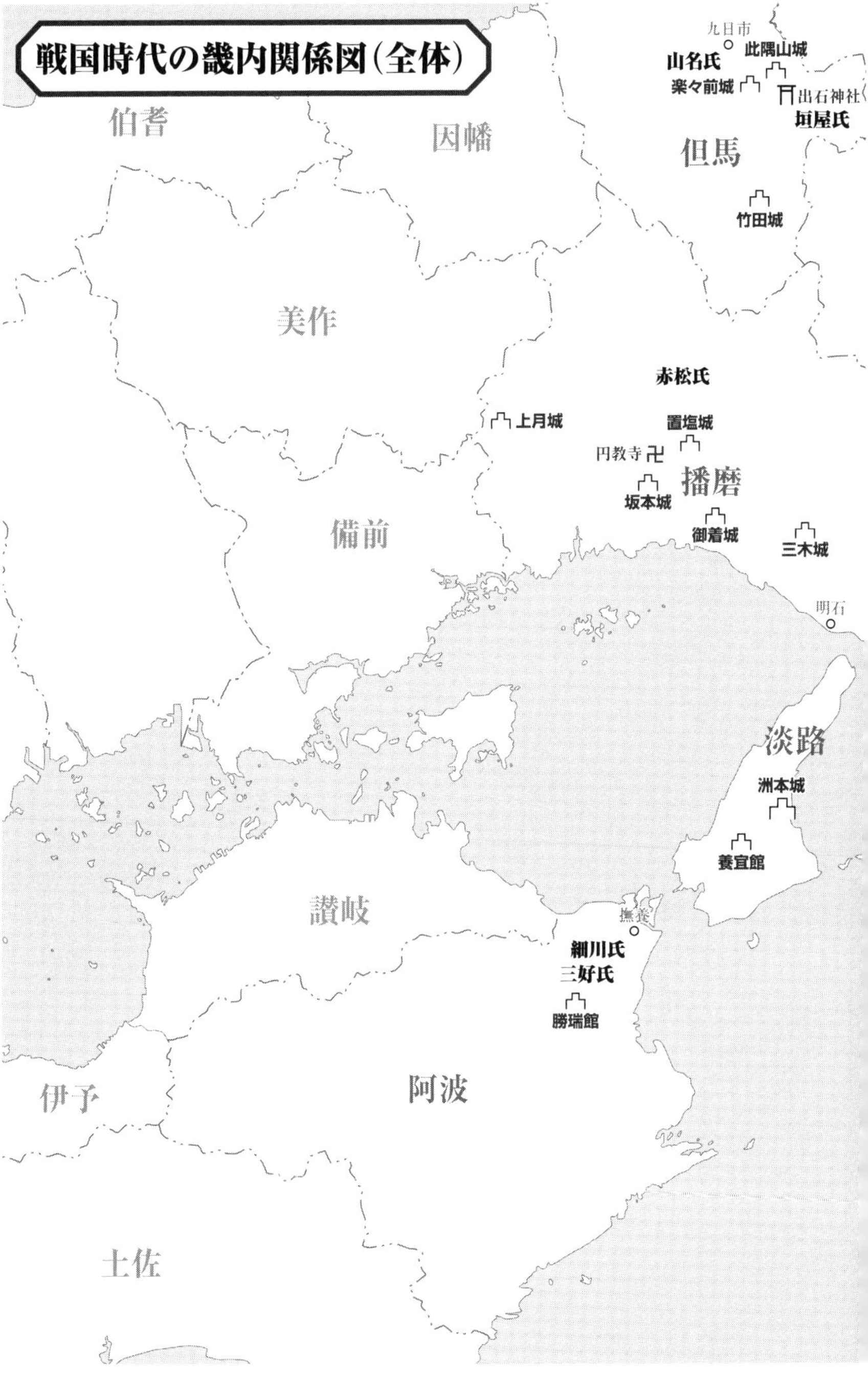

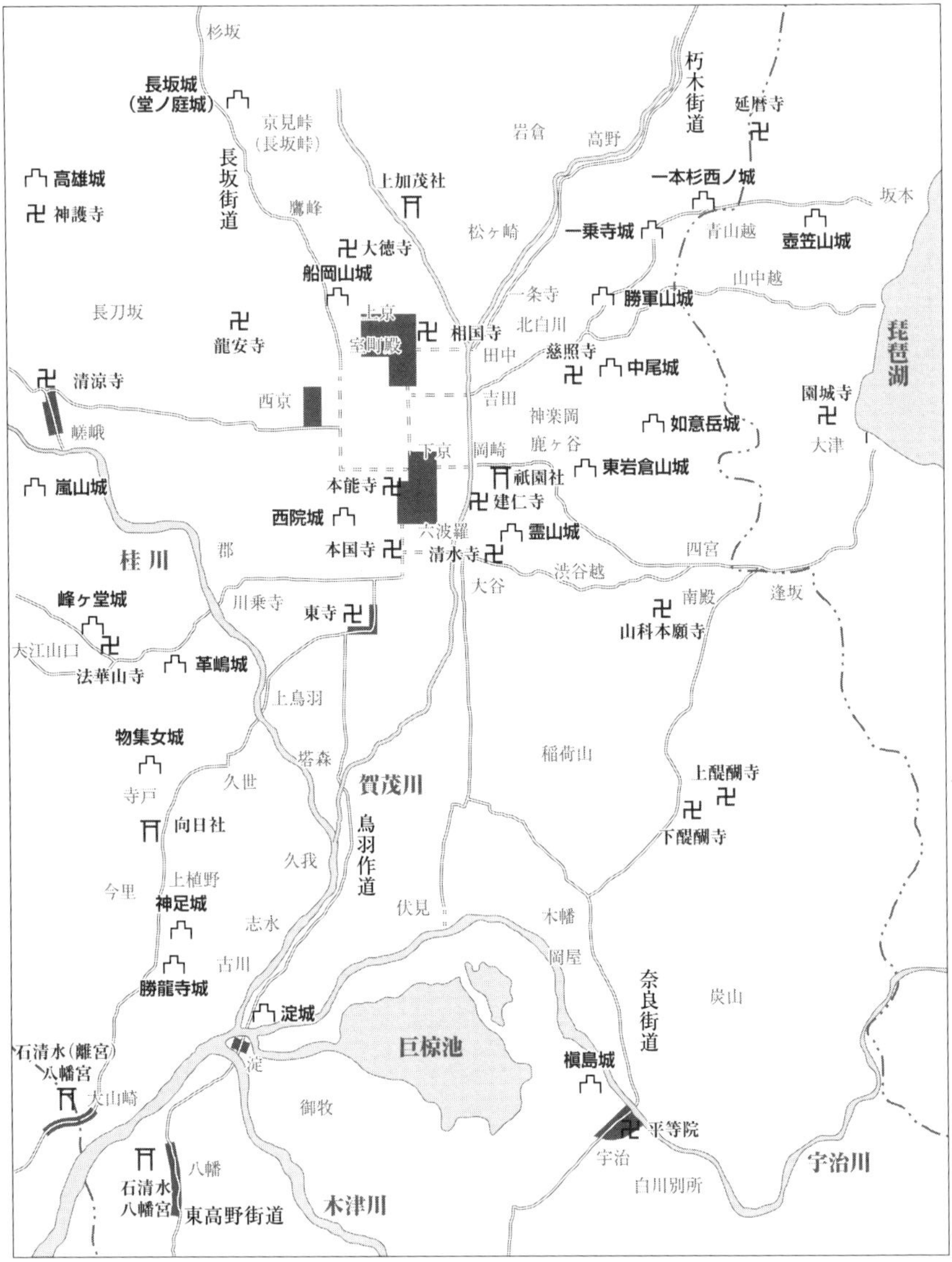

戦国時代の畿内関係図(京都周辺)

福島克彦『畿内・近国の戦国合戦』(吉川弘文館、2009 年) 掲載図をもとに作成

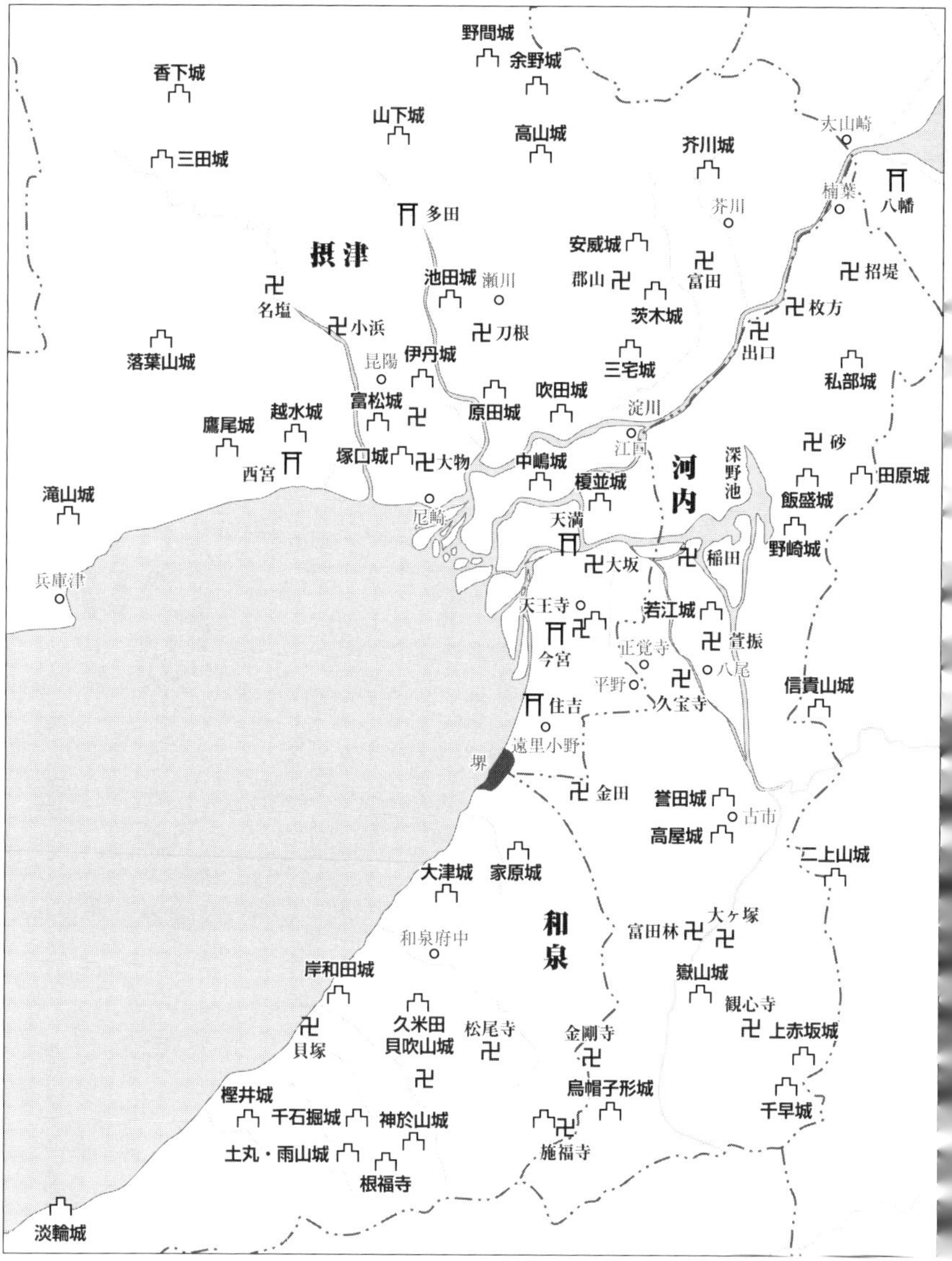

戦国時代の畿内関係図（大坂周辺）

中西裕樹「三好・松永権力の城郭と畿内の都市」（『松永久秀の城郭』戎光祥出版、2021 年）掲載図をもとに作成

伊勢貞宗・貞陸
——明応の政変で戦国の世を導いた政所執事

伊勢氏の来歴と応仁・文明の乱までの貞宗

伊勢《いせ》貞宗《さだむね》・貞陸《さだみち》は、幕府の訴訟や財政を司る政所《まんどころ》の執事を継承した伊勢守家の人物で、伊勢流故実《こじつ》の大成者としても知られる〔二木一九八五〕。本稿では、前代からの動向を概観し、主に明応〜永正年間の貞宗・貞陸の政治的な動向を論じたい。

まず、伊勢氏の来歴を述べておこう。伊勢氏は、足利《あしかが》氏の根本被官に出自を持つ。南北朝期に貞継《さだつぐ》が御所奉行《ごしょぶぎょう》・御厩《みうまや》奉行となり、義満《よしみつ》の養育役を務めた。さらに、康暦の政変を契機に政所執事となり、子孫がこれを継承する。

その後、政治勢力として台頭するのは、足利義教《よしのり》期の貞国《さだくに》からである。貞国は、失脚した兄貞経《さだつね》に代わり政所執事に就任し、関東や九州との交渉に関与するなど、活動の幅を広げた。さらに義満の先例にならい、義教の嫡子義勝《よしかつ》の養育も担当した。

義教暗殺後、義勝・義政《よしまさ》と若年の室町殿《むろまちどの》が続くが、貞国は細川持之《ほそかわもちゆき》・畠山持国《はたけやまもちくに》と関係を保ち、息子貞《さだ》親《ちか》は義政の「御父」に定められた。また、蔭凉職《いんりょうしき》季瓊真蘂《きけいしんずい》が失脚したことにともない、貞国は禅院行政を代行した。その子貞親は、軍事・財政・訴訟・外交などのさまざまな分野で義政の親裁を支えた〔吉田二〇一〇〕。

　この貞親の息子が本稿の主役のひとり、伊勢貞宗である。没年と正誕生日祈禱の開催日から、文安元年（一四四四）五月四日生まれとわかる〔親元日記、鹿苑日録〕。幼少時の動向は定かではないが、通称は「七郎《しちろう》」である。長禄四年（一四六〇）十一月十八日、「兵庫助《ひょうごのすけ》」に任官する〔長禄四年記〕。以後、貞宗は父貞親とともに義政の御供や申次を務めた。

　寛正六年（一四六五）十一月、義政と御台富子《とみこ》の間に義尚《よしひさ》が生まれると、貞親は養育役となり、権勢を強めた。ところが貞親は、斯波《しば》氏の家督問題への介入や大内政弘《おおうちまさひろ》の赦免により反感を集めていく。文正元年（一四六六）九月、貞親は足利義視《よしみ》に謀反の疑いがあるとして、義政に讒言した。しかし、細川勝元《かつもと》・山《やま》名《な》持豊《もちとよ》らが義政に申し入れ、逆に貞親が失脚する。

　貞宗は貞親の没落には従わず、被官を集めて義尚を守護した。諸大名は伊勢一族を許さない旨を決議している〔経覚私要鈔〕。しかし十月、義政は貞宗を伊勢守家の家督とした〔斎藤親基日記〕。貞宗は政

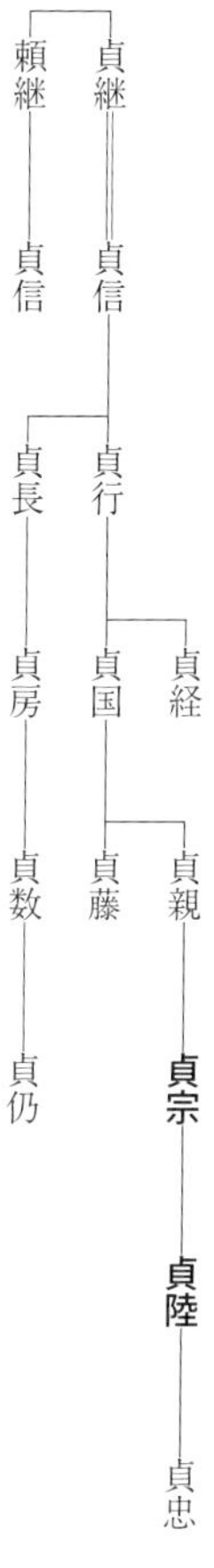

伊勢氏略系図
『尊卑分脈』による

所執事に就任し、義尚の養育役となった。なお貞親の立場は、弟の伊勢貞藤《さだふじ》や奉行人飯尾為数《いのおためかず》にも継承された。

だが、応仁元年（一四六七）六月には為数が殺害され、八月には貞藤が放逐される。応仁二年閏十月、義政は貞親を復帰させ、政所執事に再任した。貞親は義政の御内書副状《ごないしょそえじょう》を発給しており、西軍を攻撃する軍事命令にも関与している〔吉田二〇一〇〕。しかし、貞親復帰に不審を抱いた義視は出奔、西軍に身を投じた。ここに東西二つの幕府が成立する。なお、西幕府では貞藤が政所執事となり、義視の御内書副状を発給している。

貞親は文明三年（一四七一）四月に再び幕府を出奔し、貞宗が政所執事に就任する。遅くとも七月には従四位下《じゅしいのげ》となり、「伊勢守」に任官している〔歴名土代、毛利家文書、御内書符案〕。貞宗は御内書副状を発給し、義政の軍事親裁を補佐した。なお、貞親は文明五年正月、若狭で没している。

応仁・文明の乱後の貞宗と貞陸

貞宗は義政の右腕として、乱中・乱後の幕政を支えた。乱終結と赦免に向けた各勢力との交渉では、多く貞宗が交渉役となった。文明八年（一四七六）九月からの大内政弘との交渉は、大内氏分国に抑留された遣明船《けんみんせん》の積荷返還交渉と並行し、貞宗が一貫して窓口を務めた。貞宗は積荷の納入と大内氏の赦免を実現させ、政弘の従四位下・左京大夫への叙位・任官を取り次いでいる。貞親以来の大内氏との関係や、外交・貿易関係への伊勢氏の関与が機能したのである。以後も伊勢氏と大内氏は密接な関係を継続していく。このような関係は、旧西幕府勢力の六角《ろっかく》氏や土岐《とき》氏などともみられる。貞宗は、地域権力の任官や幕府文書の発給要請、抗争の調停などさまざまな案件で交渉に関与した。被官蜷川親元《にながわちかもと》の『親元日記』を紐解けば、奥羽から九州に及ぶ各地の守護・被官・国人から、義政・義尚・富子に加えて、貞宗への多くの贈答が確認できる。文明年間の貞宗は、列島各地の武家諸階層と関係を構築したのである。

東山山荘《ひがしやまさんそう》造営が本格化すると、貞宗は材木・要脚調達に奔走した。文明十五年、義政が東山に移ると、貞宗も隣接する北白川《きたしらかわ》（京都市左京区）に邸宅を構えている。以後、貞宗は蔭凉職亀泉集証《きせんしゅうしょう》らと義政の政務を補佐した。東山殿には寺社本所から訴訟が多く持ち込まれており、義政御内書や奉行人奉書に加えて、貞宗の副状が求められることもあった。

乱後には貞宗の息子貞陸の活動も見え始める。貞陸は、没年と正誕生日祈禱から寛正四年（一四六三）六月二十二日生まれとわかる〔親元日記〕。幼少時の動向は不明瞭だが、通称は「七郎」である。文明九年八月十二日に元服し、「貞綱《さだつな》」と名乗った〔兼顕卿記〕。文明十一年十一月二十二日に「兵庫助」に任官している〔伊勢系図〕。このとき、「貞陸」と改名したとみられる。

貞陸の政局での動向も見逃せない。文明十八年四月、貞陸が妻の叔父正親町三条公治《おおぎまちさんじょうきんはる》とともに、畠山義就《よしなり》の赦免を画策したとの風聞が立っている。これに畠山政長《まさなが》と細川政元《まさもと》が反発し、公治邸が襲撃され、貞陸邸も厳戒態勢となった。公治・貞陸は義尚の側近として、義就の赦免を狙ったとみられる〔家永一九九五〕。若年の貞陸の主体的な動きがみえる点は注目されよう。一方、貞陸は文明十八年五月、義政より山城守護に補任されている〔蜷川家文書〕。この動きは、東山山荘造営事業の一環だった。貞宗・貞陸は、義政・義尚の微妙な関係のなかで活動していたのである。なお、貞陸はこの年の五月九日に従五位下に叙され、七月二十一日に「備中守《びっちゅうのかみ》」に任官している〔伊勢系図〕。

長享元年（一四八七）年九月、義尚は寺社本所領・奉公衆領の回復のため、六角氏を攻撃するべく、大軍を率いて近江に出陣した。貞宗は六角氏との折衝で解決をはかっていたが、今回、義尚は貞宗に関与させず、出兵に踏み切ったのである〔百瀬一九七六〕。引き続き貞宗は義政の政務を補佐したが、河内の義就や大和の越智家栄《おちいえひで》とも連絡し、独自の動きをみせている〔大乗院寺社雑事記〕。

一方、貞陸は近江出兵の先陣を切った。同年十一月、義尚から、罪科により没収された被官人の所領を、自らのものにできる特権を安堵されている。この特権は、貞陸の祖父貞親に義政が与えたものだった〔蜷川家文書〕。貞陸の優遇がうかがえる。

長享三年（延徳元年、一四九〇）三月、近江で義尚は陣没した。貞陸は亀泉や貞宗と相談し、義尚遺骸の帰京や葬儀などを差配している。四月には、美濃にいた足利義視・義稙《よしたね》（義材《よしき》・義尹《よしただ》・義稙、義稙に統一）が上洛する。しばらくは義政が政務をとったが、義政も延徳二年正月七日に没した。

将軍家の後継者候補には、天龍寺香厳院《てんりゅうじきょうげんいん》に入っていた義澄《よしずみ》（足利政知《まさとも》の子、旭山清晃《きょくざんせいこう》・義遐《よしとお》・義高《よしたか》・義澄、義澄に統一）がおり、政元が支持していた。ただし、富子が自らの妹を母とする義稙を支持し、義稙の継承が決定した。

延徳二年正月十三日、「毎事殿中の儀奔走」していた貞宗は、入道し「御暇」を申し出ようとした。これを政元が制止している〔北野社家日記〕。義尚・義政の死や義稙の家督継承にともなうさまざまな行事の運営で、貞宗の負担は増大していたとみられる。だが、この後の動きを考えると、これは義視・義稙との距離を取ろうとしていたのではないか。はたして四月二十七日、貞宗は政所執事を辞し、貞陸が就任した〔諸奉行〕。同日、富子は小川《こかわ》御所を義澄に譲渡しようとし、義視・義稙と関係が急速に悪化するに至る。これは明応の政変への伏線となる。

表面的には、貞宗・貞陸と義稙の対立はみえない。政所執事は辞したが、貞宗は義稙側近の葉室光忠《はむろみつただ》から禅院に関する相談を受けることもあった。また、貞陸は政所執事の職務を行うとともに、延徳三年八月に始まる義稙の六角氏攻撃にも出陣した。この出陣の直前に、義稙は貞宗邸に御成《おなり》している。さらに明応元年（一四九二）十二月に近江より帰京したときにも、義稙は貞陸邸に滞在した。義稙は、貞宗・貞陸と良好な関係を築こうとしていたようにみえる。だが、その頃すでに貞宗・貞陸は策謀をめぐらせていたのである。

明応の政変と義澄政権

明応二年（一四九三）二月、畠山政長・尚順《ひさのぶ》の要請により、義稙は河内の畠山基家《もといえ》（義就の子、基家・義豊《よしとよ》、基家に統一）討伐に出陣し、正覚寺《しょうかくじ》（大阪市平野区）に陣取った。二月に伊勢氏の出陣を示す史料があるが、それ以後の在陣を示す史料がみえない。当初のみ出陣し早々に帰洛したか、あるいは出陣せず在京していたと考えられる。三月八日には貞陸が山城守護に再任している。

だが、河内出陣以前より、すでに伊勢氏以下の大名は基家方の越智氏と連絡していた。政元と基家は密かに提携しており、伊勢氏もこれに積極的に協力したのである。三月二十一日には貞宗の被官が、義稙を廃し、義澄を擁立する計画を越智氏に伝えている。そして、その一ケ月後の四月二十二日、義稙不在の京都で、政元・富子・貞宗・貞陸を中心とし、義澄が擁立されたのである。貞宗・貞陸の動向ははっきりしない点もあるが、「謀書」を発給し、義稙陣営を攪乱していたという。事実、出兵していた直臣団は瓦解し、一部を除き河内から上洛した。富子と直臣団の最有力者貞宗が、政変に参画したことの影響力がみてとれる。さらに、貞宗は閏四月十一日に義澄の意を受けて、天下安全の祈禱を命じる副状を発給している〔大薮二〇一八〕。

閏四月二十五日、正覚寺が陥落し、義稙は最後まで残った近臣とともに京都へ連行された。政変は成功を収めたかのようにみえる。しかし、六月には義稙が京都から脱走し、北陸に下向する。義稙は上洛を目指し、義澄に対抗していく。明応の政変は、「二人の将軍」の時代の幕を開いてしまったのである。

政変を主導した貞宗は、義澄の後見的な地位についた。幕府訴訟のうち将軍が主催する御前沙汰《ごぜんざた》は、貞宗が担当奉行人からの意見を受け、訴訟の子細を指示していた〔山田康弘二〇〇〇〕。一方、政所沙汰は執事の貞陸が管掌していた。幕府訴訟は貞宗・貞陸が主導していたのである。そのため、京都の荘園領主が、貞宗に対し訴訟を有利に進めるよう依頼してくることも、しばしばみられた。また、明応三年、貞宗は義稙方に内通した公家・門跡について、伝奏《てんそう》を介して朝廷に申し入れており、朝廷との交渉でも幕府を代表する立場となっていた〔後法興院記〕。そのほか、明応八年に義澄と蔭凉職が対立した際には、禅院行政を代行している。こうした幕府内外にわたる貞宗の活動をして、義澄は明応八年の時点でさえ、今は若年であり、貞宗に政を委ねていると述べている〔鹿苑日録〕。ただし、義澄は貞宗もまた自らの側近と同様に困窮しているとも言っており、伊勢氏の権勢を手放しで評価することはできない。

一方、貞陸は、山城の御料国政策の徹底をはかり、所領の押領を進めた。これに南山城の国人たちが反発するが、貞陸は大和の古市澄胤《ふるいちちょういん》を守護代に起用して弾圧する。ただし、その後も貞陸に対する抵抗は続き、畠山基家被官の入部という事態を招いた。この対応のなかで、政元の山城への影響力が拡大し、明応六年には守護貞陸、守護代赤沢朝経《あかざわともつね》・香西元長《こうざいもとなが》という変則的な支配体制がとられた。同時期、南近畿を制圧した義稙方の畠山尚順への脅威が迫るなか、政元と貞陸は妥協したのである。

さて、義稙の上洛は和睦派と武力派の二つの路線があったが、明応七年六月頃までに武力上洛に固まっていた。同年四月の時点で、義稙側近の種村視久《たねむらみひさ》は貞宗への殺意を示しつつ、貞宗が病気で存命がどうか定かでないことを「御罰」と述べている〔大乗院寺社雑事記〕。

明応八年には義稙・尚順上洛の情報が飛び交い、京都では動揺が広まった。七月には比叡山延暦寺に義稙に与同する僧が立てこもり、貞陸の子が入寺していた南円院《なんえんいん》を破却している。さらに義稙の刺客が貞宗の宿所を襲うという雑説が流れ、貞宗が政元に合力を頼むという事態になった。

こうした動きに対し、政元は京中に堀を築き防御を整え、義澄を貞宗に守護させた。そして、義澄方は近江の義稙や河内の尚順と合戦を繰り広げた。十一月、義澄のもとで政元・武田元信《たけだもとのぶ》・貞宗が義稙への対処を談合していたところ、義稙勢撃破の報告が飛び込んできた〔鹿苑日録〕。義稙は周防に落ち延び、義澄政権は安泰のようにみえた。

だが、成長した義澄と政元の間で対立が生じてしまう。文亀元年（一五〇〇）正月、対立が表面化し、政元は幕府に出仕しなかった。五月には政元が隠居している。文亀二年三月にも政元は隠居して丹波に下向しようとした。このとき、義澄は貞陸を召して相談している〔小槻時元日記〕。いずれも事態は解決したようだが、義澄が直臣団保護を打ち出したことで、政元との対立が顕在化したとみられる。

同年八月、今度は義澄が岩倉金龍寺《いわくらきんりゅうじ》（京都市左京区）に籠居した。政元や貞宗たちが参上したが、義澄は対面せず、政元に五ヶ条、貞宗に七ヶ条の要求を申しつけたという〔後法興院記〕。ここで注目されるのは、政元だけでなく、貞宗にも要求が突きつけられていることである。この時期、義澄は独自の意志を主張していくために、個人的な関係で結ばれた側近集団を組織したという。貞宗の後見を脱し、自立した将軍として存在を顕示しようとしたとみられる〔山田二〇〇〇〕。

ただし、義澄政権下での御内書副状の発給者は、ほとんど政元（後に澄元《すみもと》）・貞宗である。義澄は新たな側近たちを登用したが、幕府訴訟や財政、地域権力との交渉など、さまざまな面で幕府を支えてきた貞宗・貞陸ら伊勢一族を排除する意向はなかった。そして、貞宗・貞陸もまた義澄政権下で有力者としてあり続けたのである。

義稙の復権と貞宗・貞陸

永正四年（一五〇七）六月二十三日、政元が暗殺され、畿内は混沌の渦に巻き込まれていく。二十七日、貞宗は上洛しながら義澄と対面していなかった六角氏綱《うじつな》を「調法」し、出仕させた〔宣胤卿記〕。さらに、七月五日には政元暗殺を報じ、義稙方への攻撃を命じる義澄御内書の副状を出している〔小早川家証文など〕。細川澄之《すみゆき》が上洛するのは七月八日であり、貞宗は京兆《けいちょう》家《け》当主不在のなかで、動揺する幕府を支えたのである。その後、京兆家当主は澄之から澄元に交代したが、貞宗は公家と細川氏との山城の半済《はんぜい》をめぐる交渉において、義澄から相談を受けるなど、変わらぬ信頼を寄せられていた〔後法成寺関白記〕。また、澄元とともに義澄御内書の副状を発給し、混乱に乗じて上洛を目指す義稙への攻撃を命じ続けた〔大友家文書録など〕。

しかし、永正五年四月十六日、義澄は近臣を連れて近江に出奔する。貞宗は細川高国《たかくに》からの連絡を受けて京都に留まった〔実隆公記〕。義稙方に身を投じた貞宗・貞陸は、堺にて義稙を出迎え、六月に上洛している。

上洛した義稙は、自身を追い落とし、義澄政権の中核にいたにもかかわらず、貞宗・貞陸を厚遇した。まず、貞宗の役割が発揮されたのは、義稙復権の立役者大内義興《よしおき》との関係である。上洛早々の七月、義興の周防への下国騒動が起こった。このとき、高国とともに慰留にあたり、義興と談合したのは貞宗であった。義興が下国を撤回した直後、貞宗の執り申しによって、義興は従四位上に叙されている〔実隆公記〕。義稙が貞宗・貞陸を厚遇した理由の一つには、貞親以来の大内氏との関係が想定できる〔萩原二〇一一〕。さらに、貞宗は永正五年十一月に長尾為景《ながおためかげ》宛の義稙御内書の副状を出しており、ほかの地域権力との交渉にも関与していた〔昔御内書符案〕。

一方、貞宗は義稙の御前沙汰でも枢要な地位を任された〔実隆公記〕。円福寺《えんぷくじ》・三福寺《さんぷくじ》〔京都市中京区・左京区〕と相論していた誓願寺《せいがんじ》〔京都市中京区〕は、永正六年六月、担当奉行人に加えて貞宗の書状を獲得しており、その位置がうかがえる〔誓願寺文書、中島二〇一七〕。なお、永正六年五月の訴訟手続に関する追加法を端緒に、義稙政権では幕府訴訟法が多く出されている〔松園二〇一九〕。明証はないが、長きにわたり幕府訴訟で重要な地位にあった貞宗・貞陸が、訴訟体制の整備にかかわった可能性もある。地域権力との交渉や幕府訴訟は、貞宗が長年担ってきた役割である。義稙は経験豊富な貞宗・貞陸を厚遇し、幕政を安定させようとしたと考えられる。

　ただ、永正六年八月に貞宗所労の記事がみえており、彼は病気がちになっていたようである。閏八月には「近日は雑訴《ざっそ》停止」とも言われており、貞宗の体調との関連も推測される〔実隆公記、同紙背文書〕。そして、十月二十八日、貞宗は六十六歳の生涯を閉じた。

　貞陸が貞宗の後を継ぎ、十二月二十四日には上杉顕定《うえすぎあきさだ》・憲房《のりふさ》宛の義稙御内書の副状を発給している〔御内書案乾〕。二十七日に「伊勢守」に任官した〔宗綱卿記〕。

　貞陸も、貞宗と同様、義稙を将軍から追い落とした人物である。しかし、第二次政権では義稙からの信頼は厚かった。時期は前後するが、永正六年六月、義澄方の攻撃に備えた禁裏警固では、貞陸に「肝要庭田前東口」が任せられている〔実隆公記紙背文書〕。永正十年三月、突如義稙が近江に出奔した際、朝廷がまず義稙の在所を尋ねたのも貞陸であった。なお、このとき、貞陸邸にて高国・義興・尚順が談合している〔伊勢貞助記〕。四月末には貞陸は近江に下向し、五月には義稙とともに上洛している〔守光公記〕。

　貞宗没後は、政所執事や御供衆《おともしゅう》の活動に加え、貞宗の担っていた地域権力との交渉をも引き継いだ。また、在京大名の高国や義興と連携して御内書副状を発給している点も注目される〔浜口二〇一三〕。さらに、永正十五年四月には、義稙の使者として、越前朝倉氏《あさくら》のもとに下向している。十五年ほど封鎖されていた加賀との通路の開通が目的であった。朝倉氏を説得した貞陸は、六月に上洛した〔北野社家日記〕。応仁・文明の乱以来、伊勢氏は朝倉氏と密接な関係があり、それが機能したのである。

在京武家との交流も見逃せない。大内氏との関係は、貞陸にも継承されていた。義興やその被官たち、彼らとともに在京した石見益田《ますだ》氏が、武家故実の指導を通じて貞陸と交流する様子が確認できる〔益田家文書など〕。永正十五年正月、帰国するため堺へ赴いた義興を説得するために遣わされたのは、貞陸だった〔宣胤卿記〕。ただ、義興の帰国の意思は固く、義稙は八月に帰国を許している。

また、尚順の嗣子稙長《たねなが》の理髪《りはつ》役は貞陸が務めている〔伊勢貞親以来伝書〕。明応の政変で政長が切腹し、貞宗・貞陸と尚順は対立陣営にあったが、もともと貞宗と政長は「知音無双《ちいんむそう》」とされていた〔大乗院寺社雑事記〕。義稙政権下で、貞陸と畠山氏も密接な関係にあったとみられる。

このように、義稙政権下の貞陸は、新たに登用された畠山順光《のぶみつ》らとともに、在京大名と並び重きをなした。しかし、政権が動揺していくなかで、再び伊勢氏は去就を迫られることになる。

義晴政権の成立と貞陸の死

永正十六年（一五一九）十一月、阿波の細川澄元軍が摂津へ進軍した。高国は迎撃のため、京都を出陣する。翌永正十七年正月、高国在陣のため、禁裏四足門役を侍所開闔《さむらいどころかいこう》が代行していたが、二月からは貞陸に命じられた。貞陸は迷惑として断ったが、朝廷より再度女房奉書が下されたため、これを務めた。ただし、早速二月五日に狼藉人が現れ、貞陸被官が負傷している〔二水記〕。同じ頃、高国方の摂津越《こし》水城《みずじょう》（兵庫県西宮市）が陥落し、京中も不穏な空気が立ち込めていた。摂津で敗退した高国は上洛したが、まもなく近江へと下向した。義稙は内々の書状を得て、澄元と結んでいたのである。貞陸は三条西実隆《さんじょうにしさねたか》に対しこの情報を伝え、「穏便なり、然るべき」の由を述べている〔実隆公記〕。破竹の勢いで進軍する澄元方と義稙が結ぶことで、京都の世情が安定すると考えたのだろう。

だが五月、反攻に転じた高国は上洛し、京都の澄元方を撃退した。十三日、高国は義稙と対面したが、公家の鷲尾隆康《わしのおたかやす》は「伊勢守、このたびの上意の儀、悉皆了簡せしむと云々」と記している〔二水記〕。先の貞陸と実隆のやりとりを踏まえれば、今回の義稙の動きに、貞陸が大きく関与していたということになろう〔山田邦明二〇一五〕。再び高国は義稙を擁立し、貞陸もその地位を失うことはなかった。なお、同年六月、四足門役についての女房奉書が貞陸のもとに遣わされており、貞陸は再び門役を務めたとみられる。

九月十四日には室町殿にて、貞陸は風流の囃子物《はやしもの》を盛大に興行した。門の上から見物する者も出るほどの盛況で、落ちて負傷者や死人が出るあり様だった〔二水記〕。さらに翌十五日には貞陸邸にて囃子物が興行され、高国も招かれ大いに酒を飲んだという〔後法成記関白記〕。これらの様子からは、義稙政権が再び平穏を取り戻したかのようにみえる。

だが、翌永正十八年（大永元年、一五二一）三月、義稙は順光らわずかな側近を連れて堺、次いで淡路へ下向した。高国からの慰留を期待したのかもしれないが、高国は義稙を擁立することはなく、播磨にいた足利義晴《よしはる》の擁立を選択した。義稙もまもなく高国退治を命じている。こうしたなか、貞陸は京都に留まった。この頃、甲斐の武田信虎《のぶとら》が左京大夫任官と叙爵を幕府に働きかけていた。四月、貞陸が伝奏広橋守光《ひろはしもりみつ》に申し入れ、信虎の任官・叙爵が実現している〔後柏原天皇宸記〕。貞陸は将軍不在のなかで任官・叙爵を取り次いだのである。

七月六日、義晴が播磨より上洛した。十日には高国方に属した畠山稙長が貞陸に宛て、義晴の上洛を祝う書状を送っている〔雑々書札〕。先述したように、稙長と貞陸は密接な関係にあったため、窓口となったのだろう。二十一日には、貞陸は祇園社の祈禱のため神馬を寄進し、二十七日には義晴の叙爵宣下要脚の不足分を負担している〔建内文書、中原康貞記〕。貞陸は新たな主君のもとで、再び幕政運営に携わり始めていた。だが、八月七日、貞陸は五十九歳で没した。義晴政権での地位は嫡子貞忠《さだただ》に受け継がれることになる。

応仁・文明の乱から幕府を立て直し、明応の政変により戦国の世を導いた貞宗と貞陸。二人は政所執事の職務だけにとどまることなく、その時々の将軍に尽くしながら、政局で冷静に立ち回り、自らの技能や人脈を活かして幕府の中枢に残り続けることに成功した。本稿で触れることのできなかった文化的な側面と合わせて、彼らの政治史上の役割にも、いまだ掘り下げる余地が残されている。室町時代から戦国時代への幕府の転換を解くカギは、伊勢氏にあるといっても過言ではない。

（川口成人）

【主要参考文献】

家永遵嗣『室町幕府将軍権力の研究』（東京大学日本史学研究室、一九九五年）
大薮海「明応の政変における伊勢貞宗の動向」（『日本歴史』八四六、二〇一八年）
中島敬「永正・大永期の誓願寺と円福寺・三福寺との相論」（誓願寺文書研究会編『誓願寺文書の研究』岩田書院、二〇一七年）
萩原大輔「足利義尹政権考」（『ヒストリア』二二九、二〇一一年）
浜口誠至「足利義稙後期の幕府政治と御内書・副状」（四国中世史研究会・戦国史研究会編『四国と戦国世界』岩田書院、二〇一三年）
二木謙一『中世武家儀礼の研究』（吉川弘文館、一九八五年）
松園潤一朗「将軍足利義稙期の幕府訴訟制度について」（『一橋法学』一八—三、二〇一九年）
百瀬今朝雄「応仁・文明の乱」（朝尾直弘ほか編『岩波講座日本歴史七中世三』岩波書店、一九七六年）
山田邦明「戦国の争乱」（大津透ほか編『岩波講座日本歴史九中世四』岩波書店、二〇一五年）
山田康弘『戦国期室町幕府と将軍』（吉川弘文館、二〇〇〇年）
山田康弘『足利義稙』（戎光祥出版、二〇一六年）
吉田賢司『室町幕府軍制の構造と展開』（吉川弘文館、二〇一〇年）

葉室光忠——明応の政変、もう一人の被害者

足利義稙の側近

明応二年（一四九三）四月二十二日、八代将軍足利義政《あしかがよしまさ》の御台所であった日野富子《ひのとみこ》らの支持を得た細川政元《ほそかわまさもと》を中心として、当時の将軍足利義稙《よしたね》（当時は義材《よしき》）の廃立が実行された。いわゆる「明応の政変《めいおうのせいへん》」である。政変自体は高校の歴史の教科書にも記載されるが、実はこの政変に関連して一人の公家が殺害されたことはあまり知られていない。それが本項の主役である葉室光忠《はむろみつただ》である。

光忠は、本書の登場人物のなかでは異質な存在である。なぜなら彼は「武将」ではなく公家衆であったからである。葉室家はそもそも平安末期白河上皇《しらかわじょうこう》の近臣として台頭した藤原顕隆《ふじわらのあきたか》にはじまる藤原北家勧修寺流《ほっけかじゅうじ》の公家衆である。葉室家は公家衆のなかでは「名家《めいけ》」と呼ばれる家格であった。基本的に名家は蔵人《くろうど》・弁官《べんかん》を経て、参議《さんぎ》、中納言《ちゅうなごん》、大納言《だいなごん》まで昇進する。

しかし光忠は、当時の史料から「申次《もうしつぎ》」「武家御用人《ぶけごようにん》」「御伴《おとも》（供）衆《しゅう》」と呼称されている存在であり、公家衆でありながら、義稙の側近という立場であった。

なぜ一介の公家衆であったはずの彼は義稙の側近となり、この政変で殺害されなければいけなかった

のであろうか。特異な人生を送った彼の生涯をみていきたい。

葉室家と足利将軍家の関係

足利将軍家には、昵近《じっきん》公家衆と呼ばれる将軍家に奉公する公家衆が存在した。日野《ひの》、広橋《ひろはし》、烏丸《からすまる》といった日野流の家や、正親町三条《おおぎまちさんじょう》、高倉《たかくら》といった公家衆である。彼らは将軍家（室町殿《むろまちどの》）の家司《けいし》として参内や公武の儀式の御供はもとより、日常的に将軍家に出仕奉公していた。だが、葉室家はこれに含まれない。

その葉室家が将軍家と関わりをもったのが、光忠の父教忠《のりただ》の時代である（教忠の「教」は、将軍足利義《よし》教《のり》の偏諱《へんき》であったと思われる）。教忠は応永三十年（一四二三）の生まれで（『公卿補任』）、祖父長忠《ながただ》の養子となっていた。この教忠は義稙の父で当時足利義政の後継者とされた足利義視《よしみ》に近づいた。応仁《おうにん》・文明《ぶんめい》の乱《らん》の際に、義視が出奔して西軍に属すと、これを支持して西軍に属した。そのため、応仁二年（一四六八）にはほかの西軍支持の公家衆とともに解官《げかん》されている（『公卿補任』）。当時「蔵人右少弁《うしょうべん》」であった光忠も解官されただろう。なお、『公卿《くぎょう》補任《ぶにん》』記載の年齢では嘉吉元年（一四四一）の生まれとなるが、父の年齢や右少弁任官が二十五歳では遅すぎることから考えると、『諸家伝《しょかでん》』のいう宝徳三年（一四五一）が妥当であろう。

このほか西軍を支持した公家衆には、正親町三条公躬《きんみ》、西川房任《にしかわふさとう》、阿野季遠《あのすえとお》・公熈《きんひろ》父子、藪実仲《やぶさねなか》がいた（大乗院寺社雑事記〕。その後、応仁・文明の乱が終結する文明九年（一四七七）五月になって、教忠は勅免《ちょくめん》（天皇からの赦免）され、廷臣として復帰した〔次いで幕府にも出仕〕。

父教忠の嘆願によって赦免

一方、光忠はすぐに朝廷に復帰しなかった。彼が勅免されて復帰するのは文明十一年（一四七九）四月である。これは父教忠が天皇に嘆願したものであった。しかし、その嘆願は一度は受け入れられず、改めて嘆願したことで光忠の勅免が叶ったのである〔親長卿記〕。もちろん、天皇だけではなく、義政ら将軍家の御免も必要であった。なぜ、光忠がこの時期に赦免されたのかはわからないが、彼は乱後、義視・義稙父子とともに美濃に下向し、父が帰洛したのちも在国していたため遅れたのであろう。

朝廷に復帰した光忠は同年十月に「右中弁《うちゅうべん》」に、同十六年六月には「左中弁《さちゅうべん》」に転任した。以降、順調に昇進して、同十八年に「蔵人頭《くろうどのとう》」、長享二年（一四八八）には「参議《さんぎ》」となり、公卿に列した。復帰後の光忠は、朝廷の実務貴族として職務を果たしていたのである。

さて、光忠は朝廷に復帰したものの幕府との関係は疎遠であった。すでに第九代将軍足利義尚《よしひさ》の時代であり、もともと義視に近かった葉室家は義尚と親密な主従関係を構築することはなかったのである。それでも文明十八年の義尚の大将拝賀《はいが》の際には「殿上前駈《てんじょうぜんく》」の一人として義尚の扈従者《こじゅうしゃ》の一員となっているのは注目される〔蜷川家文書〕。

長享三年三月二十六日、近江に出陣し、鈎《まがり》の陣（滋賀県栗東市）にいた将軍義尚が現地で陣没した。これは葉室家にとっても大きな転機となった。

将軍候補として名前があがったのが、義視の子義稙と義政の庶兄の堀越《ほりごえ》公方足利政知《まさとも》の子、香厳院《きょうごんいん》清晃《せいこう》（後の足利義澄《よしずみ》）の二人であった。清晃を支持したのはかつて東軍の総大将であった細川勝元《ほそかわかつもと》の子で、現在幕府を支える有力大名の一人細川政元《まさもと》である。しかし、富子の支持もあり、結局、将軍後継者は義稙に内定した。義稙の生母良子《よしこ》は富子の妹であり、日野（裏松《うらまつ》）家の血を引かない清晃と比べて、義稙を支持するのは不思議ではない。

延徳三年（一四九〇）正月に義政が死去し、同七月、義稙が正式に第十代将軍に就任する。だが、この直前に義視と富子の間で小川《こかわ》御所をめぐるトラブルがあった。富子は義視に怒り逼塞してしまうが、これは富子と義稙との今後の関係に影響することとなる。

義稙政権の体制

義稙の将軍就任の翌月、光忠の父教忠は八月に「正二位」から「従一位」に昇進している。これは葉室家では初例であった〔公卿補任〕。これは義視父子の時代となるにあたって、かつて西軍に属して義視の側にあった教忠がその恩恵に預かったとみてよいだろう。公家衆が将軍との関係を深めようとする理由の一つには、自家の家格上昇があった。将軍が天皇に官位について執奏することで、官位の昇進を

足利義稙木像　京都市北区・等持院蔵

有利にしたかったのである。教忠の昇進はまさにこの好例であろう。

同じ年の十月には、光忠が「参議兼左大弁《さだいべん》」より「権中納言」（当時は従三位）に昇進した。当時四十歳。光忠は長く「敵」とされた西軍に属していたため、本来の昇進が遅れていたという〔実隆公記〕。任官後、光忠は拝賀を行ったが、諸大夫《しょだいぶ》、雑色《ぞうしき》らを従えるだけでなく、殿上人十名が扈従するなど異例のものであった。それを聞いた公家衆の三条西実隆《さんじょうにしさねたか》は「武威の及ぶところで、朝廷の美談ではないだろうか」と述べている〔実隆公記〕。光忠は、復権した義視・義稙父子を背景に朝廷内でも存在感を増したのである。

義稙の将軍就任当初は、後見役として父義視があった。さらに政務を行うにあたって、義稙は新たに「殿中申次《でんちゅうもうしつぎ》」を設置した。メンバーは大館《おおだち》視綱《みつな》、大館政重《まさしげ》、大館尚氏《ひさうじ》、伊《い》勢《せ》貞遠《さだとお》、伊勢貞誠《さだのぶ》、伊勢貞頼《さだより》、伊勢盛種《もりたね》、伊勢貞弘《さだひろ》、上野《うえの》尚長《ひさなが》である。このうち、視綱はもともと義視の側近であったが、ほかの申次は義政・義尚時代より継続してつとめていたものたちであった。当時、幕府内には将軍主催の御前沙汰《ごぜんざた》という評議裁定機関（法廷）が存在していたが、彼らは殿中での義稙への披露を担当し、各種の訴訟審議に関わったほか、義稙の意思伝達も担ったのである。

しかし、将軍就任の翌年正月に父義視が死去した。これは経験の浅い義稙を後見してくれる存在がいなくなったことを意味する。義稙は長く地方で生活していたこともあり、そもそも幕府内に人的にも基盤があったわけではない。本来は富子が後見役となるべきところ、先年のトラブルもあってそれは期待できなかった。そこで義稙が信任したのは、流浪時代からの側近たちであった。そのなかでも、特に光忠は急速に権勢を拡大させることとなる。

光忠は義稙政権のなかで、先の「殿中申次」とは別の「申次」として殿中にあった。つまり、義稙への披露は、申請者→殿中申次→義稙ではなく、申請者→殿中申次→光忠→義稙というようになっていたのである。

幕府の「執権」と認識される光忠の権力

義稙に諸事を披露する権限は、次第に光忠に集中されていった。有力大名であった細川政元も、披露状を発給する際の宛先が当初は殿中申次の大館視綱であったのが、のちに光忠に代わっている〔北野社家日記〕。政元でも光忠を通さなければ、義稙に話を通すことができなかったのである。ほかの大名や武士・公家の場合も言うまでもないだろう。

光忠は御前沙汰を事実上総括する存在となったのと同時に、義稙への披露についてもほとんど彼が独占した状態となったことで、幕府内での権勢は並ぶものがないものとなっていた。しかも、光忠は申次に際して金銭を要求していたようだ。そのため、礼銭がないと義稙に披露されることはなかったらしい。一方で、大金を支払うとスムーズに披露されたという〔蔭凉軒日録〕。申次が披露をする際に、相手側から礼銭を受け取ること自体は当時は当然のことであった。しかし、あえて強調して記録されることから、あまりに露骨で目に余る行為と周囲より見做されたのであろう。

だが、光忠にも理由はある。当時、公家衆の多くは家領の維持に苦しみ、経済難にあえいでいた。そのため朝廷に出仕せず、地方に在国する公家衆も少なくなかった。当時、光忠は義稙に奉公するのと同時に、公家衆として朝廷にも出仕奉公していた。それらの活動を維持するために金銭が必須であった。このような賄賂まがいの礼銭は将軍に近づくことで得た一種の権益であったのだ。光忠はこの権益を大いに利用し、幕府と朝廷で奉仕したのである。

義稙がそこまで光忠に権限を与えたのはなぜだろうか。父教忠とともにもともと義視に近い存在であったことはもちろんであろう。だが、大館視綱や種村《たねむら》視久《みひさ》など、それまで義視・義稙父子に近侍していたものも義稙の周囲にいた。彼らが光忠のような存在となってもおかしくない。ただ、義視の側近も光忠も、それまでの幕府の実務に疎い存在であることに変わりない。彼はこれまで幕府運営を実際に担う機会はほとんどなかったからである。それでも光忠が信任されたのは、光忠のほうがまだ蔵人や弁官として朝廷の実務官僚としての経験があったためであろう。

こうした権限により、当時光忠は幕府の「執権」として認識されていたようだ〔拾芥記〕。もちろん、光忠だけが義稙を支えた公家衆であったわけではない。松殿忠顕《まつどのただあき》や高倉永康《ながやす》もやはり義稙に近い公家衆としてあったが、それでも光忠の権勢には及ばなかった。

義稙の親征に軍勢を率いて出陣

義稙は将軍就任後、先代の義尚も行った近江の六角《ろっかく》氏征伐を行う。これにあたって光忠は義稙に供奉するだけではなく、数百規模の軍勢も率いている。もちろん、中級公家衆である彼に独自の軍事動員を行えるわけではないから、ほとんどは足軽などを臨時で雇ったものだろう。さらに陣所も独自で構えていたらしい〔蔭涼軒日録〕。これらの軍事費用は基本的に原則自前であるから、光忠としては賄賂で集めた金を使って義稙に忠節を示すよいチャンスであったのだろう。ただし、武士ではない光忠が前線で斬り合うわけでない。

六角氏征伐も一段落した明応二年（一四九二）二月、光忠は権中納言より「権大納言」に昇進したが、これは大納言昇進の順番を超越するものであった。当然これは義稙の執奏《しっそう》による昇進であった〔後法興院記〕。この話を聞いた甘露寺親長《かんろじちかなが》は、「希代の驚目《きょうもく》の事か」と驚きを隠せなかった〔親長卿記〕。このときが光忠の絶頂だったのかもしれない。

同月、義稙は畠山政長《はたけやままさなが》の歎願を聞き入れ、六角攻めに続いて河内の畠山基家《もといえ》(後の義豊《よしとよ》)討伐を決定し、同十五日に京都を発した。参陣したのは、大名では斯波義寛《しばよしひろ》、細川義春《よしはる》、細川尚春《ひさはる》、武田元信《たけだもとのぶ》、赤松政《あかまつまさ》則《のり》、畠山義元《よしもと》、一色義直《いっしきよしなお》の代官、大内義興《おおうちよしおき》(父政弘《まさひろ》の代理)、ほかに将軍直属の親衛隊である奉公衆《ほうこうしゅう》や公家衆である。公家衆では先の松殿忠顕と高倉永康、そして当然光忠もこの親征に供奉した〔大乗院寺社雑事記〕。このなかで光忠は、義稙の参陣御礼についての命を武家伝奏勧修寺《かじゅうじ》教秀《のりひで》に伝達しており〔後法興院記〕、彼は将軍と武家伝奏との間をつなぐ存在でもあったようだ。

明応の政変で捕縛され殺害される

ところが三月に入り、光忠は参陣する大名を無視して、勝手に畠山政長と基家との和睦仲介を進めた。義稙に近侍する彼が、義稙の意向を無視して勝手に仲介を行うとは考えがたいため、むしろ、義稙は光忠を介して水面下で和睦交渉を進めようとしたかったのかもしれない。そのなかで、四月二十二日、京都で政変が発生した。

京都で政変が勃発すると、義稙主従は本陣正覚寺《しょうかくじ》(大阪市平野区)に籠城して細川政元勢と戦った。しかし閏四月二十五日、光忠は義稙らとともに細川方に投降した〔蔭凉軒日録〕。

政変直後、去就をはっきりさせなかった大名の赤松政則や大内義興は、「光忠の排除は承認していたが、将軍の交替は聞いていない」と述べている〔大乗院寺社雑事記〕。つまり、政元は今回出陣する大名らに事前に光忠の排除を諮っていたのであった。この機会に光忠を排除すること自体は参陣した諸大名の共通認識であったのであろう。光忠はあまりに義稙の寵愛をうけ、権勢をほしいままにした。彼は目立ちすぎたのだ。彼はこの政変の元凶であったといえるだろう。投降した光忠は、参陣した諸大名共通の憎悪の対象であったから、無事でいられるわけがない。同二十九日に、光忠は政元の内衆《うちしゅう》である上原《うえはら》元秀《もとひで》によって殺害された。実際は自害するようにいわれたものの、光忠は自害できず、元秀によって殺害されたという〔蔭凉軒日録〕。ここに、本来武士ではない光忠の姿をみることもできるだろう。享年四十三。

さて、光忠の死を伝える記事は残るが、誰も彼の死に同情したり、悼むものはなかった。当時の彼の評価を物語るだろう。明応の政変の元凶の一つが光忠にあったことは間違いない。彼は周囲からみれば義稙の側で権力を独占し、礼銭という名の賄賂を稼ぐ君側《くんそく》の奸《かん》であった。その光忠を寵用した義稙は、周囲より将軍としての器量を疑われることとなったのである。

正覚寺城跡の碑　大阪市平野区

光忠死後の葉室家

明応の政変により、光忠の父教忠は逐電《ちくでん》した。その邸宅は禁裏に近かったため、放火されずにすんだが、その邸宅や被官の屋敷らは細川勢により破却された。葉室家は失脚したのである。教忠は美濃に下向し、明応三年（一四九四）十月に現地で没した〔公卿補任〕。また、嫡男頼継《よりつぐ》は明応元年に誕生したばかりで、特に被害はうけなかったが、幕府をもとより、まだ廷臣として朝廷に出仕することもできない。葉室家は事実上いったん中絶する。

その後、諸国を流浪していた義稙が永正五年（一五〇八）に帰洛し将軍に復帰したが、成長した頼継は将軍家に出仕することはあっても、政治的に重要な役割は果たさなかった。父光忠のような存在とはならなかったのである。代わりに阿野季綱や白川雅業《しらかわまさなり》、高倉永家《ながいえ》などの公家衆が義稙を支えた。頼継としても、将軍に近づきすぎた父の二の舞にならないため処世であったろう。

その頼継も享禄二年（一五二九）に三十八歳で没してしまう〔公卿補任〕。その後も葉室家は将軍家へ出仕していたことは散見されるが次第に減少し、将軍家との関係も消滅していく。この後、高倉永相《ながすけ》（永康の孫）が昵近公家衆の家について、「義稙の時代に葉室・阿野も望んだが許されなかった」と述べているように〔高倉永相書状案〕、葉室家は日野家のような世襲の昵近公家衆としての地位を確立しなかった。このこともあってか、光忠のように将軍の寵臣として幕府内で権勢を持つものは二度と現れなかった。むしろ、光忠が異例であったのだろう。葉室家は武家政権に接近せず、一公家衆として政局とは縁のない立場で戦国の世を生き抜いていくのであった。

（木下昌規）

【主要参考文献】

蔭木英雄『蔭凉軒日録―室町禅林とその周辺―』(そしえて、一九八七年)
木下昌規「足利義稙の側近公家衆の役割をめぐって」(同『戦国期足利将軍家の権力構造』岩田書院、二〇一四年所収、初出二〇一〇年)
木下昌規「戦国期の将軍と昵近公家衆の一様相―高倉永康を中心に―」(小此木輝之先生古稀記念論文集刊行会編『小此木輝之先生古稀記念論文集　歴史と文化』青史出版、二〇一六年)
設楽薫「将軍足利義材の政務決裁―「御前沙汰」における将軍側近の役割―」(『史学雑誌』第九六編第七号、一九八七年)
瀧澤逸也「室町・戦国期の武家昵近公家衆―その構成を中心として―」(『国史学』一六二、一九九七年)
湯川敏治「足利義材側近の公家、葉室光忠とその時代」(大乗院寺社雑事記研究会編『大乗院寺社雑事記研究論集 第四巻』和泉書院、二〇一一年)

大館尚氏・晴光——将軍の信頼篤い側近父子

父の急逝で将軍家に出仕す

大館尚氏《おおだちひさうじ》・晴光《はるみつ》父子は、ともに戦国期足利将軍に仕えた有力直臣である。このうち父の尚氏は、戦国期における四人の将軍（義尚《よしひさ》、義稙《よしたね》、義澄《よしずみ》、義晴《よしはる》）に近侍し、特に九代将軍義尚と十二代将軍義晴には最側近の家臣としてこれを支えた。一方、息子の晴光も、父と同じく将軍義晴の側近となり、次の十三代将軍義輝《よしてる》に対しても影響力を持ち続けた。

さて、まずは、父の尚氏についてその事績を紹介していこう。なお、尚氏の生涯については、設楽薫氏が詳細に解明しているので〔設楽一九八九〕、これに依拠しつつかいつまんで述べていく。

そもそも、大館氏は将軍直臣のなかでも名門の一族である。その本家当主は、五つの「番」（部隊）に編成される将軍直属軍のうち、五番目の番を率いる「番頭《ばんがしら》」を世職とするほどであった。尚氏はこのような大館一族の分家当主、大館教氏《のりうじ》の三男として生まれた。生年は享徳三年（一四五四）である。父の教氏は八代将軍・足利義政《よしまさ》に近侍する将軍直臣で、義政から信頼されて「御供衆《おともしゅう》」（将軍に常侍する役職）に任じられるなど、寵遇を受けていたという。しかし、教氏は寛正四年（一四六三）、三十八歳の壮年で急逝してしまった。それゆえ、このとき十歳であった息子の尚氏が父の跡を継ぐことになった。尚氏は三男であったが、兄たちが早逝していたからである。

その後、尚氏は十六歳になると、直臣として将軍家に出仕することになった。文明元年（一四六九）のことであり、このころはちょうど応仁・文明の乱の戦いが激しさを増しつつある時期であった。尚氏は、将軍義政の嫡子、足利義尚（当時五歳）に近侍した。そしてこれ以後、尚氏は側近として常に義尚と行動をともにすることになる。

なお、尚氏はこのころ「大館十郎《じゅうろう》」と称していた。その後、「治部少輔《じぶのしょう》」（文明五年頃から同十六年八月二十二日頃まで）→「兵庫頭《ひょうごのかみ》」（文明十七年八月二十九日以前には治部少輔から転ず）→「弾正少弼《だんじょうしょうひつ》」（文明十七年十月二日以前には兵庫頭から転ず）→「左衛門佐《さえもんのすけ》」（長享二年十月五日に任官）に転じ、最後に「伊予守《いよのかみ》」（延徳三年八月二十七日から翌明応元年七月四日の間に左衛門佐から転ず）を称している。また、彼は最初、「重信《しげのぶ》」と名乗っていたが（文明九年九月から同十三年十一月頃まで）、のちに主君・義尚から「尚」の偏諱《へんき》（名前の一字）をもらって「尚氏」と改名した（文明十四年六月以降）。

尚氏、政治の中枢に立つ

さてこうしたなか、尚氏の近侍する義尚が九代将軍となった。文明五年（一四七三）のことである。次いで義尚は長享元年（一四八七）、将軍の命令に反抗的な態度をとっていた近江の大名・六角高頼《ろっかくたかより》をみずから討伐すべく、諸大名・諸将を親率して京都から近江に出陣した。そして、六角勢を打ち破ったあとも帰京せず、そのまま鈎《まがり》（滋賀県栗東市）の軍営にとどまってここで執政せんとした。

しかし、義尚が政治を執りおこなうには、これを輔弼する適切なスタッフがいなくてはならない。そこで義尚は、「評定衆《ひょうじょうしゅう》」という役職を新たにもうけた。これは、義尚と奉行衆（将軍家の事務官僚）との間を仲介し、また、義尚の左右に侍して諸事についての助言を上申し、さらに義尚に代って政務の決裁も一部担当する、という重職である。そして義尚はこの職に、二階堂政行《にかいどうまさゆき》、結城政広《ゆうきまさひろ》（政胤《まさたね》）とともに尚氏を任命した。これは、尚氏に対する義尚の篤い信頼の現れと見て間違いあるまい。

この結果、尚氏は、近江ではじまった義尚の親政を評定衆として補佐することになった。なお、尚氏はこのころ、将軍直属軍五番の番頭にも就任している。先述のように、この地位は大館本家当主が就くべきものであり、これまでは本家当主たる大館政重《まさしげ》（尚氏の従兄弟）がこの職にあった。しかし、分家当主である尚氏がこれに代って番頭となったのである。この背景にも、尚氏に対する義尚の信頼があったと見てよかろう。

こうして、尚氏は鈎の軍営において義尚親政の中枢に立った。しかし、それは長くは続かなかった。義尚が二十五歳の若さで急逝したからである。時に長享三年三月のことであり、義尚の薨去にともなって、評定衆の制度も廃止となってしまった。その後、尚氏は、義尚に代って十代将軍となった足利義稙に近侍したが、義尚時代のように政治の表舞台に立つことはなかった（五番の番頭職も解かれ、本家当主・

大館政重に戻された)。そしてそれは、義稙が明応の政変で失脚し(明応二年〈一四九三〉)、かわって足利義澄が十一代将軍になった後も変わらなかった。尚氏は義澄に近侍したが、政治に深くかかわることはなかった。

もっとも尚氏には、政治に関与している余裕はなかったかもしれない。というのは、彼はこのころ、家庭内の問題に悩まされたからである。

息子の死、そして事実上の引退へ

尚氏には大館元重《もとしげ》という子息があった。生まれたのは文明九年(一四七七)であり、父尚氏と同じく「十郎」、次いで「治部少輔」(明応年間の初年以降)を称した。元重は尚氏の長子であり、嫡男でもあったが、父尚氏とは折りあいが悪かった。そうしたこともあって、元重は事件を起こした。弟二人(三郎、および清和院《せいわいん》の僧となっていた弟)を座敷に閉じこめ、殺害しようとはかったのである(文亀二年〈一五〇二〉二月十日)。どうやら、元重は父から廃嫡されるのではないかと悩み、こうした事件を起こしたらしい。その後、元重はこの事件の影響からか、将軍義澄から自裁を命じられて果てた。時に文亀二年七月一日のことである。元重はまだ二十六歳の若さであった。

さてその後、京都の政局は大きく動いた。明応の政変で失脚していた前将軍・義稙が亡命先から京都に攻めのぼり、将軍義澄を近江に追い落として将軍に復帰したからである。永正五年(一五〇八)のことであった。こうして成立した第二次義稙政権でも、尚氏は将軍近侍の立場にあった。しかし、彼はしばらくして剃髪して「常興《じょうこう》」と号し（「長楽軒《ちょうらくけん》」や「宝秀軒《ほうしゅうけん》」と称した）、そのうえ京都を離れて領地のある若狭に下ってしまった。その時期は定かではないが、永正十二年ごろであったようである。

常興（尚氏）の若狭下向は、事実上の引退を示すものと見てよかろう。常興がこうした決断をしたことについて、設楽薫氏は、再任将軍・義稙との仲がしっくりいっていなかったとの見方を示している。しかし、常興はすでに六十の春秋を重ね、当時としては高齢であったから、政争激しい京都を離れ、田舎で余生を過ごそうとしたのかもしれない。

再び政治の中枢に立った常興

こうしたなか、京都では大きな政治変動が惹起した。再任将軍義稙は十年以上にわたって畿内に君臨してきた。ところが、重臣である有力大名・細川高国《ほそかわたかくに》と対立し、京都を出奔してしまったのである。時に永正十八年（一五二一）三月のことであった。この事態をうけて細川高国は、前将軍義澄の遺児である足利義晴を京都に招き、これを十二代将軍に嗣立した（大永元年〈一五二一〉十二月。義晴はこれ以前は播磨国の大名・赤松《あかまつ》氏のもとにあった）。当時、義晴はまだ十一歳の少年であった。

このとき、常興は急遽若狭から京都に呼びもどされた。そして、新将軍たる義晴に側近として侍することになった。つまり、常興はここで再び政治の中枢に立つことになったのである（なお、このとき常興はすでに七十歳近くになっていた）。これは設楽氏も指摘しているように、佐子局《さこのつぼね》（後に剃髪して清光院《せいこういん》と称す）が関わっていたとみられる〔設楽二〇〇〇〕。局は、義晴の左右にあってその傅育を担っていたとされる女性である。彼女は将軍直臣・三淵《みつぶち》氏の出身であったが、大館氏とも関係が深かった。そこで、いまだ幼年であった義晴の訓育役として常興に目をつけ、その招聘を義晴に献言したのであろう。

足利義晴画像　京都市立芸術大学芸術資料館蔵

さて、常興はこうして政治の表舞台に復帰すると、義晴のために、九代将軍義尚時代に設置された「評定衆」と同じような将軍側近集団をつくりはじめた。かつて自分もその一員であった評定衆こそ、若年の将軍を輔弼する理想的な組織だと考えたからであろう。

この新組織は、当初は常興ら三名ほどで構成されていたが、その後成員の拡充がなされ、「内談衆《ないだんしゅう》」と称されるようになった。ちなみに天文八年（一五三九）当時では、内談衆は常興をはじめ、大館晴光（常興息男）、細川高久《たかひさ》、海老名高助《えびなたかすけ》、朽木稙綱《くつきたねつな》、本郷光泰《ほんごうみつやす》、摂津《せっつ》元造、荒川氏隆《あらかわうじたか》の八名がこの職にあった。彼ら内談衆は、かつての評定衆と同じく、将軍と奉行衆との間を仲介して諸事についての助言を将軍に上申し、また、将軍に代って政務決裁の一部を担った。

常興はこうした内談衆の一員として義晴を支えた。彼は内談衆の中では重鎮というべき立場にあったから、義晴にことのほかに頼りにされ、義晴から大小さまざまな件で相談されて多忙をきわめた。しかし、常興はすでに相当な高齢であった（天文八年当時で、すでに八十歳の半ばであった）。それゆえ、次第に内談衆の激務に耐えがたくなっていった。

そこで常興は、義晴に内談衆の辞任を申し出た。すなわち、「自分は義晴様の寵遇をうけて栄誉ある立場にあり、面目の至りではあるが、すでに老耄で耳も遠くなり、役に立たないので辞任したい」と義晴に言上したのである。だが、義晴から許しは出なかった。そこで常興は数年後、再び内談衆の辞任を願った。しかし、やはり許されず、義晴からは「会議などには出なくてもよいから、そのままでいよ」と慰留された。それでも、常興は重ねて辞任を乞うたが、結局、許されなかったようである（『常興日記』）。

常興の没年は判然としない。ただ、設楽氏によれば常興の活動は天文十五年（一五四六）まで確認されるという。とすれば、常興は九十歳以上もの長寿を保ったということになる。彼は十代半ばから将軍家に仕え、八十歳を超えても精勤し、時の将軍から頼りにされた。まさに将軍家に捧げた一生であったといえよう。

大館晴光とは何者か

さて、次に大館晴光の事績を紹介しよう。彼は常興の息子であり、父と同じく十二代将軍義晴に近侍し、次いで十三代将軍義輝にも仕えた。なお、晴光の「晴」は、義晴からその偏諱をたまわったものであろう。

晴光の生年は未詳であるが、当初は「又三郎《またさぶろう》」、次いで父常興もかつて号した「左衛門佐」を称した（天文年間の初年頃）。その後、大館本家当主が称していた「上総介《かずさのすけ》」となり（永禄元年〈一五五八〉には任官）、さらに「陸奥守《むつのかみ》」となっている（永禄二年に任官）。また、やはり大館本家当主が世職としてきた将軍直属軍五番の番頭にも就任し、加えて御供衆にも（享禄元年〈一五二八〉十月までには）列せられた。さらに天文五年（一五三六）までには、晴光は父と同様、義晴によって内談衆に任じられ、これ以降、義晴の政務を父とともに輔弼していくことになる。その活躍ぶりは、父が記した『大館常興日記』に詳しい。なお、父常興は高齢であったから、晴光が内談衆になったのは、父の介添え役という意味もあったのかもしれない。

ところで、晴光には少なくとも元重、高信《たかのぶ》という二人の兄がいた。このうち元重はすでに述べたように、弟二人（晴光であったかどうかは定かではない）を座敷に押しこめるという狼藉を働き、最後は自裁して果てた。一方、高信はその弟で晴光には兄にあたるが、彼は晴光に比べて〝出世〟が遅かった。例えば、高信は晴光のように内談衆に任じられなかった。また、父と同じく「兵庫頭」を称したものの（大永年間の初めより）、生涯そのままであり、弟晴光のように「上総介」や「陸奥守」といった官途（兵庫頭より格が上）を称することはなかった。このことは、晴光のほうが兄高信より父の常興から愛されていたことの現れ、と理解することもできようが、次のように考えることもできよう。

すなわち、常興の家は、大館氏の本家ではなく分家であり、大館本家のほうは、常興の従兄弟にあたる政重、次いでその後嗣である政信《まさのぶ》と続いた。しかし、本家は次第に活動が見られなくなり、義晴時代には没落したようである（設楽氏は、本家当主の政信は永正十八年〈一五二一〉に将軍義稙とともに京都を出奔したのではないか、との見方を示している）。そこで、常興の大館分家は兄の高信が継ぎ、本家のほうは弟の晴光がこれを継承する、というかたちになったのではあるまいか。そう考えれば、晴光が大館本家の世職である番頭となり、また本家当主が称してきた「上総介」や「陸奥守」となっていること、これに対して高信の後嗣・大館晴忠《はるただ》が常興の称していた「伊予守」になっていることも納得できよう。

寂しかった晴光の晩年

さて、晴光はこうして内談衆となり、父常興と一緒に将軍義晴を輔弼した。だが、その立場はしばらくして一変する。義晴が病没し（天文十九年〈一五五〇〉）、次いで十三代将軍義輝が成長するにしたがって、義輝のもとには上野信孝《うえののぶたか》や進士晴舎《しんじはるいえ》といった新たな側近衆が形成されていったからである。その結果、晴光は次第に非主流派へと追いこまれていった。そしてそれにともない、彼は義晴時代のような政治的影響力を失っていった。

例えば、義輝や側近たちは、畿内の有力大名細川氏の重臣・三好長慶《みよしながよし》が台頭してくると、三好を排斥する方針をとった。これに対して晴光は、伊勢貞孝《いせさだたか》（将軍家の政所頭人《まんどころとうにん》）らとともに三好長慶と宥和するよう義輝に求めたが、晴光らの意見はしりぞけられ、義輝を動かすことはできなかった。ちなみにこの結果、義輝は三好長慶と対立することになり、ついに三好によって京都を追いだされることになる（天文二十二年）。

もっとも、晴光の影響力が完全になくなったわけではない。例えば永禄年間初頭（一五六〇年代初め）、浄土真宗高田派指導者の地位をめぐって真智《しんち》と堯恵《ぎょうえ》という二人の僧が争い、義輝がこれを裁くことになった。その際、堯恵側は、義輝の生母である慶寿院《けいじゅいん》（前将軍義晴御台所）やその兄弟である大覚寺門跡《だいかくじもんぜき》義俊《ぎしゅん》、さらに義輝の側近・上野信孝らを味方とし、義輝から有利な裁決を手にした。ところがその後、大館晴光を頼った真智側に巻きかえされ、逆転敗訴の処分を一時受けることになってしまった。これを知った堯恵側は、晴光の調略にしてやられたと切歯扼腕している（専修寺文書）。このように晴光は、将軍生母や側近たちに対抗しうるだけの力をなお保っていたのである。

とはいえ、晴光の晩年は寂しかった。内談衆時代は、多くの大名たちが晴光に将軍との仲介役を果たしてもらおうとして、彼のもとに言いよってきた。しかし、晴光が政治の中枢から遠ざかるにともない、そうした大名たちも次第に離れていった（大館記所収諸国庄々公用之事）。また、晴光には大館輝氏《てるうじ》という息子があった（父と同じく「左衛門佐」を称す）。しかし、輝氏は永禄五年（一五六二）になにか「不慮」なことがあり〔大館記所収書案〕、これ以後活動が見られない。あるいは、父に先立って亡くなったのかもしれない。そして晴光も、それからしばらくして逝去した。時に永禄八年四月二十五日（二十七日とも）のことであった〔言継卿記〕。

ちなみに、晴光の死からわずか一ヶ月後、将軍義輝は、三好・松永《まつなが》の大軍に襲われて討ち死にした（五月十九日）。晴光の晩年は寂しかったが、将軍弑逆の惨状を見ずにすんだことは、彼にとって幸運だったといえるかもしれない。

（山田康弘）

【主要参考文献】
設楽薫「大館尚氏（常興）略伝―将軍義晴の登場まで―」（昭和六三年度科学研究費補助金一般研究（B）研究成果報告書『室町幕府関係引付史料の研究』研究代表者：桑山浩然、一九八九年）
設楽薫「将軍足利義晴の嗣立と大館常興の登場―常興と清光院（佐子局）の関係をめぐって―」（『日本歴史』六三一、二〇〇〇年）
山田康弘『戦国期室町幕府と将軍』（吉川弘文館、二〇〇〇年）

畠山順光・維広
——流浪の将軍に尽くした異色の畠山氏

異色の畠山氏

室町～戦国期の畠山《はたけやま》氏は、河内・紀伊・越中守護家（管領家）と、能登守護家を中心とする。また、庶流は近習・奉公衆に多く編成され、幕府と畠山一門双方を支えた。

本稿前半の主役畠山順光《のぶみつ》は、こうした畠山氏を出自としない異色の存在といえる。足利義稙《あしかがよしたね》（義材《よしき》、義尹《よしただ》、義稙）に仕えた同朋衆《どうぼうしゅう》木阿弥《もくあみ》の息子幸子丸（幸子、幸次とも）が、義稙より畠山名字を与えられ、畠山順光と名乗ったのである。室町時代には、足利将軍が自らに近い人物に細川《ほそかわ》・一色《いっしき》・上野《うえの》など足利一門の名字を与え、足利一門として扱う慣行が存在した。これを「入名字《いりみょうじ》」という（設楽一九八九）。このような異色の存在である順光は、いかに台頭していったのだろうか。

まず、順光の父木阿弥の役職である同朋衆を確認したい。室町時代には、剃髪して阿弥号《あみごう》を名乗り、武家・公家・寺家に仕える遁世者《とんせいしゃ》という存在がいた。この遁世者を、将軍に近侍する職制に編成したのが同朋衆である。同朋衆は申次や使者、御供、御倉の管理などを職掌とし、幕府から給与や知行地を得ていた。室町文化の担い手として知られるが、弓馬に優れた人物もおり、その性格は多岐にわたる（家塚一九九八、田中二〇〇五）。

同朋衆の名は世襲で継承されることも多い。木阿弥も永享年間に確認されるが、これは本稿で扱う木阿弥の先代か先々代とみられる。文明・長享年間にみえる木阿弥が本稿で扱う人物である。足利義尚《よしひさ》に仕えて申次や御供、連歌会の執筆を務め、長享元年（一四八七）には近江出兵に従軍している。

長享三年（延徳元年、一四八九）、近江で義尚が没すると、木阿弥は義稙に仕えた。明応二年（一四九三）二月、河内の畠山基家《もといえ》（後の義豊《よしとよ》）を討伐すべく、義稙は大軍を率いて出陣し、畠山政長《まさなが》・尚順《ひさのぶ》親子と河内正覚寺《しょうかくじ》（大阪市平野区）に陣取った。これに木阿弥と幸子丸も従軍している。

『十念寺縁起絵巻』に描かれた同朋衆　京都市上京区・十念寺蔵

ところが四月、京都では細川政元《まさもと》・伊勢《いせ》貞宗《さだむね》らの連携により、足利義澄《よしずみ》（義遐《よしとお》、義高《よしたか》、義澄）が擁立された（明応の政変）。多くの直臣団が離反するなか、義稙・政長・尚順は正覚寺に籠城した。約一ヶ月の籠城戦の末、正覚寺は陥落し、政長は切腹、尚順は紀伊へ没落した。義稙は降伏し、わずかな近臣と京都へ連行されてしまう。このなかに、木阿弥と幸子丸もいたのである〔大乗院寺社雑事記、金言和歌集〕。義稙は龍安寺《りょうあんじ》に幽閉されたが、食事に毒を盛られたため、政元被官上原元秀《うえはらもとひで》の邸宅に移された。そして、食事などは木阿弥と幸子丸が世話した。

だが六月二十九日、義稙は上原邸を脱走する。木阿弥は捕らえられ、侍所《さむらいどころ》開闔《かいこう》らに拷問された。木阿弥が白状したところによると、曇華院《どんげいん》主祝渓聖寿《しゅくけいしょうじゅ》（義稙の妹）の面会に乗じ、義稙は脱走したようだ（晴富宿禰記）。義稙は越中に下向し、再起をはかることになる。

義稙の流浪と木阿弥・順光

木阿弥・幸子丸も京都を離脱し、越中へ移ったようだ。時期ははっきりしないが、「順光」という名が手がかりとなる。順光の「順」は、明応の政変後、紀伊を拠点に義稙方として行動していた畠山尚順からの偏諱《へんき》と考えられる。尚順は後に尚慶《ひさのり》へと改名する。改名時期は、明応六年（一四九七）の尚順河内侵攻時と推測されている（弓倉二〇〇二）。実際、同年に比定される十一月二十三日付「尚慶」署名の書状が残る（佐藤行信氏所蔵文書）。明応二年七月〜六年十一月の間に、幸子丸は下向・元服し、畠山名字と尚順からの偏諱「順」を与えられ、「与次郎《よじろう》順光」と名乗ったのだろう。明応七年九月に義稙が越中から越前一乗谷《いちじょうだに》（福井市）へ動座した際、畠山与次郎ら十三人が付き従った（大乗院寺社雑事記）。これが史料での畠山与次郎の初見となる。

ただし、順光が表舞台に上がるのはもう少し先で、義稙の上洛工作を支えたのは木阿弥だった。明応八年五・六月より、木阿弥は大和や河内へ下向し、尚順ら与党と連携をはかり、義澄方の阿波守護家細川成之《しげゆき》のもとにも赴いた（大乗院寺社雑事記）。さらに、七月には義稙側近一色視元《みもと》・種村《たねむら》視久《みひさ》らと九州の大友《おおとも》氏被官に書状を送っている〔大友家文書録〕。木阿弥は、大友氏からの書状と銭に対する御礼を述べており、これ以前から交渉に関与していたとみられる。北陸の義稙は、側近の視元・視久・畠山政近《まさちか》・伊勢貞仍《さだより》を駆使し、列島各地の勢力と連携して、上洛を目指していた。木阿弥もその一翼を担ったのである〔萩原二〇一一、川口二〇二〇〕。

だが同年、北陸から上洛を目指した義稙と、南近畿から京都へ進軍した尚順はともに敗れてしまう。十一月末には、義稙は丹波におり、木阿弥の息子が戦死したという情報が出ている〔大乗院寺社雑事記〕。誤報でなければ、木阿弥には順光以外の息子がいたことになる。義稙は年末に大内義興《おおうちよしおき》の分国周防へと落ち延びた。

木阿弥も義稙の周防動座に随行した。そこでの動向で注目されるのは、宗良親王《むねよししんのう》の家集『李花集《りかしゅう》』の書写である。木阿弥は大内氏の文庫の写本を借用し、半日で写したという〔十市遠忠本李花集奥書、井上一九八七〕。それゆえ脱字が多かったようだが、文芸に対する関心がうかがえる。

永正三年（一五〇六）二月、義稙が山口《やまぐち》（山口市）から府中《ふちゅう》（山口県防府市）へ動座した際には、御部屋《おへやしゅう》衆の順光が供奉している〔不問物語〕。以後、順光が表舞台に登場してくるのである。

第二次義稙政権の成立と順光

永正五年（一五〇八）正月、前年の細川政元暗殺に始まる畿内の混乱を機とした義稙と大内義興は、大船団で上洛を開始する。四月には備前下津井《しもつい》（岡山県倉敷市）・牛窓《うしまど》（同瀬戸内市）に到着した。ここで順光は東福寺《とうふくじ》に対し、祈禱巻数《かんず》を義稙に披露した旨を伝える書状を発給している〔尊経閣文庫所蔵東福寺文書〕。順光は義稙上洛中から、すでに披露をおこなう立場になっていたのである。

　四月の義澄近江出奔を経た後、兵庫、堺へと船を進めた義稙は六月に上洛を果たし、第二次政権が成立する。木阿弥・順光も供奉し、上洛した〔和長卿記〕。早速、七月に順光は二条《にじょう》の敷地を押領している〔後法成寺関白記〕。同月には、東寺《とうじ》が所領安堵を得るため、寺奉行松田《まつだ》英致《ひでむね》と順光に申し入れ、礼銭を払っている〔鎮守八幡宮供僧引付〕。上洛まもない時期から、順光は義稙側近として周知されていた。なお、九月には河内へ下向し、十一月・十二月には順光が「生害《しょうがい》」したという雑説が流れているが、詳細は不明である〔永正五年日々記〕。

　永正六年六月十七日、如意《にょい》ケ嶽《がたけ》（京都市左京区）での義澄方との合戦に義稙方は勝利した。直後に「御敵退散の儀」として御供衆《おともしゅう》の参勤が命じられている。ここに「畠与」（畠山与次郎）とある〔大館記〕。順光は御部屋衆から御供衆へ昇格したのである。

　さらに、永正六年七月～七年二月の間に、順光は「式部少輔《しきぶのしょう》」に名乗りを改めた〔後法成寺関白記〕。畠山式部少輔家は奉公衆家で、応仁・文明の乱時には義視《よしみ》方についている。この式部少輔と木阿弥・順光に何らかの関係があった可能性もある〔設楽一九八七〕。ただし、明応七年（一四九八）に京都で活動する「畠山式部少輔入道」がおり、義視に属した式部少輔と同一人物か後裔と推測される〔後法興院記〕。同時期に義澄方の式部少輔入道と義稙方の木阿弥・順光がいたことになる。よって、式部少輔と木阿弥・順光の間に、直接の関係を求めてよいか検討の余地がある。むしろ、順光が名乗りを改めるにあたり、義稙と尚順が、かつて義視に仕えていた式部少輔の官職を襲名させたのではないだろうか。

上洛後、木阿弥は政治的には一線を退いたが、三条西《さんじょうにし》実隆《さねたか》や豊原《とよはら》統秋《むねあき》、伊勢貞仍、十市《とおち》遠忠《とおただ》らと和歌を通じて交流した〔井上一九八七〕。その活動は永正八年頃まで確認でき、土倉《どそう》酒屋《さかや》役《やく》の給付を受け優遇されていた〔萩原二〇一一〕。なお永正十五年に現れる木阿弥は、名を継承した次代の人物の可能性もある〔宣胤卿記〕。

将軍側近と畠山一門のあいだ

順光は、密接に関係する二つの性格を有した。第一は将軍側近としての性格である。流浪時に引き続き、順光は申次・御供衆として義稙に近侍し、その御前で意向を存知していた。永正十一年（一五一四）には大内義興からの日朝《にっちょう》牙符《がふ》要求の調整という重要案件も担当しており、その政治的な位置の高さがうかがえる。さらに順光は京都近郊の土豪層の被官化を進め、軍事力・経済力を強めていった〔萩原二〇一一〕。

第二は畠山一門としての性格である。「入名字」した人物が、名字の家の養子とされることはあっても、一門の中枢として扱われることは稀である。ところが、尚順より偏諱を得た順光は異なる。永正七〜八年七月頃に作成された『高野山西院来迎堂勧進帳《こうやさんさいいんらいごうどうかんじんちょう》』には、鶴寿丸《つるじゅまる》（稙長《たねなが》）、山門《さんもん》阿闍梨《あじゃり》位雲海《うんかい》、修理大夫（能登守護家義元《よしもと》）、中務少輔（政近の子材堅《きかた》）と並んで式部少輔順光が署名している。また、永正八年九月には「同一家中式部少輔」とあり、順光は畠山一門として認識されていた（後法成寺関白記）。そして、永正十二年に鶴寿丸は順光の邸宅で元服している（伊勢貞親以来伝書）。さらに、順光の実子七郎稙元《たねもと》は中務少輔家の養子となっていた。順光は「入名字」した存在にもかかわらず、畠山一門のなかに明確に組み込まれていたのである。

将軍側近と畠山一門という二つの性格は、流浪期以来の義稙・尚順との関係の反映といえる。永正九年の尚順宛ての義稙御内書《ごないしょ》に順光の副状《そえじょう》が付されていることも、二つの性格を如実に示している（御内書案乾）。

父譲りのものか、順光は文芸にも関心を示した。永正十二年には飛鳥井雅俊《あすかいまさとし》から和歌会作法書『和歌《わか》条々《じょうじょう》』を、同十三・十四年には近衛尚通《このえひさみち》から『古今和歌集《こきんわかしゅう》』・『詠歌大概注《えいがたいがいちゅう》』を授与されている。三条西実隆や伊勢貞仍とも和歌を通じて交流した（山本二〇〇九）。また、邸宅で鞠会も開催している。

永正十四年四月、順光は大和の越智《おち》・古市《ふるいち》氏攻撃の主力として出陣する。五月には義稙が順光を興福《こうふく》寺官符衆徒《じかんぷしゅと》とする意向を示した（祐園記抄、学侶引付写）。これは興福寺側の抗議で実現せず、順光はまもなく上洛したが、その軍事力と義稙からの優遇がみてとれる。翌永正十五年三月十七日、義稙の順光邸御成《おなり》が盛大に催された（畠山亭御成記）。まさに順光は絶頂の時にあったのである。

だが、その栄光は長く続かなかった。永正十五年（一五一八）八月、大内義興が分国へ下向すると、第二次義稙政権も動揺していく。永正十六年八月、再び順光は大和攻撃の指揮を担当している〔御内書案〕。在京大名が少なくなるなか、順光は政権の軍事力の中枢を担った。

同年九月、細川高国《たかくに》と対立していた阿波の細川澄元《すみもと》は、河内奪回を目指す畠山義英《よしひで》や播磨の赤松義村《あかまつよしむら》と連携し、上洛作戦を開始した。摂津に上陸した澄元軍に対し、同年十一月に高国軍が出陣する。ところが、高国軍は敗れ、永正十七年二月には京都へ遁走した。この頃、義稙方の畠山稙長も、河内高屋《たかや》城（大阪府羽曳野市）に籠城を強いられていた。じつは、ひそかに澄元は赤松氏を通じて義稙と接触していた。さらに二月二十日、澄元は順光を介して、義稙の上意に従う旨を伝えたのである〔後法成寺関白記〕。こうした状況を受け、義稙は澄元と結ぶことを決断する。高国は近江へ下向した。上洛した澄元軍の三《み》好之長《よしゆきなが》は、四月に順光のもとへ御礼に訪れている〔盲聾記〕。

ところが、高国は近江で再起して上洛し、澄元軍を撃破する。復権した高国は再び義稙を擁立し、順光の地位にも変動はなかった。七月には、順光は下京《しもぎょう》で囃子物《はやしもの》を興行している。情勢は落ち着いたかのようにみえた。

だが、翌永正十八年（大永元年、一五二一）三月、突如義稙は順光・稙元らわずかな側近と京都を出奔し、堺、次いで淡路に下向した。京都に留守役を置き、出奔の理由を述べた御内書と順光の書状を御所に残しており、高国の慰留を期待したのかもしれない。だが、高国は赤松氏のもとにいた義澄の遺児亀王丸《かめおうまる》（義晴《よしはる》）を擁立してしまう。

結局、義稙は実力で上洛するべく、十月に淡路から堺へ進撃した。前年に紀伊国人に背かれ没落していた畠山尚順と、尚順と和睦した義英が味方したが、主力は順光率いる義稙直臣団であった。だが、高国軍と、父尚順と袂と分かった稙長軍の前に敗北し、数百人が戦死したという〔東寺過去帳〕。十一月、再び義稙は淡路に下向した。なお、十月の堺上陸時、順光は幾度も本願寺《ほんがんじ》坊官《ぼうかん》下間《しもつま》頼慶《らいけい》に連絡している。このとき返事はなかったが、十二月にも連絡をとり、翌二年十月には義稙から頼慶へ笠袋《かさぶくろ》・鞍覆《くらおおい》が授与されている。順光と頼慶の連絡は翌三年二月まで確認できる〔創立八十周年古典籍下見展観大入札会目録、木越二〇〇一〕。順光は軍事・交渉面で義稙を支えたのである。ところが、大永二年八月には淡路で尚順が、大永三年には阿波で義稙も没してしまい、順光の動きはみえなくなる。

だが、大永六年の高国被官の内紛に始まる混乱のなか、順光が上洛に向け再起する。十二月、義稙の養子義維《よしつな》（義澄の子）を擁立した細川六郎《ろくろう》（澄元の子、晴元《はるもと》）、畠山義堯《よしたか》（義英の子）とともに、順光は軍勢を率いて阿波から堺へ進軍した〔二水記〕。順光は義稙没後、義維に仕えたのである。

しかし、進軍直後の大永七年正月、順光は堺で義堯に殺害された〔二水記〕。このとき、「典厩《てんきゅう》舎弟」も殺害されている〔東寺過去帳〕。永正七年・十三年には畠山右馬頭尹胤《ただたね》が、享禄三年（一五三〇）には畠山右馬頭長継《ながつぐ》が活動している〔川口二〇二一〕。「典厩舎弟」は尹胤の子で長継の弟だろう。義維陣営には、義堯を中心とする義就《よしなり》系の畠山一門と、義稙旧臣で政長《まさなが》系の尚順と関係の深い畠山一門が混在していたのである。義維方が進軍するにあたり、二つの畠山一門のあいだで何らかの路線対立が生じ、順光と「典厩舎弟」は殺害されてしまったのではないだろうか。

義稙・尚順との関係から歴史の表舞台に躍り出た順光だったが、彼の生涯の幕を下ろしたのもまた、絡まりあう二つの関係だったのである。

維広の登場と堺・阿波公方

本稿後半の主役は、順光の後継者維広《つなひろ》である。ただし、維広には二人の兄がいたので、確認しておきたい。

一人は、先に触れた稙元である。稙元は永正十五年（一五一八）頃より義稙に仕え、畠山中務少輔材堅の養子となっていた。永正十八年の義稙出奔の際には、京都に残った養父材堅ではなく、実父順光に従っている。順光没後の大永七年（一五二七）二月十三日、義維・六郎方は義晴・高国方を桂川《かつらがわ》（京都市）で打ち破った。その直後、柳本賢治《やなぎもとかたはる》・波多野孫三郎《はたのまごさぶろう》・細川弥九郎《やくろう》（晴賢《はるかた》）と中務少輔稙元が入京している〔実隆公記〕。実父順光の殺害後も、稙元は義維に仕えていた。だが、天文年間に入ると、稙元は義晴に仕えている。大永・享禄年間には義晴・義維方の奉公衆の寝返りが双方でみられた。稙元も状勢をうかがい、義晴方についたと推測される。以後、遅くとも天文八年（一五三九）には稙元は上野介《こうずけのすけ》を名乗り、義晴・義輝のもとで申次衆・御供衆として活動した。その後裔は足利義昭《よしあき》の鞆《とも》動座にも従い、幕府最末期まで仕えている〔川口二〇二〇〕。

もう一人は養子で、禅僧の雲叔《うんしゅく》澄恵《ちょうえ》である。出自は不明だが、大永二年に「畠山式部少輔猶子」〔鹿苑日録〕とあり、後に「安枕斎《あんちんさい》舎兄」ともみえる〔兼右卿記〕。その動向は後述する。

維広の生年は定かではないが、偏諱から判断して、稙元より若かったとみてよい。永正十六年に順光の使者を務めた「畠山菊《きく》」がおり、維広の幼年時の姿と考えられる〔後法成寺関白記〕。その後は不明だが、順光に従い義稙・義維に仕えたと推測される。

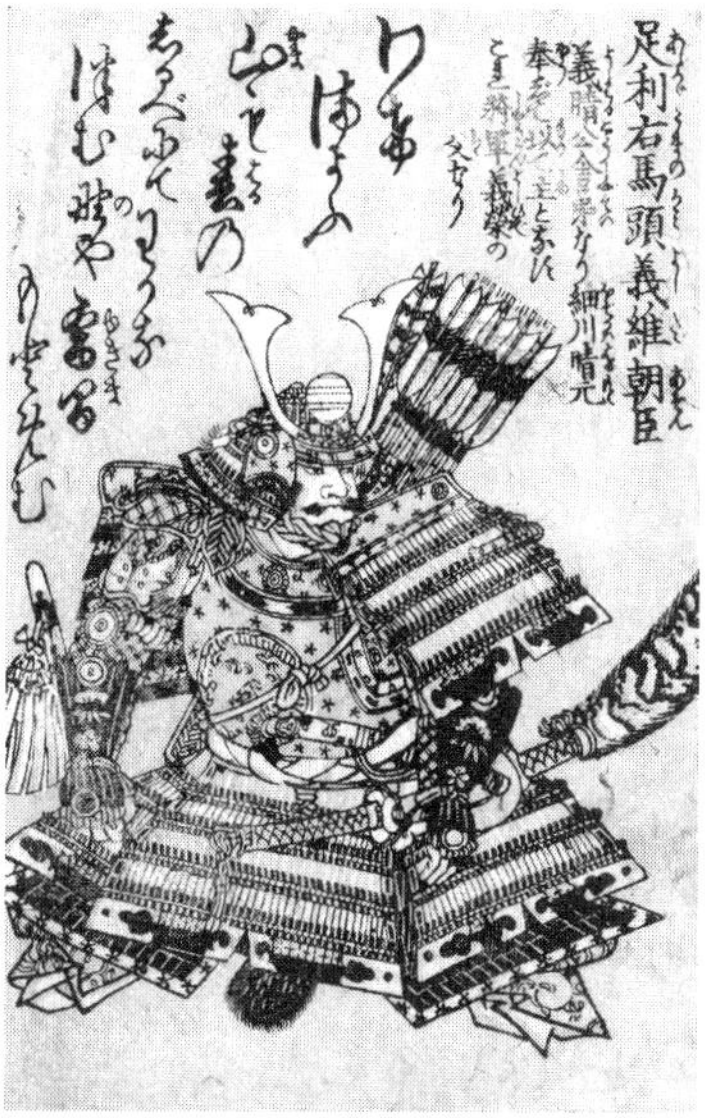

足利義維画像　「英雄三十六歌仙」　当社蔵

享禄四年（一五三一）十一月、播磨小寺《こでら》氏宛ての義維御内書の副状を「与次郎維光《つなみつ》」が発給している〔小寺家文書〕。通称と実名の一字が共通することから、維光は順光の後継者とみられる。維光の活動はこれだけで、後に順光の官職式部少輔を名乗る維広が現れるため、維光は維広の初名とみてよい〔木下二〇一二、天野二〇二二〕。この頃、兄稙元が義維方を離反し、維光（維広）が順光後継者として御内書副状を出せる立場となったのだろう。

天文元年（一五三二）十月に義維が阿波へ下向すると、維広も随行したとみられる。なお、天文二～四年頃とみられる堺引接寺《いんじょうじ》宛の式部少輔維広書状がある。同輩の奉公衆三上《みかみ》氏が引接寺に預けた函（中身は弓馬に関する道具などか）を、入洛時まで保管するようにとの義維の意向を伝えている。よって、享禄四年十一月から、このときまでに「式部少輔」を名乗り、維光から「維広」と改名したことがわかる〔正法寺文書〕。

天文八年からは、主に『天文日記』より義維上洛に向けた維広の動向がうかがえる。十一月には義維に接近していた九条《くじょう》稙通《たねみち》の使者と維広の使者が本願寺証如《しょうにょ》のもとを訪れた。これに対し、十二月には慶寿院《けいじゅいん》（証如の母）から義維・維広へ音信がなされている。天文十二年四月、維広は義維上洛への合力につき、順光のときと同様に馳走するよう、証如や慶寿院に要請している。

天文十六年二月には、証如に上洛の協力を求める義維の御内書が、堺にいた維広の使者によって届けられ、三月に証如は維広に返信している。同年十一月、義維はひそかに堺へ渡海した。だが畿内の情勢は不利で、十二月には阿波へ下向する旨を伝える義維御内書と維広・稙通書状が証如に届けられ、証如も維広に返信している〔証如書札案〕。

天文二十年四月、義維は証如と慶寿院に御内書を発給し、子息義栄《よしひで》の元服料を求めたが、断られた。十一月に維広は堺の天王寺屋《てんのうじや》宗達《そうたつ》のもとで、十二月に万代屋《ばんだいや》道安《どうあん》・茜屋《あかねや》宗佐《そうさ》のもとで三好実休《じっきゅう》らと茶会に参加している〔宗達自会記、宗達他会記〕。三好氏と連携し、義維上洛について会合していた可能性がある。このときには「安枕斎」とみえており、維広は出家して「安枕斎守肱《あんちんさいしゅこう》」と名乗っていた。弘治二年（一五五六）四月には宗達のもとで茶会に参加したが、十二月には阿波勝瑞《しょうずい》（徳島県藍住町）を訪問した宗達を、実休とともに茶会に招待しており、阿波へ戻っていたことがわかる〔宗達自会記、宗達他会記〕。

義栄の将軍宣下と安枕斎守肱

永禄八年（一五六五）の足利義輝《よしてる》殺害後、三好三人衆と松永久秀《まつながひさひで》の抗争が畿内各地を巻き込み展開するなかで、再び守肱が登場する。永禄九年三月にはすでに三好三人衆と義栄は手を組んでいた。四月、山科言継《やましなときつぐ》は家領山科郷（京都市山科区）の返還につき、三好長逸《ながやす》と守肱へ申し入れている〔言継卿記〕。

六月には阿波三好氏の宿老篠原長房《しのはらながふさ》が兵庫に渡海し、三好三人衆と結んで松永方の拠点を攻略していった。八月、守肱は松永久通《ひさみち》・竹内季治《たけうちすえはる》を介して伝えられた京都法華宗寺院の寄宿免除につき、義栄が渡海次第、調整する旨を返答している〔京都十六本山会合用書類〕。九月には義維・義栄が摂津越水城《こしみず》（兵庫県西宮市）に入城し、翌月より朝廷と接触を開始する。さらに、義栄は伊予の河野通宣《こうのみちのぶ》と来島村上通康《くるしまむらかみみちやす》に御内書を発給し、上洛支援を求めた。両通とも守肱が副状を出しており、通康宛のものは現存している〔二神文書、彦根藩諸士書上、天野二〇一二〕。

なお、義栄の越水城滞在時、長房は義栄の上洛に乗じて京都に戻ろうとしていた宣教師を、守肱に紹介している。守肱は「公方様の大執事アンシン」と呼ばれており、義栄直臣団の中心と認識されていた〔フロイス日本史、若松二〇一三〕。

十二月、義栄は摂津総持寺《そうじじ》（大阪府茨木市）、そして富田普門寺《とんだふもんじ》（同高槻市）に移った。年末に従五位下左馬頭叙任を奏請し、永禄十年正月、消息宣下を受けている。二月には、上賀茂《かみがも》社から義栄・畠山伊《い》豆守《ずのかみ》らへ音信がなされた〔金子二〇二二〕。この伊豆守は、守肱の息子である。もう一人孫六郎《まごろくろう》という息子もおり、親子三人で義栄に仕えていた。

永禄十年十月二十一日、守肱と伊豆守は上洛し、相国寺《しょうこくじ》に宿所を構えた〔晴右卿記〕。これ以後、義栄の将軍宣下に向けた交渉と禁裏大工職相論への介入が展開する〔斉藤薫一九七九、神田二〇一九〕。この二つを担当した守肱は、京都で武家伝奏勧修寺尹豊《ぶけてんそうかじゅうじただとよ》・晴右《はれみぎ》ら公家と交渉を重ねた。

守肱の策動は、これだけではなかった。永禄十年八月には祥動（道号不詳）が、同年十二月には守肱義兄の雲叔等恵が、義栄の上意と守肱の関与により諸山・十刹の住持に補任されている〔鹿苑院公文帳〕。先述したように、守肱の宿所は相国寺であり、永禄十一年正月には蔭凉軒《いんりょうけん》の関係者が礼に訪れている。守肱は禅林に影響力を及ぼしていたのである〔斎藤夏来二〇〇〇〕。同年二月、梵舜《ぼんしゅん》（吉田兼右《よしだかねみぎ》弟）は守肱とともに雲叔にも銭を送っており、守肱と雲叔の関係がうかがえる〔兼右卿記〕。これ以前に守肱と雲叔の交渉を示す史料は確認できないが、義兄とはいえ数十年にわたり没交渉だった人物を、義栄に頼み厚遇するとは考えにくい。雲叔が、京都の情報を守肱に伝えていた可能性もある。

最終的に大工職相論への介入は朝廷に退けられ、将軍宣下も費用をめぐり交渉は難航した。宣下の日取りの決定後も、費用に悪銭が納入されたため、実務を担当し得分を受け取る外記《げき》の反発を招いてしまう。守肱は延期を提案するが、外記の強い主張により費用を納入することを約している。結局、宣下の時間は予定より大幅に遅れてしまった〔言継卿記〕。

ともあれ、永禄十一年二月八日、義栄の将軍宣下が実現した。守肱の悲願は、ついに叶ったのである。このとき、伊勢氏被官約百人が警固し、守肱は見物した。十三日には山科言継により、富田の義栄のもとへ宣旨《せんじ》がもたらされている。義栄と言継の対面は守肱が差配した。対面後、伊豆守・孫六郎は言継らと鞠会に参加している。宴会の後、守肱・伊豆守・孫六郎は言継から御礼を受けた。なお、この月に上賀茂社から義栄に音信があり、守肱が奏者を務めている〔金子二〇二一〕。

二月十九日、義栄は二十六日に諸家の御礼に赴くため、御供衆に参勤するよう命じた〔蜷川家文書、永禄十一年日記〕。廻文には、守肱・伊豆守・孫六郎が名を連ねている。だが、御礼がなされた形跡はない。義栄は念願の将軍に就任したが、上洛は果たされなかった。四月、篠原長房は三好長逸に対し、大覚寺《だいかくじ》門跡《もんぜき》から申し入れられた所領の件につき、守肱に相談し義栄の仰せをあおぐよう助言している〔井関家文書、若松二〇一三〕。守肱の史料はここで途切れる。同年に義昭が織田信長・三好義継《よしつぐ》・松永久秀らと組み勢力を強めるなか、義栄は腫物を煩い、没したという。以後の守肱・伊豆守・孫六郎の動向は不明である。なお、元亀四年（天正元年、一五七三）に義維も没した。
義稙と尚順との関係のなかで家格を上昇させ、権勢を振るった順光。義維・義栄の上洛工作に生涯を捧げ、義栄の将軍宣下を実現させた維広。同朋衆でありながら、武家に並んで流浪の義稙を支えた木阿弥を起点とする異色の畠山氏は、戦国時代における将軍権力の分裂や、幕府秩序の変容を象徴する存在といえるかもしれない。

（川口成人）

【主要参考文献】

天野忠幸「阿波公方の成立と展開」（石井伸夫ほか編『戦国期阿波国のいくさ・信仰・都市』戎光祥出版、二〇二二年）
家塚智子「同朋衆の職掌と血縁」（『芸能史研究』一四一、一九九八年）
井上宗雄『中世歌壇史の研究　室町後期　改訂新版』（明治書院、一九八七年）
金子拓「賀茂別雷神社と最長寿寺」（『國學院雑誌』一二二―一一、二〇二一年）
川口成人「畠山政近の動向と畠山中務少輔家の展開」（『年報中世史研究』四五、二〇二〇年）
川口成人「忘れられた紀伊の室町文化人」（『日本文学研究ジャーナル』一九、二〇二一年）
神田裕理『朝廷の戦国時代』（吉川弘文館、二〇一九年）
木越祐馨「下間頼慶の笠袋・鞍覆許可をめぐって」（千葉乗隆編『日本の歴史と真宗』自照社出版、二〇〇一年）
木下昌規「永禄の政変後の足利義栄と将軍直臣団」（『戦国期足利将軍家の権力構造』岩田書院、二〇一四年、初出二〇一二年）
斎藤薫「足利義栄の将軍宣下をめぐって」（『国史学』一〇四、一九七八年）
斎藤夏来「織豊期の公帖発給と政教関係」（『禅宗官寺制度の研究』吉川弘文館、二〇〇三年、初出二〇〇〇年）

設楽薫「足利義材の没落と将軍直臣団」(『日本史研究』三〇一、一九八七年)
設楽薫「足利将軍が一門の「名字」を与えること」(『姓氏と家紋』五六、一九八九年)
田中純子『同朋衆及び遁世者の史的研究』(京都府立大学博士論文、二〇〇五年)
萩原大輔「足利義尹政権考」(『ヒストリア』二二九、二〇一一年)
山田康弘『足利義稙』(戎光祥出版、二〇一六年)
山本啓介「飛鳥井流和歌会作法書『和歌条々』について」(『国語国文』七八―一一、二〇〇九年)
弓倉弘年「紀伊守護と紀南の水軍領主」(神奈川大学日本常民文化研究所編『熊野水軍小山家文書の総合的研究』同所、二〇二一年)
若松和三郎『戦国三好氏と篠原長房』(戎光祥出版、二〇一三年、一九八九年刊行を再編集)

斎藤基速――幕府奉行人から三好長慶の参謀へ

戦国期の中頃、室町幕府の吏僚から三好長慶《みよしながよし》の参謀へと、他に類を見ない転身を遂げた人物が居た。その名を、斎藤基速《さいとうもとはや》という。

幕府を支える文筆官僚

室町幕府を支えた官僚集団のなかに、幕府奉行人と呼ばれる一団が存在する。幕府奉行人は、文書発給と法曹をその職務とする文筆官僚である。その人員は最大で六十名程度、文書発給に携わることのできる上級職員に限ると二十名程度であったと推測される〔今谷一九八二〕。幕府奉行人を輩出する家柄は足利義満《あしかがよしみつ》期ごろにはおおむね固定され、その代表的な氏族としては飯尾《いのお》氏・松田《まつだ》氏・斎藤氏・諏方《すわ》氏などがよく知られている。さらに同じ氏族のなかでも名乗る官途の違いによってより細かく分かれており、例えば同じ飯尾氏であっても、加賀守《かがのかみ》を通称とする流派、大和守《やまとのかみ》を通称とする流派、というように複数の家系に分類できる。

さて、ここで取り上げる斎藤基速は、他でもなく幕府奉行人として歴史の表舞台に姿を現した人物である。斎藤氏は、平安時代の武人である藤原利仁《ふじわらのとしひと》の後裔を称した一族で、幕府奉行人のなかでも最も古くから見える氏族の一つである。官僚としての源流は、鎌倉幕府が承久の乱後の京都に設置した六波《ろくは》羅探題《らたんだい》で職務に当たっていた文筆官僚（六波羅奉行人）にまで遡り、斎藤氏一族はここで裁判の審理などを担当した。鎌倉幕府および六波羅探題の滅亡後は、一族の多くが建武政権や室町幕府に出仕して文筆官僚としての活動を継続し、それ以降も、吏僚としての専門知を有する一族として広く幕府制度を支えていた〔森二〇一一〕。基速の活動時期よりは若干遡るものの、武家官僚の活動実態をつぶさに記す日記を残した基恒《もとつね》・親基《ちかもと》父子も幕府奉行人の斎藤氏に連なる人物である。

史料の上で基速が確認できる最も早い例は、永正十八年（一五二一）の年記を持つ幕府奉行人奉書である〔小畠文書〕。奉書とは、ある人物がより上位の人物の意を伝達するような形式で発給した文書であり、幕府奉行人奉書の場合、幕府奉行人が将軍の意を奉じて発給する。幕府奉行人奉書は、担当奉行人二名の連署で発給することを原則とするために奉行人連署奉書などとも呼称され、『小畠文書《こばたけもんじょ》』の奉行人奉書においても、基速は二名の担当奉行人のうちの一人として署名している。自署は「基躬《もとみ》」であるが、花押の比較からこれは基速の初名と判断される。

その内容を見てみると、宛先である小畠一族に対して、将軍の「御帰洛」のために加勢するよう求めていることがわかる。この「御帰洛」という表現に注目したい。在京を常とする将軍が京都に帰るために軍勢を集めなくてはならないとは、一体どういうことなのか。

幕府の分裂と奉行人

戦国期の室町幕府は、深刻な内部分裂を抱えていた。これは幕府の権力闘争のなかで現役の将軍が京都から追放されたことに端を発するものであり、一部の直臣団や大名がそれぞれの思惑のもと（あるいは不可避的な諸条件のなかで）、追放された側の将軍に付き従ったために、この分裂状況が幕府内外のさまざまな階層に及ぶこととなった。これは文官として幕府に仕える奉行人にとっても例外ではなく、ゆえにこの状況が同時代に生きた多くの奉行人の人生を左右した〔佐藤二〇一九〕。本項で取り上げる基速も、そのうちの一人である。幕府の分裂状況というのは基速の半生を語る上での大きなポイントであるため、少しだけ掘り下げて叙述したい。

時は明応二年（一四九三）に遡る。当時の将軍足利義稙《よしたね》（当時は義材《よしき》）は、自身を支える畠山政長《はたけやままさなが》の宿敵であった畠山義豊《よしとよ》（基家《もといえ》）討伐のため河内の正覚寺《しょうかくじ》（大阪市平野区）に陣を張っていた。その折、義稙の一党による幕府運営を良く思わない細川政元《ほそかわまさもと》らが、義稙の留守を衝いて京都でクーデターを決行し、新たな将軍として義稙の従兄弟に当たる足利義澄《よしずみ》を擁立してしまう。世に言う明応の政変である。

政元らは自身が廃した義稙の捕縛には成功したものの、義稙は夜闇に紛れて監禁先から脱出し、再起を図って越中の放生津《ほうじょうづ》（富山県射水市）の神保《じんぼ》氏のもとに逃れてしまう。当初からこの逃亡劇に従った幕府直臣はごくわずかであったが、諸国の軍勢を巻き込んだ義稙の挙兵計画が現実味を帯び始めると、京都の幕府を離れてまで義稙の一派に合流する直臣が続出する。結局、奉行人だけ見ても少なくとも十名ほどを抱える集団へと、義稙陣営は成長したのである。

基速の父である斎藤基雄《もとお》（生没年不詳）も、京都の幕府を飛び出して義稙に合流した奉行人の一人であった。明応の政変直後では「雅楽大夫《うたのたいふ》」として京都方の史料に見える基雄であったが、明応八年以降は義稙陣営として奉行人奉書を発給し始めるのである。明応八年という年は、没時の記事（後述）から導かれる基速の生年であり、基速は基雄が義稙ともども流寓の身であった頃の出生と推測される。実父の基雄と離れて京都などで養育されていた可能性も否定はできず、基速の幼少期は不詳と言うほかない。

さて、越中下向後の義稙は、明応八年に決行された大規模上洛作戦の失敗と周防の山口《やまぐち》（山口市）への再下向を経て、永正五年（一五〇八）、当時の将軍義澄とその一派を近江に逐い落として、京都復帰を果たした。義稙の将軍職返り咲きとともに、流浪中の義稙に従っていた奉行人らも在京活動を開始、一挙に文書発給の中心へと躍り出る。義澄政権から継続して登用された奉行人も存在するものの、義稙と苦節を共にした奉行人らが一転重用されるようになるのである。基雄も一夜にして同族筆頭の地位を得、同じ斎藤氏である遠江守宗基《むねもと》が義稙の上洛に際して逐電《ちくでん》した一方で〔設楽二〇〇二〕、息子である時基《ときもと》（基速の兄）とともに義稙政権としての奉行人奉書の多くに署判するようになる。

このように、義稙の追放によって分裂状態に陥っていた室町幕府も、義稙の帰京と将軍位復帰にともなって安定を見るかと思われた。しかしその新政権の中で、今度は義稙が自らの意思で何度も京都を飛び出してしまう。義稙はそのたびに慰留される心づもりであったようだが、ついには幕府の最有力者であった細川高国《たかくに》が義稙を見限り、義澄の遺児義晴《よしはる》を将軍に擁立してしまう。引くに引けなくなった義稙は、わずかの供とともに阿波に逃れ、再上洛の機会を伺うことになる。

このような状況下で発給されたのが、先に基速の活動初例として紹介した奉行人奉書であった。つまり基速は、京都を離れた義稙のもとで奉行人としての本格的な活動を開始したのである。父の基雄や兄の時基も義稙に従って京都を離れており、茨の道とも思える選択を一家で取ったことになる。人数こそ少ないものの、基雄父子以外にも義稙に従った奉行人が知られており、これ自体、幕府奉行人の行動原理を考える上で興味深い。このように、基速が生まれた時期、そして活動を開始した時期は、将軍権力の分裂によって幕府の官僚組織も二分するという状況にあったのである。

「堺公方」の奉行人として

さて、話を基速の生涯に戻したい。永正十八年（一五二一）、京都を逐われていた前将軍義稙の奉行人として文書の発給を開始した基速であったが、主として仰ぐ義稙が大永三年（一五二三）に阿波の撫《む》養《や》（徳島県鳴門市）で病死する。享年五十八、ついに帰洛の夢は叶わなかった。義稙没後の基速は、阿波に残った義稙の遺児（実際は養子）である義維《よしつな》に従っていたようで、大永五年には兄の時基とともに義維の意を受けた奉書の発給にも携わっている〔高源寺文書〕。なお、ここで用いる官途名は「雅楽助《うたのすけ》」。若き日の父が用いた名乗りである。

この時期の基速は、自身の所領獲得にも動いていたようで、対抗する義晴方の幕臣であった伊勢貞能《いせさだよし》が洛中に有した土地の支配権を、義維の淡路滞在に付き従った恩賞として義維に要求している〔設楽二〇〇二〕。大永六年のこの事例以降は「右衛門大夫《えもんのたいふ》基速」と見えるため、この前後で名乗りを改めたのだろう。

基速と義維の運命が大きく変わったのが、大永七年である。同年二月十三日、山城の桂川《かつらがわ》において、義稙に代わって将軍の座にあった義晴とこれを支えていた細川高国らの軍勢を、義維を首班と仰ぐ軍勢が大いに破ったのである。義晴らは京都の維持を諦め、近江に退避することになる。一方、合戦の時点では阿波に居た義維は、勝利の勢いを受けて三月下旬に堺へ上陸、当座の拠点を堺に定めたのであった。このとき、高国の対抗馬である細川晴元《はるもと》も同道している。こののち義維は、足かけ五年にわたって幕府を模した政権を堺に打ち立てたため、「堺公方《さかいくぼう》」「堺大樹《さかいたいじゅ》」（公方・大樹ともに将軍の異称）などと呼ばれて畿内での影響力を高めることになる。

このときに基速も、義維とともに渡海したのであろう。義維方は、堺に到着するやいなや、堺の南北両庄に対して掟書を出しているが〔蜷川家文書〕、堺北庄に対しては基速と細川晴元側近の可竹軒周聡《からくけんしゅうそう》が、堺南庄に対しては義維政権の軍事的支柱である三好元長《もとなが》と可竹軒周聡が掟書に署判している。義維政権中の高官として、基速が元長とともに堺を分担統治していたとも推測できるのである。

義晴を京都から追放することに成功した義維政権は、自身の正統性を確保するために朝廷に対する将軍任官工作の必要に駆られていた。この場面で白羽の矢が立ったのが、基速であった。幕府奉行人を出自に持つ基速の、京都方面に対する縁故を買われたのであろう。

基速は同年の六月に堺から上洛すると、京中の諸方に出向いて挨拶を済ませたらしい〔実隆公記〕。朝廷の重鎮である三条西実隆《さんじょうにしさねたか》らは、基速を「斎藤基雄の子」として認識していたようで、父の所縁の深さが感じられる。なお基雄は、義稙の死没に前後して活動が見られなくなり、その頃に没したか引退を決めたのであろう。明応年間の幕府出奔以降、義稙に捧げた半生であった。

基速の京都における拠点は、義晴とともに近江へ没落した幕府奉行人である飯尾貞運《さだもち》の旧居であったという〔実隆公記〕。六月十七日には、幕府奉公衆の家柄であった大和晴統《やまとはるむね》とともに義維の使者として参内を果たし、ここで義維の任官を請うものの、「まずは義維本人が上洛するべきだ」と三条西実隆に諭されている。しかしながら、七月十三日には、代々将軍候補の人物が任官していた左馬頭《さまのかみ》に義維が正式に任じられており、基速ら使者にとっても一定の成果を挙げることに成功したと言えよう。これ以降、基速らは洛中の土地を半ば強引に接収しつつ、七月下旬には堺へ戻っている〔実隆公記、言継卿記〕。任官の成功もあろうが、七月末に義晴方の軍勢が京都に攻め入るとの風聞がしきりに流れており、堺への下向はそれに備えてのものだったのだろう。

堺帰着後の基速は、義維のもと、本来の職域である文書発給を再開する。大永七年の段階においては、現存するほぼすべての義維奉行人奉書に基速が署名しており、これは文筆官僚の中で基速が中心的な人

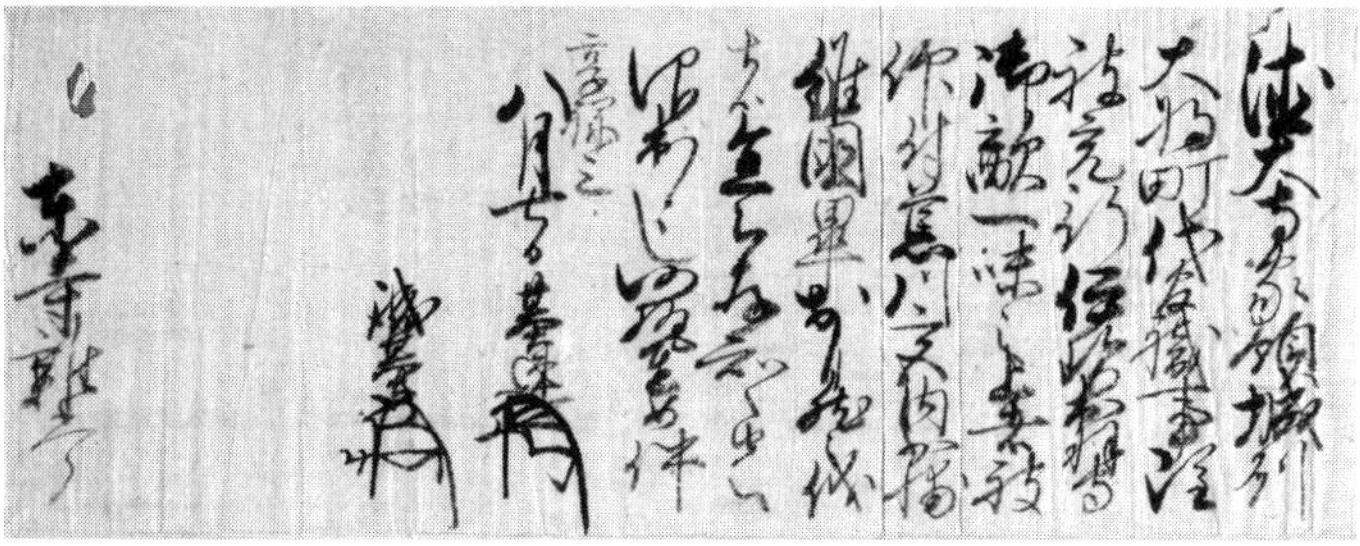

享禄３年８月７日付斎藤基速・斎藤誠基連署奉書　「東寺百合文書」　京都府立京都学・歴彩館蔵

物であったことを示す何よりの証拠であろう。これ以降、義晴方からの奉行衆の寝返りなどもあって堺公方の人的基盤は徐々に整えられていくのだが、そのような状況になっても、京都方面の担当官として基速の文書発給は多く確認されている。

しかし、もともと不安定な権力基盤に立脚する堺の政権は、複雑な内部対立も抱えていた。その対立の中で、堺公方を軍事面で支えた三好元長が、享禄五年（一五三二）六月、細川晴元の扇動した一向一揆に攻められて堺で敗死すると、義維政権も終焉を迎えることとなる。進退窮まった義維は堺で自刃しようとするも果たせず、再起の時を胸に刻んで阿波に亡命したのであった。このとき基速も義維に従ったのであろう。かつて将軍権力の分裂に際して先も見えぬ義稙方に身を投じ、義稙が気まぐれから出奔してもなおこれに従った父基雄の姿を彷彿とさせる。堺政権の崩壊とともに基速による文書発給はぴたりと止まり、当時三十代の前半であった基速は早くも歴史の表舞台から姿を消したのであった。

三好長慶の与力として再登場

基速の姿が見えなくなったのちも、畿内の情勢は目まぐるしく移り変わった。

この中で覇権を確立したのが三好長慶であった。三好元長の遺児であった長慶は、父の仇敵でありながら時に主君として仰いでいた細川晴元を連合と離反の末に京都から追い落とし、細川氏綱《うじつな》の下で畿内一帯に勢力圏を築いていた。これと時を同じくして、長らく表だった活動を停止していた基速が再び史料上に現れるのである。

天文十九年（一五五〇）、二十年に及ぶ雌伏の時を経て、基速は長慶に属する実務官僚として活動を再開する。これ以前、堺公方の崩壊以降はまったくと言ってよいほど活動所見を欠いており、この間の基速の足跡は辿れない。他方、旧主の義維はたびたび京都復帰に向けて動いており、例えば天文十六年には、上洛の支援を大坂の本願寺《ほんがんじ》証如《しょうにょ》に求めたのち、晴元の危機に乗じて阿波から堺へと渡海を果たしている〔天文日記〕。晴元方が勢いを取り戻したため、このときの義維はあえなく阿波へ出戻るのだが、あるいは基速もこのような義維の上洛工作を支えていたのかもしれない。

基速が活動を再開するにあたって注目されるのは、名乗りを改めていることである。「右衛門大夫」を称していた官途は、活動再開以降「越前守《えちぜんのかみ》」に改められており、この官途は基速の祖父と推量される幕府奉行人、斎藤基周《もとちか》が用いた官途でもある。また、「丈林軒卜数《じょうりんけんぼくすう》」の号も確認でき〔東寺百合文書〕、これゆえに基速がいずれかの時期に出家の身であった可能性も否定できない。

また、活動再開の時期にも注目したい。この前年の天文十八年、江口《えぐち》の戦いの大勝利によって氏綱を推戴する長慶の京都支配が確立しており、彼らにとっては京都における人材の確保が急務であった。そのような中で、基速の文筆官僚としての経歴や、法制度への通暁ぶりが買われて登用に至ったのであろう。余談だが、天文十九年は外様ながら三好長慶をよく支えた石成友通《いわなりともみち》が長慶の被官として現れた年であり〔天野二〇二一〕、武家故実によく通じた伊勢貞助《さだすけ》が三好家の政治的顧問として起用されたのもこの年だという〔木下二〇〇九〕。長慶による政権基盤の拡充の様が推し量られよう。

これ以降、基速は京都の荘園領主らと長慶を繋ぐ窓口として活動の幅を広げることとなる。復帰後最初に確認される職務は、東寺《とうじ》が抱える未徴収の年貢を長慶配下の担当者として基速が在地から取り立てるというものであったし〔馬部二〇一八〕、長慶の与力であった今村慶満《いまむらよしみつ》に所領を押領されていた山科《やましな》言継《ときつぐ》が、方々に取り合っても埒が明かないために長慶本人から慶満へ押領の停止を命じてもらいたいと、基速らに口添えを頼んだりもしている〔言継卿記〕。このような個別案件の調整役のほか、長慶の法廷に持ち込まれた訴訟を審理する「評定衆《ひょうじょうしゅう》」の中にも基速の名が見えており〔正木彰家文書〕、基速が長慶権力の中枢にあったことは疑いない。

また、長慶によって朽木谷《くつきだに》（滋賀県高島市）に逐われていた足利義輝《よしてる》が永禄元年（一五五八）に京都奪還の兵を挙げた際、長慶の寄子《よりこ》と考えられる藤岡直綱《ふじおかなおつな》が三好軍の布陣状況を東寺に報告しているのだが、この場面で「基速の出兵はない」と殊更に伝えられるように〔東寺百合文書〕、基速が三好方として一軍を率いうる人物と認識されていたことがわかる。

このように、復帰後の基速は明らかに三好政権の一翼として活動していた。それゆえ、松永久秀《まつながひさひで》に比肩する長慶の重臣との評価を与えられることもあった。しかし、基速の身分を考えると、幕府（より正確には義稙・義維父子）直属の奉行人としての厳然たる前歴を有しており、いくら逼塞の身であったとはいえ、長慶配下の幕府陪臣に家格を落とすとは考えにくい。ゆえに、幕府直臣としての家格を維持しつつ、寄子として長慶に属していたと考えるのが妥当であろう〔馬部二〇一八〕。永禄二年の四月には、奉公衆ら将軍直臣団に混じって義輝邸に参賀しているし〔言継卿記〕、幕府直臣である伊勢貞孝《さだたか》との間で等礼の書札礼《しょさつれい》を用いて書状が取り交わされていることも示唆的である〔雑々聞撿書〕。

基速の死と三好家の滅亡

流浪の身であった将軍の奉行人から始まり、堺公方の参謀へと身を起こし、二十年もの逼塞の末に長慶の配下としてその政権を支えた基速は、永禄四年（一五六一）閏三月二十八日、その生涯を閉じる。享年六十三、まさに激動の生涯であったと言えよう。この忌日は、日蓮宗の僧侶である日珖《にちこう》の日記『己《こ》行記《ぎょうき》』より判明するのだが、日珖は日記中に基速の尽力によって僧官を獲得できたと述懐する。基速の遺骸は摂津の吹田《すいた》（大阪府吹田市）で荼毘に付されたというから、長慶が後継者に定めた嫡男義興《よしおき》の居城であった芥川城《あくたがわ》（大阪府高槻市）に基速も在城していたのだろうか。

基速の子として確認できる人物はなく、基速流の斎藤氏がその後どのように家名を残したのか（あるいは滅びたのか）、現状では明らかにしえない。

基速死没のタイミングは、三好家の栄光に陰りが見え始める時期と重なっている。翌月、長慶をよく支えた実弟十河一存《そごうかずまさ》が世を去ったのを皮切りに、翌永禄五年の三月には同じく長慶実弟の実休《じっきゅう》が戦死し、さらに永禄六年には義興までが病没する。そして永禄七年七月、基速が後半生をともに過ごした三好長慶が四十三歳で世を去った。

重臣格と言っても三好家中では外様であったし、自身の出身階層である幕府奉行人は将軍義輝のもと活動を継続していた。そのような状況で基速が置かれた立場は難しいものであったかもしれない。しかし、それでもなお、法曹の専門家としてしぶとく戦国の世を生き抜いた基速の姿に、奉行人の生き様を感じざるをえない。

肖像をめぐって

さて、ここに一幅の肖像画がある。像主は斎藤基速である。この肖像は、京都の頂妙寺《ちょうみょうじ》（京都市左京区）に伝わったもので（掲載の画像は、大正九年〈一九二〇〉に写された模本）、三好長慶が基速に宛てた頂妙寺の寺坊を保護する文書とともに伝来した。作者は不詳であるが、確かな画力がうかがえる。

ここに描かれる基速は、赤色格子と緑色格子の片身替りの小袖に、五つ盛り亀甲に六弁花紋を配した

斎藤越前守（基速）画像　東京大学史料編纂所蔵模写

薄縹色の大紋を着しており、右手には扇を持つ。五つ盛りの亀甲紋というのが実に珍しい。賛文には「越前州齊藤是玉公寿容」とあり、かつ永禄三年（一五六〇）の年記を持つことから、基速在世中に寿像として描かれたものと判断できる。着賛は、当時を代表する禅僧のひとり惟高妙安《いこうみょうあん》による。禅僧の賛を持つ肖像が日蓮宗の寺院である頂妙寺に伝わった理由は定かでないが、前述の通り基速は天文年間の京都復帰時に丈林軒ト数の号を用いていることから、自身は禅宗の檀信徒であったのだろう。当時の武家官僚をめぐる人間関係を考える上で興味深い。

肖像画の表現に目を戻すと、その容貌はやや細身な壮年男性といった趣で、眼光は鋭く厳格さを帯びる。永禄三年の基速はすでに齢六十を超え、また同年の八月頃には療養の身であったというから〔雑々書札〕、絵師の眼前に座してはその波乱に満ちた生涯の終着点を見据えていたのかもしれない。

（佐藤稜介）

【主要参考文献】

天野忠幸『三好一族』（中央公論新社、二〇二一年）
今谷明「三好・松永政権小考」（同『室町幕府解体過程の研究』岩波書店、一九八五年、初出一九七五年）
今谷明「室町幕府奉行人奉書の基礎的考察」（同右、初出一九八二年）
木下聡「『後鑑』所載「伊勢貞助記」について」（木下昌規編『足利義輝』戎光祥出版、二〇一八年、初出二〇〇九年）
佐藤稜介「戦国期における幕府奉行人家の分裂」（『古文書研究』八八、二〇一九年）
設楽薫「将軍足利義晴期における「内談衆」の成立（前編）」（『室町時代研究』一、二〇〇二年）
中尾堯ほか編『日蓮聖人と法華の至宝』第五巻―絵画（同朋舎新社、二〇一五年）
馬部隆弘「内衆からみた細川氏綱と三好長慶の関係」（同『戦国期細川権力の研究』吉川弘文館、二〇一八年）
森幸夫「南北朝動乱期の奉行人斎藤氏」（同『中世武家官僚と奉行人』同成社、二〇一六年、初出二〇一一年）
矢内一磨「堺妙國寺蔵「己行記」について」（同『中世・近世堺地域史料の研究』和泉書院、二〇一七年、初出二〇〇七年）

武田元光
——足利義晴に信頼された名門守護

父元信の在京と細川政元の死

武田元光《たけだもとみつ》は、若狭守護である父元信《もとのぶ》の嫡子として誕生した。生年は明応三年（一四九四）が有力とされる〔木下聡二〇一六〕。仮名《けみょう》は元信と同じく「彦次郎《ひこじろう》」、官途も同じく「伊豆守」を経て大膳大夫に任官している。

若狭武田氏は永享十二年（一四四〇）に若狭を拝領して以来、畿内政治史の舞台にたびたび姿を現し、元光の父である元信は、細川政元《ほそかわまさもと》と共に足利義澄《あしかがよしずみ》の有力与党として在京していた〔笹木二〇一二〕。だが、永正四年（一五〇七）六月に細川政元が殺害されると事態が一変した。つまり、実子のない政元の養子として迎えられた高国《たかくに》・澄之《すみゆき》・澄元《すみもと》の間で争いが起こったのである。この抗争に勝利した高国は足利義稙《よしたね》を奉じて上洛した大内義興《おおうちよしおき》を迎え、高国と義興が義稙のもと共同で政権を担っていく。

新たに成立した政権に対し、元信は在京せず若狭に在国した。といっても、表立って敵対していたわけではなく、近江より京都奪還の機会をうかがっていた足利義澄と細川澄元に与同する動きを見せるわけでもない。むしろ、中央政界とは距離を取っていたというべきであろう。ただし、足利義澄が没した永正八年以降、元信は細川高国と接点を持つようになる〔河村二〇二〇〕。永正十四年に武田氏被官の逸見《へんみ》氏が丹後の延永春信《のぶながはるのぶ》と結んで謀叛を起こした際には、元信は足利義稙・細川高国の支援を得て対抗した。

細川高国からの上洛要請と外交デビュー

大内義興が帰国し足利義稙も京を出奔すると、京に残った細川高国は赤松《あかまつ》氏が養育していた義澄の遺子亀王丸《かめおうまる》（後の義晴《よしはる》）を永正十八年（一五二一）七月に迎えた。高国から元光へ上洛要請があったのは、これに先立つ同年四月のことである。このとき父元信が存命中だが、元光は伊豆守を官途とし、家督を相続していたものと思われる。

改元した大永元年（一五二一）九月一日までに元光が上洛する。元光としても中央政界に食い込むことにより、永正十四年から進出した丹後の加佐《かさ》郡での膠着状況を打開しようという思惑もあったのかもしれない。また、上洛後に父元信の三位昇進がなされた。元信は自身が在京していた時期に四位叙位を果たした経緯があり、三位昇進は今回の上洛要請に応じるにあたり、元信が強く望んだものと思われる。

若狭武田氏略系図

在京期間中、元光は父の代から親交のあった三条西実隆《さんじょうにしさねたか》のもとを訪ねている。そして、猿楽《さるがく》興行を通じ、足利義晴・細川高国・伊勢貞忠《いせさだただ》という政権の中枢を占める面々と接触した。高国の管領就任や義晴の元服、将軍宣下など重要な儀礼が控えるなか、元光は同年十一月に帰国する。帰国の理由は、同年十二月三日に父元信が亡くなることが関係していようか。

いずれにせよ、元光の在京はかつての父元信とは異なり一時的なものであった。元光は大永四年九月に母が亡くなった際に京にて仏事を営んでいるが〔実隆公記〕、基本的には在国していた。その背景として、『若狭郡県志《わかさぐんけんし》』が大永二年と伝える後瀬山城《のちせやま》（福井県小浜市）の築城と山麓の居館の整備をはじめ、国内統治に軸足を置いていたことが指摘される。いいかえると、武田氏は在京して若狭を安定的に維持できる状況にはなく、在国して直接向き合う必要に迫られていた。

桂川合戦への参戦と大敗北

大永六年（一五二六）七月に細川高国が被官の香西元盛《こうざいもともり》を殺害する事件が起きると、政権に動揺が生じた。元盛の兄弟である波多野元清《はたのもときよ》と柳本賢治《やなぎもとかたはる》らが叛き、丹波において高国に対し挙兵したのである。義晴の側近である飯川国弘《いがわくにひろ》が使者として若狭へ下り、元光の上洛を求めたのは同年十月のことであった。これに応じた元光は年末に京着し、道中で詠んだ「都にと、今日たつ春に我も又、のとかなるへき旅の行末」という歌を、年明け早々に三条西実隆へ見せている〔再晶草〕。

しかし、このとき高国勢は丹波にて苦戦していた。高国が派遣した細川尹賢《ただかた》の軍勢は、柳本賢治が籠もる神尾山城《かんのおさん》（京都府亀岡市）を攻略できず撤退していたのである。しかも、将軍義晴が各地の大名に軍事要請を行ったものの、実際に応じたのは武田氏のみであった。後に義晴を支える六角定頼《ろっかくさだより》は、被官を派遣し後方に控えさせるのみであった。

波多野・柳本の挙兵は、彼らが細川澄元の跡を継いだ晴元《はるもと》方となることを意味した。阿波にいた細川晴元のもとには、足利義稙の養嗣子である足利義維《よしつな》がおり、波多野・柳本らに連動し阿波より畿内へ進軍した。さらに、晴元方は近国の高国方を切り崩し、動きを封じていく〔馬部二〇一八〕。

元光は、大永七年二月八日付で国元に残した子信豊《のぶとよ》へ書状を送っている〔尊経閣文庫所蔵文書〕。信豊からの書状に対する返事であり、中身は「国元が無事であれば京も収まる」というものであったが、情勢は緊迫し決戦は間近に迫っていた。

柳本ら丹波勢は山城西岡《にしのおか》（京都市西京区、京都府向日市、同長岡京市）に進出し、二月十一日には山崎《やまざき》（京都府大山崎町）にて阿波より進軍した三好長家《みよしながいえ》・政長《まさなが》兄弟らと合流した。対する元光が属する高国方も翌日京より兵を進めた。その陣容は細川尹賢・上野元治《うえのもとはる》勢が二千四～五百、高国勢が八千余、武田勢が一千三～四百であり、将軍義晴は奉公衆ら四～五百人を従えて本国寺《ほんこくじ》（当時は京都市下京区）に入り後方に控えたという〔二水記〕。将軍である義晴にしてみると陪臣は敵として格が低いため、高国方としての立場を示しつつもあくまで鷹狩りの次いでに寄る体裁をとったとされる〔木下昌規二〇二〇〕。

両軍は桂川《かつらがわ》を挟んで対峙し、初日は川を隔て矢戦したのみで日没となった。翌十三日に両軍が激戦に及び、当日のうちに細川・武田連合軍の敗北というかたちで決着がついた。元光は翌十四日に義晴・高国とともに近江坂本《さかもと》（大津市）に退いた。その後、元光は近江守山《もりやま》（滋賀県守山市）に移る義晴・高国には同行していないため、若狭に帰国したようである。

二月十三日の戦闘において武田勢は多数負傷・討ち死にしており、主力として戦ったことがうかがえる。翌月の十三日には戦死者の遺族が若狭から上洛し戦場を訪れ、妻たちは泣き崩れ剃髪する者もいたという。桂川合戦は元光にとり手痛い敗戦となり、以後、武田氏当主が軍勢を率い上洛することはなかった。

武田氏の外交路線の転換と粟屋元隆の失脚

桂川合戦での敗北は、元光にとり細川高国との提携関係を見直す契機となった。大永七年（一五二七）十月に六角・朝倉《あさくら》勢の援軍を得て義晴・高国が帰洛を果たし、再度柳本賢治・三好元長《もとなが》らの軍勢と対峙するが、ここに元光の姿はなかった。後述するように、被官の粟屋元隆《あわやもとたか》が上洛し高国勢に加わった。両軍は大規模な戦闘に至らないまま和睦交渉に移ったが、条件をめぐり交渉が決裂し、高国は義晴と別れ伊賀・伊勢・越前・播磨と各地を転々とした。高国の行先に若狭が入っていないのは、このときすでに元光が高国と距離を取り始めていたためといわれる〔河村二〇二一〕。

享禄三年（一五三〇）における高国の敗死、翌年に足利義維が堺から阿波へ退避したことを受け、義晴と晴元とが和睦可能な状況が整いつつあった。そして天文三年（一五三四）、近江にて六角定頼のもとにあった足利義晴の帰洛が実現し、晴元が出迎える。ここに義晴・晴元・定頼を一体とした体制が固まる〔馬部二〇二一〕。

帰洛を直前に控えた義晴へ、元光は太刀と馬を献じた。これに対し、義晴は元光・信豊父子のいずれかの在京を求めており、武田氏への期待がうかがえる。武田氏が応じた形跡はないが、天文五年に義晴の嫡子菊幢丸《きくどうまる》（後の義輝《よしてる》）誕生時には、誕生の祝を初夜の細川晴元、三夜の畠山義総《はたけやまよしふさ》に続き、七夜は元光の申沙汰《もうしざた》として金銭の負担をした〔木下昌規二〇二〇〕。このように、元光は義晴周辺との関係を再構築していった。

一方、元光の有力被官粟屋元隆は、大永七年十一月に約八百人を率い上洛し高国勢に加勢していた。この姿を見た中納言鷲尾隆康《わしのおたかやす》は、「当春に多くの一族が討ち死にしたにもかかわらず再び上洛したことは奇特である。武勇専一である」と記している〔二水記〕。この上洛は元光の命によるものというより、元隆の意志によるものと見られる。

というのも、元隆は各地を流浪し再起を図る高国のもとに、一族である粟屋勝春《かつはる》を同行させていた〔河村二〇二〇〕。高国没後は、天文四年七月に討ち死にするまで、勝春は高国の後継者として挙兵する細川晴国《はるくに》のもとで活動した。なお、晴国は天文元年に丹波に入るまでの間、若狭谷田寺《たんだいじ》（福井県小浜市）

に滞在している。谷田寺は元隆が代官を務めた名田荘《なた》（福井県おおい町、小浜市）における小浜からの入口に位置し、晴国の谷田寺滞在には元隆の関与がうかがえる。元隆は明らかに高国・晴国に肩入れしていた。

天文七年二月に、粟屋元隆は丹後の加佐郡に出奔した。元隆は同年六月までに若狭へ戻り、翌月に元隆が拠る谷田寺と名田荘は武田勢の攻撃を受ける。しかし、元光は元隆を討滅できず、元隆は丹波に潜伏し若狭乱入を画策していた。このとき、越前朝倉氏のもとに身を寄せていた武田氏一族の武田信孝《のぶたか》も若狭侵攻の動きを見せており、双方は連携し若狭を挟撃しようとしていた可能性が高い。しかし、元光は伊勢貞孝《さだたか》（幕府政所頭人《まんどころとうにん》）を通じ朝倉氏が信孝の支援を制止するよう将軍の上意を得て働きかけ、さらに朝倉氏と敵対する本願寺《ほんがんじ》との提携を図ることで危機を脱した〔山田二〇一一〕。

この元隆の丹後出奔に始まる一連の出来事は、下克上の動きという国内の覇権争いとして評価されてきた。その理由として、「小浜御代官」〔西福寺文書〕と称された元隆の高い経済力や、元光に匹敵するほどの文化・文芸面での意欲があげられる。しかし、これ以前に元隆と元光とが対立する場面は確認されず、むしろ武田氏の若狭統治を支えてきた。元隆が独自の基盤を有するからといって、必ずしも元光に刃向かうことを意味しない。

では、なぜ元光は元隆を追放したのだろうか。その理由の一つとして、桂川合戦後に反高国方との提携へ舵を切った元光の外交路線と、高国・晴国支持の立場を取り続けた元隆の動向とが共存不可能となったことが想定される〔笹木二〇一八〕。

というのも、元光が接近した晴元にとり、高国残党の蜂起には注意を払わなければならなかった。事実、天文五年八月に晴国を自害に追い込んだが、晴国を補佐していた細川国慶《くによし》は再起を図っていた。元隆追放後のことになるが、同年十月には細川国慶と内藤国貞《ないとうくにさだ》が蜂起しており、これは紀伊の畠山稙長《たねなが》のもとにいた細川氏綱《うじつな》との合流を意図したものであったとされる〔馬部二〇一八〕。このように、高国残党が根拠とした丹波と接する若狭の動向が警戒されていたことは想像に難くない。

したがって、元光は元隆の動向を見過ごすことができなかった。もちろん、元光が特定の被官の勢力拡大を嫌ったなど、他の理由を否定するものではないが、決め手となったのは外交上の路線対立に求められる。つまり、元光は義晴・晴元・定頼との結びつきを深めたために、さらには結びつきを維持・強化するために、元隆を討滅せねばならなかったといえよう。

子信豊への家督譲渡と姻戚関係の構築

粟屋元隆の失脚は、元光から信豊への代替わりの最中のことであった。「羽賀寺年中行事《はがじねんちゅうぎょうじ》」によれば、元光は天文元年（一五三二）に出家して「宗勝《そうしょう》」と名乗り、翌年に子の信豊へ家督を譲ったとある。ただし、実際の家督継承は天文七年七月のことである〔河村二〇二〇〕。元光の文書発給は天文八年まで続き、これと入れ替わるように信豊の寺社安堵状が確認され始める〔木下聡二〇一六〕。家督継承に時間を要したのは国内情勢が不安定だったためで、元隆の失脚もその一つである。また、信豊の家督としての資質に問題があったという見方もできる〔河村二〇二〇〕。

天文九年に元光の娘が六角定頼の猶子《ゆうし》として京極《きょうごく》氏に嫁ぎ、六角氏と京極氏との和睦が成立した〔佐藤一九九六〕。猶子という擬制的な親子関係を定頼と結んだとはいえ、京極氏に嫁いだのは元光の子である。そのため、定頼と元光の提携関係を前提とした姻戚といえる。時期としては、信豊への家督譲渡後だが、元光が敷いた路線であろう。このほか、元光は幕府政所頭人である伊勢貞孝や、近衛《このえ》家出身で義晴に近侍する久我晴通《こがはれみち》へ娘を嫁がせている。元光の姻戚関係からは、定頼と義晴周辺との関係を強固なものにしようとしていたことがうかがえる。

義晴・晴元・定頼のうち、残る晴元に関しては、細川澄元（晴元の父）の娘が元光の室であったという指摘がある〔木下聡二〇一六〕。これは『続群書類従《ぞくぐんしょるいじゅう》』所収「細川系図」に、細川澄元娘に「嫁武田氏」との注記があることによる。ただし、延徳元年（一四八九）生まれの澄元と明応三年（一四九四）生まれの元光とでは、澄元のほうが元光より五歳年長ではあるものの、元光夫人の父とするには年齢が近すぎまいか。元光ではなく、信豊の室として迎えられたと見るほうが自然であろう。

また、信豊の室には六角定頼の娘がいたことが知られている〔若狭守護代記〕。いずれの存在も事実とすれば、どちらが正室か、先妻かは判然としない。なお、このほか元光は娘を隣国の丹後一色《いっしき》氏に嫁がせたことも知られるが〔清水二〇二一〕、肝心の元光室の出自は残念ながら判明しない。

天文八年の鞍馬滞在

天文八年（一五三九）六月に河内十七箇所の代官職をめぐって三好長慶《ながよし》と同政長とが対立した。長慶が挙兵すると細川晴元が政長を全面的に支援し、義晴は御台と菊幢丸（後の義輝）を京郊の八瀬《やせ》（京都市左京区）へ退避させている。このとき、調停を図っていた義晴が側近に武田方へ書状を遣わすよう命じた。書状の内容は不明だが、能登畠山氏や朝倉氏にも同様の書状が充てられており、おそらく不測の事態に備えるための軍勢催促であろう。ちなみに、三好政長は元光が大敗した桂川合戦にて敵として相まみえた人物であった。

その最中の同年八月六日に、元光は鞍馬《くらま》（京都市左京区）を訪れる。「武田入道殿」と見えることから、家督の信豊ではなく出家していた元光であることは間違いなさそうである〔親俊日記〕。鞍馬は若狭と京とを往復する経路上に位置し、義晴擁立時に上洛していた元光が大永元年（一五二一）十一月に帰国する際にも立ち寄っている〔実隆公記〕。鞍馬まで来れば京は目前であるため、元光が軍勢催促に応じたと理解できなくもないが、そうでもないらしい。目的は「歓楽養生」と伝わる〔親俊日記〕。このときには、六角定頼が仲裁に乗り出し事態が収束に向けて動き出していた。

元光の鞍馬滞在の目的が単なる歓楽養生なのかには疑問が残るが、さらに不可解なことに、このときの費用の一部を伊勢貞孝が借入によって調達している。先に述べたように、貞孝には元光の娘が嫁いでいた。天文十一年正月には貞孝夫妻のほうが若狭を訪れており、元光の鞍馬滞在も政治的な理由によるものではなく、武田氏と伊勢氏との間での往来と考えるべきものなのかもしれない。

なお、この三好長慶と同政長との対立の際には、政長に肩入れした細川晴元の軍勢が高雄《たかお》（京都市右京区）に集結している。高雄は北方から京を狙う位置にあるが、さらに北上すると周山《しゅうざん》街道に合流し、丹波から堀越《ほりこし》峠（京都府南丹市、福井県おおい町）・名田荘を経て小浜に至る。

武田元光の墓　福井県小浜市・発心寺

晴元が高雄を選んだのは、名田荘に拠っていた粟屋元隆がすでに放逐されており、若狭方面への安全が確保されたと判断したと見る余地はあるまいか。元隆が健在だった天文二年には、晴元と戦う細川晴国が高雄を一時拠点としていた経緯もある。

元光は天文二十年に没するまで、信豊を輔弼し続けたといわれる〔河村二〇二〇〕。元光の敷いた義晴・晴元・定頼と接近する路線は、信豊期の武田氏に安定をもたらした。しかし、元光が亡くなる頃には、すでに将軍義晴と六角定頼は没し、三好長慶の時代が到来しようとしていた。

（笹木康平）

【主要参考文献】

河村昭一『若狭武田氏と家臣団』（戎光祥出版、二〇二〇年）

木下聡「若狭武田氏の研究史とその系譜・動向」（同編著『若狭武田氏』戎光祥出版、二〇一六年）

木下昌規『足利義晴と畿内動乱』（戎光祥出版、二〇二〇年）

笹木康平「戦国畿内政治史と若狭武田氏の在京」（『日本歴史』七六八、二〇一二年）

笹木康平「天文期の若狭武田氏に関する一考察―粟屋元隆の反乱と天文九年武田・六角・京極同盟―」（『十六世紀史論叢』九、二〇一八年）

佐藤圭「朝倉氏と近隣大名の関係について―美濃・近江・若狭を中心として―」（『福井県史研究』一四、一九九六年）

清水敏之「戦国期丹後一色氏の基礎的研究」（『戦国史研究』八二、二〇二一年）

馬部隆弘『戦国期細川権力の研究』（吉川弘文館、二〇一八年）

馬部隆弘「六角定頼の対京都外交とその展開」（『日本史研究』七一〇、二〇二一年）

山田康弘『戦国時代の足利将軍』（吉川弘文館、二〇一一年）

六角定頼 ——義晴期幕府の中枢を担った管領代

定頼の出自

六角定頼《ろっかくさだより》は、六角高頼《たかより》の子として生まれた。兄に氏綱《うじつな》がいる。天文二十一年（一五五二）に五十八歳で亡くなっているので、明応四年（一四九五）の生まれということになる。幼名は不明であるが、幼い頃に出家して「光室承亀《こうしつじょうき》」と名乗っている〔幹林葫蘆集〕。家督を継いだ兄氏綱が病弱だったため、永正十六年（一五一九）には還俗して「四郎《しろう》」を名乗っている〔室町家御内書案〕。永正十七年には実名「定頼」が見える〔成就院文書〕。また、大永三年（一五二三）から官途名「弾正少弼《だんじょうしょうひつ》」が見られる〔蜷川家文書〕。死後の戒名は江雲寺《こううんじ》殿前《でんぜん》霜台《そうだい》四《し》品《ほん》光室《こうしつ》亀《き》大居士《だいこじ》。

家督継承までの道のり

定頼には兄氏綱がいたため、六角氏の家督は兄が継ぎ、定頼は相国寺鹿苑院《しょうこくじろくおんいん》において剃髪し、出家した〔鹿苑日録〕。近江から上洛して師のもとで暮らしていたが、詩や書を楽しみ、またそれらに才能を発揮していたという。

このまま何事もなければ名僧として名を残したかもしれないが、家の事情がそれを許さなかった。兄氏綱が病弱だったため、当主の勤めを果たせなくなったのである。兄氏綱は明応元年（一四九二）生まれ。幼名亀王丸。長じて四郎、氏綱を名乗る。官途は近江守。文亀四年（一五〇四）には在京しており、細川政元《ほそかわまさもと》とも交流を持っている。また、将軍足利義澄《あしかがよしずみ》の犬追物《いぬおうもの》にも参加しており、室町幕府と密接に関わりを持っていたことがうかがえる。こうした平時の交流だけでなく、軍勢を率いて上洛し、京都の守護にあたるなど、将軍を支える軍事力としても重要な位置を占めていた。

しかし永正十五年（一五一八）、氏綱は二十七歳で亡くなった。すでにそれ以前から体調がすぐれなかったようで、亡くなる四年前の永正十一年には還俗前の承亀が杉山《すぎやま》三郎兵衛尉宛に知行と被官人を宛がっている〔模写古文書〕。このほか、永正十二年には島郷口《しまごうぐち》での戦いで手傷を負った赤坂《あかさか》彦兵衛尉宛に感《かん》状《じょう》を発給し〔集古文書〕、同年には永源寺《えいげんじ》（滋賀県東近江市）の知行を安堵するなど〔永源寺文書〕、氏綱存命中ではあったが領国統治の実務を担っていたことがうかがえる。そして氏綱の死により、定頼が家督を継承することとなった。

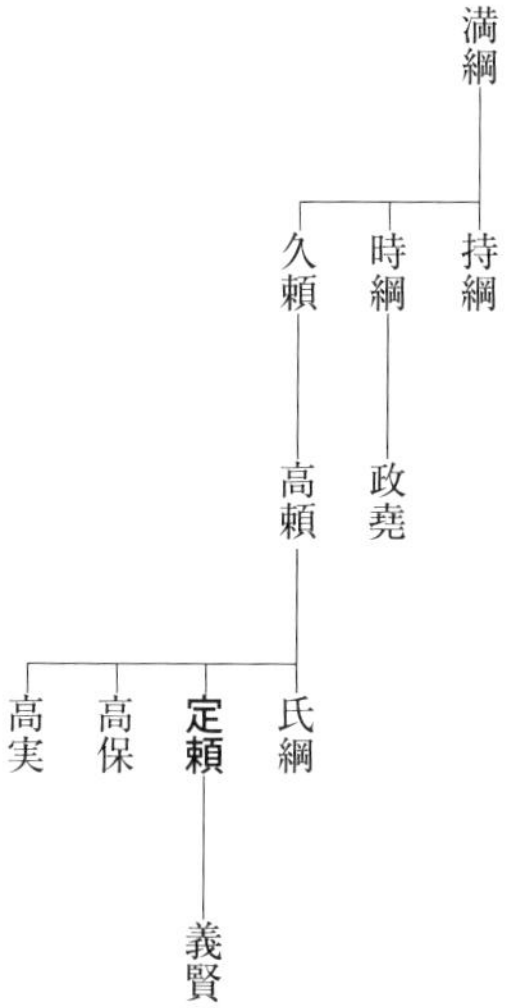

六角氏略系図

近江国内での戦い

中世の近江は、織田信長《おだのぶなが》によって近江を逐われるまで佐々木《ささき》六角氏が守護を務めてきた。しかし、守護六角氏を頂点に近江国内の在地領主たちが家臣団として編成されていたわけではなかった。彼らは地域で自立した存在であり、かといって守護の統治をまったく受けていなかったわけでもない。その時々の力関係で変化はあるものの、守護のもとに在地領主たちが緩やかに統治されて、中世近江の領主権力は存在していたのである。

応仁の乱から将軍の近江親征にいたる過程を経て成立する戦国期の近江においても、そうした状況に大きな変化はなかった。六角氏は強力に近江国内を支配する戦国大名とはなれず、地域において自立した在地領主との緊張関係は続いていたのである。

伊庭氏の乱

中でも、戦国期において有力な在地領主だったのが伊庭《いば》氏である。伊庭氏は、平安末期から史料上に登場するが、近江支配の中で確固たる地位を築いたのは南北朝期である。その頃の伊庭氏は守護代として史料に現れ、守護六角氏の命令を在地に奉行人奉書《ぶぎょうにんほうしょ》の形で伝えている。

その後、しばらく目立った活動は見られなくなるが、応仁の乱前後に、再び政治の表舞台に姿を現す。そして六角高頼《たかより》のもとで伊庭貞隆《さだたか》が守護代として活躍するのである。しかしその活躍は、守護六角氏の守護代という枠を超えたものとなっていく。以前より将軍との間に直接的なパイプを有していただけでなく、領国支配においても守護の奉行人奉書とならんで、伊庭貞隆の下知状《げちじょう》がその根幹文書となり、強い影響力を持っていくのである。

こうした状況に危機感を持った高頼は、文亀二年(一五〇二)、伊庭氏を攻撃する(第一次伊庭氏の乱)。湖西に逃れた貞隆は反撃に転じ、貞隆を排除しきれなかった高頼は貞隆と講和を結んだ。

永正十一年(一五一四)、再び六角氏と伊庭氏が戦端を開く〔長享年後畿内兵乱記〕。戦いに敗れた伊庭氏は没落するが、その後も六角氏と伊庭氏の戦いは続く。しかし永正十七年、伊庭氏と九里《くのり》氏が籠もる水茎岡山城《すいけいおかやま》(滋賀県近江八幡市)が六角定頼により包囲され、七月二十七日に開城する〔実隆公記〕。結局、このときも伊庭氏・九里氏を滅ぼすことはできなかったが、大永五年(一五二五)、黒橋口《くろはしぐち》(京都府八幡市)の合戦〔古証文〕以後、目立った動きは見られなくなり、二度にわたった伊庭氏の乱はようやく収束を迎えた。

こうして近江において六角氏からは自立して幕府と直接に結びつき、近江の統治に独自の支配文書を発給していた伊庭氏の排除に成功したことで、六角氏は戦国期の守護権力としての地位を確立することになった。

蒲生秀紀の音羽城籠城

近江において自立していた在地領主は伊庭氏だけではない。蒲生《がもう》氏は日野《ひの》（滋賀県日野町）を本拠とする在地領主である。南北朝期には六角氏の有力被官として活動が見られたが、室町期に入ると幕府との関係を強め、六角氏からは自立した立場をとるようになる。

戦国期に入り、蒲生氏の内紛が起こった。「智閑《ちかん》」という名で知られる蒲生貞秀《さだひで》の後継となった秀行《ひでゆき》が早逝し、後を追うように貞秀も亡くなった。そのため、秀行の息子の秀紀《ひでのり》と、秀行の弟の高郷《たかさと》との間で後継者争いが起こったのである。秀行が死んだとき秀紀は十三歳であり、高郷は幼少の秀紀では蒲生家を相続するのには心許ないとして、自ら家督を継承することを主張した。しかし貞秀は生前、秀行の後継を秀紀と決めており、結局秀紀が家督を継承することとなった。ところが大永二年（一五二二）、秀紀は六角定頼の攻撃を受け、音羽城《おとわ》（滋賀県日野町）に籠城する〔経尋記〕。六角勢がなぜ蒲生氏を攻撃したのかは定かではないが、後継者争いに敗れた高郷が六角勢の助けを得て家督を奪い取ろうとしたといわれている。詳細は不明であるが、その後の蒲生氏の動きを見ると、そうした推測も成り立ちうる。

音羽城開城後、蒲生秀紀が高郷によって暗殺され、高郷もその後ほどなくして亡くなり、後を定秀《さだひで》が継ぐ。以後、定秀は六角氏の重臣として六角氏を支え、永禄十年（一五六七）の観音寺《かんのんじ》騒動では、定秀と子の賢秀《かたひで》が六角氏と離反した家臣たちとの仲介をすることとなる。

浅井氏との対決

源平合戦の功績によって近江守護職を得た佐々木氏は、その後四家に分かれ、やがて江北の京極《きょうごく》氏と江南の六角氏が勢力を二分する。戦国期後半には、京極氏の家中から浅井《あざい》氏が台頭し、小谷《おだに》城（滋賀県長浜市）を拠点として江北を実質的に統治していた。

守護である六角氏にとって、江北で自立した勢力である浅井氏は自身の統治を脅かす存在であり、しばしば江北・江南の境目にあたる犬上《いぬかみ》郡・愛知《えち》郡あたりで小競り合いを繰り返していた。大永五年（一五二五）、定頼は浅井氏の本拠である小谷城を囲み、開城させている〔長享年後畿内兵乱記〕。浅井氏は朝倉《あさくら》氏の仲介で城を出て逃亡したとされる。この後享禄四年（一五三一）、京極氏の内紛に関わって京極高延《たかのぶ》を推す浅井亮政《すけまさ》と弟の高吉《たかよし》を推す定頼とが江北箕浦《みのうら》（滋賀県米原市）で戦い、六角氏が勝利した〔長享年後畿内兵乱記〕。また、天文七年（一五三八）にも定頼は江北に出陣して小谷城を攻撃し、浅井氏は小谷城を出て美濃へ逃れている〔鹿苑日録〕。浅井氏を滅ぼしたわけではないが、この頃には定頼が江北まで勢力を広げていたことがうかがえる。亮政の跡を継いだ久政《ひさまさ》の代になると、浅井氏は六角氏の配下といってもいい立場になり、久政は嫡男に定頼の跡を継いだ義賢《よしかた》の一字をもらって賢政《かたまさ》（後の長政《ながまさ》）と名乗らせるようになる。

室町幕府との関係

応仁・文明の乱によって室町幕府の権威は大いに衰え、将軍権力は衰退する。特に明応二年（一四九三）、細川政元が将軍足利義材《よしき》を廃して、義澄を十一代将軍に据えた明応の政変により、将軍家が分裂する。その後、細川政元の後継をめぐる争いで、細川京兆家《けいちょうけ》が分裂し、分裂した将軍家と結びついて勢力争いを繰り広げる。そうした中で、京都を逐われた将軍が、地方の有力大名の支援を得て京都復帰を果たす事態がしばしば見られ、京都の東に隣接する近江守護である六角氏もまた、そうした有力大名として将軍家を支える勢力として行動することとなる。

高頼の代には、将軍の親征を受けるなど、幕府との関係は緊張状態にあったが、定頼の代になると、幕府を支える有力大名として将軍と密な関係を形成している。

堺公方との対決

明応の政変によって十一代将軍となった足利義澄であるが、永正五年（一五〇八）、十代将軍義材（義尹《よしただ》、義稙《よしたね》）が大内義興《おおうちよしおき》に擁立されて上洛すると京都を出て朽木《くつき》（滋賀県高島市）へ逃れ、さらに水茎岡山城へと移る。その後京都復帰を目指すが、果たせないまま永正八年、水茎岡山城で病死する。

十二代将軍足利義晴《よしはる》は、永正八年に水茎岡山城で生まれた。その後、播磨の守護赤松義村《よしむら》のもとで育てられ、大永元年（一五二一）、十二代将軍となった。大永六年、細川高国《たかくに》が家臣の香西元盛《こうざいもともり》を殺害したことに端を発する内紛により、元盛の兄弟である波多野元清《はたのもときよ》・柳本賢治《やなぎもとかたはる》が阿波の細川晴元《はるもと》・三好元《みよしもと》長《なが》と連携して高国と対立する。大永七年正月の桂川《かつらがわ》の戦いで敗れた高国は、足利義晴とともに近江坂《さか》本《もと》（大津市）に逃れ、さらに蒲生郡武佐《むさ》の長光寺《ちょうこうじ》（滋賀県近江八幡市）へと移った。一方、晴元・元長勢は足利義澄の遺児義維《よしつな》を擁して堺へ上陸、以後、義維を首領とする堺政権が畿内を掌握する。義維は将軍には就任しなかったが、京都の諸権門・公家は義維を「堺公方《さかいくぼう》」「堺大樹《さかいたいじゅ》」と呼んでおり、周囲からは将軍家の当主と認識されていたことがうかがえる。

その後、六角定頼の仲介で三好元長との間に和睦交渉が進められたが大永八年五月に破談、一度は入京を果たした義晴であるが、再び近江坂本へ移り、朽木へと落ち延びた。義維を擁して晴元・元長勢が政権をふるっている間、義晴は朽木から長光寺、さらには六角氏の居城観音寺城（近江八幡市、東近江市）のすぐそばに位置する桑実寺《くわのみでら》（近江八幡市）へと移り、天文三年（一五三四）に入京するまで約三年を過ごすことになる。義晴は「堺大樹」義維に対し、「江州大樹《ごうしゅうたいじゅ》」と呼ばれた。

一方の堺公方の側では、主力であった三好元長が失脚して阿波へと戻った中、細川高国勢の攻撃を受けて再び元長を呼び戻し、享禄四年（一五三一）、高国は大物《だいもつ》（兵庫県尼崎市）での戦いに敗れ、自害して果てる。しかし、元長の存在感が増すことに警戒を抱いた晴元はついに元長と決裂し、敵対してきた義晴と和睦する。軍事的に劣る晴元は、一向一揆の力を借りて元長に対抗し、天文元年（一五三二）に元長を滅ぼし、義維も阿波へ逃れる。

天文法華の乱で法華宗を攻撃

晴元は、元長を滅ぼしてもなお戦いを続け、制御の効かなくなった一向一揆を抑えるため、今度は法《ほっ》華衆《けしゅう》の力を借りることとし、天文元年（一五三二）、法華衆は一向一揆の拠点であった山科本願寺《やましなほんがんじ》（京都市山科区）を焼き討ちした。これにとどまらず京都で勢力を拡大し、勢いを増す法華宗に対し天文五年、宗論をきっかけとして延暦寺が法華宗への攻撃を行い、六角定頼もこれに援軍を派遣した（『厳助往年記』）。延暦寺は園城寺や興福寺、東寺などの諸権門寺院にも応援を要請したが、中立を約束するのみで援軍は得られなかったようで、法華宗攻撃の主力は六角軍であった。結果、京都の法華宗本山寺院はことごとく焼き払われ、威勢を誇った法華宗は京都での力を失った。

六角定頼は主力として法華宗を攻撃したものの、その後の法華宗の復権に尽力しており、天文十六年の法華宗の京都還住にあたって、延暦寺との間を斡旋している。

幕政への関与

義晴が六角定頼の庇護のもと桑実寺に滞在していた際、奉公衆や奉行人など多くの家臣を伴い、幕政機能を維持したまま移っている。事実、桑実寺滞在中も義晴のもとに相論が持ち込まれ、定頼も関与しながら裁許が行われている。たとえば天文二年（一五三三）に行われた大徳寺《だいとくじ》領城州賀茂内散在田畑地子をめぐる相論では、正式な奉行人ルートとは別に、大徳寺は六角定頼を通して義晴に訴えを行っており、義晴もまた、定頼の意見を重視しているのである〔大徳寺文書〕。これ以後、六角定頼の幕政への関与が見られるようになるが、それは義晴が桑実寺を離れ、上洛して以降も続いている。

幕府との関係を強めた定頼であるが、政治的な関係にとどまらず、人間的な関係にまで及んでいる。天文六年、定頼の娘が細川晴元に嫁いでいる〔鹿苑日録、厳助往年記〕。これによって六角氏は、細川京兆家と縁戚関係を結ぶことになった。政治的な実力と合わせて、家格の面でも幕府の中枢を担うにふさわしい立場を獲得したということであろう。そうしたことを示すのが赤毛氈鞍覆《あかもうせんくらおおい》の許可である〔大館常興日記〕。赤毛氈の鞍覆は本来足利将軍家のみが使用を許されたものであるが、戦国期になると、将軍との強固な繋がりを示す意味で有力な大名に使用を認めるようになる。しかも定頼の場合、大名側から願い出たのではなく、幕府の側から申し出たものであり、いかに幕府が定頼を重視していたかを示している。

また天文十五年、義晴の嫡男義輝《よしてる》が近江坂本で元服したが、このとき加冠《かかん》の役を務めたのが定頼であった〔光源院殿御元服記〕。本来、この役は管領が務めるべきものであるが、当時管領家の細川晴元は細川氏綱《うじつな》との戦いに敗れて丹波に逃れており、こうした役目を果たすことができない状況にあったのである。管領不在の状況下で、管領の代わりを務めうる存在として六角定頼の名が上がったということは、幕府内において管領に匹敵する存在であったということを自他共に認めていたということであろう。

さらに天文十九年、足利義晴が近江穴太《あのう》（大津市）で病死するが、その葬儀を執り行ったのも定頼である〔万松院殿葬送仮名日記〕。これら一連の幕府・将軍との関わりを見ると、定頼は単に有力守護として将軍を支えるという存在にとどまらず、一国の守護の立場を超えて、幕府の中枢を担う存在であったことは間違いない。

観音寺城の整備

六角氏の居城は当初小脇館《おわきやかた》（滋賀県東近江市）であったが、室町時代になると観音寺城へと居城を移す。観音寺城は、標高四三二mの繖《きぬがさやま》山山上に築かれた山城であるが、山麓に伝御屋形跡と呼ばれる郭があり、最初は山麓の居館を使用していたものと思われる。一方、山上部の郭については発掘調査が行われ、十六世後半の生活遺物を伴う遺構が検出されことから、十六世紀後半には山上部の郭で生活していたことが明らかとなった。戦国末期には、多くの戦国武将が山城に生活拠点を移しており、六角氏もまた観音寺城の山上部を整備し、生活拠点としていたと考えられる。また、出土遺物には茶器や香炉など、文化的な活動を示すものも存在し、記録にも山上部の御殿で来客をもてなしたことが記されるなど、単に日々の生活を送るだけでなく、対外的なさまざまな活動が行われていたことがうかがえる。

こうした山上部の郭の整備は、時期的に見て定頼の代に行われたと考えられる。定頼の幕政への関与は、義晴の帰京後も観音寺城に在城しながら継続していたが、整備された山上部の郭がその舞台であったことを、こうした調査成果が示している。

定頼の死と六角氏のたそがれ

天文二十一年（一五五二）正月二日、定頼が世を去った。跡を継いだ嫡男の義賢《よしかた》は、父と同様に幕府と積極的に関わっていく。しかし、状況は父の時代とは大きく異なっていた。近江国内の事情については、江北の浅井氏が自立の動きを見せ、永禄三年（一五六〇）、野良田《のらだ》（滋賀県彦根市）の戦いで浅井長政が数に勝る六角勢を打ち破った。また、義賢の偏諱《へんき》を受け、賢政と名乗っていたが、名を長政と改めている。幕府との関係では、十三代将軍の足利義輝と三好長慶《ながよし》が強く対立し、強烈な個性を持つ両者の対立により、幕政は片時も安定しなかった。さらには、美濃の斎藤《さいとう》氏（一色《いっしき》氏）と婚姻を結んだ嫡子義弼《よしすけ》の政治路線を義賢が強く否定したため、こうした両者の相克は永禄六年、観音寺騒動として六角家中の崩壊へと導かれる。観音寺騒動は、観音寺城中で義弼が重臣後藤賢豊《ごとうかたとよ》父子を謀殺した事件で、結果近江の在地領主たちと六角氏との緩やかな結合が崩れることとなった。

定頼の代には近江国内は六角氏のもとに安定し、幕府との関係も良好で、近江守護としての最盛期を迎えていたといってよい。しかし定頼の死後、こうした安定は急速に動揺へと向かい、六角氏もまた衰退へと向かう。永禄十一年、織田信長の近江進攻により観音寺城を逐われた六角氏は、二度と近江守護として復活することはなかったのである。

（松下浩）

【主要参考文献】

奥村徹也「天文期の室町幕府と六角定頼」(『米原正義先生古稀記念論集　戦国織豊期の政治と文化』続群書類従完成会、一九九三年)
西島太郎「足利義晴期の政治構造―六角定頼「意見」の考察―」(『日本史研究』四五三、二〇〇〇年)
松下浩「近江を駆けめぐった武将たち　近江守護六角氏の盛衰」(『つがやま市民教養文化講座　近江の文化と伝統』ライズヴィル都賀山、二〇一〇年)
村井祐樹編『戦国遺文　佐々木六角氏編』(東京堂出版、二〇〇九年)
村井祐樹『戦国大名佐々木六角氏の基礎研究』(思文閣出版、二〇一二年)
村井祐樹『六角定頼』(ミネルヴァ書房、二〇一九年)
『近江日野の歴史　第2巻　中世編』(滋賀県日野町、二〇〇九年)
『東近江市史　能登川の歴史　第2巻　中世・近世編』(滋賀県東近江市、二〇一三年)
『令和4年度春季特別展・開館30周年記念　戦国時代の近江・京都　六角氏だってすごかった!!』(滋賀県立安土城考古博物館、二〇二二年)

朽木稙綱——室町将軍を匿い支えた忠臣

稙綱の登場

朽木《くつき》氏は、承久《じょうきゅう》の乱《らん》後、新補《しんぽ》地頭《じとう》として近江国高嶋《たかしま》郡朽木庄（滋賀県高島市）に入部し、本貫地とした佐々木《ささき》氏の流れを汲む御家人で、室町・戦国時代のみならず江戸時代においても朽木の地にとどまり領主であった名族である。室町幕府のもとでは、将軍直臣《じきしん》の御家人となる。六代将軍足利義教《あしかがよしのり》期以降、直臣のなかでも最高位の外様《とざま》衆に位置づけられていた。朽木稙綱《たねつな》（竹松《たけまつ》・弥五郎《やごろう》・稙広《たねひろ》）の祖父貞武《さだたけ》や父直親《なおちか》（材秀《きひで》）の代においては、幕府政所執事《まんどころしつじ》を務めた伊勢《いせ》氏や、大館《おおだち》氏との婚姻関係を築き、中央勢力へ積極的に接近した。将軍家が二つに分裂した際にも、双方に関係を持って政治的にも自らの保全に努めた〔西島二〇〇六・二〇一二〕。

稙綱の生没年は不明である。父直親の死により元服前に当主となったと考えられ、永正二年（一五〇五）十二月三日付室町幕府奉行人連署奉書〔朽木文書、以下断らない限り同文書による〕に、領内の保坂関での兵士等違乱を停止するよう幕府が「佐々木朽木竹松殿」宛で出した文書を初見とする。翌三年三月には、幕府の門役夏季分を勤めるよう幕府から「竹松」（稙綱）へ命が下されており、竹松は地頭御家人としての役を果たしている。同じ年の五月には、京都往復のために関所の自由通行を要請する過所《かしょ》を幕府から得ており、竹松は京都と朽木の地をたびたび行き来した。同五年二月にも、周防の大内義興《おおうちよしおき》に擁せられた足利義尹《よしただ》（義稙《よしたね》）の上京に対処するため、竹松は幕府から上京を要請された。その後、同十三年六月には「稙広」、十二月には「弥五郎」と文書に出て、これ以前に元服した。稙字は将軍足利義稙の偏諱《へんき》で、元服は義尹から義稙へ改名した同十年十一月以降のことと考えられる。同十四年の丹後守護一色義清《いっしきよしきよ》と一色九郎・守護代延永春信《のべながはるのぶ》との戦いでは、義清救援のための出陣を稙広（稙綱）は幕府から命ぜられ、出陣する細川尹賢《ほそかわただかた》へも矢や楯を供出している。さらに若狭守護武田元信《たけだもとのぶ》に合力《ごうりき》して出陣するようにと、近江守護六角氏綱《ろっかくうじつな》から催促されたが、その後も繰り返し軍勢催促がなされていることから、稙広の出陣は容易に果たされなかったようである。

大永二年（一五二二）七月の近江の国人蒲生秀紀《がもうひでのり》が日野《ひの》城（滋賀県日野町）に籠城して守護六角定頼《さだより》に反旗を翻した際には、稙広も定頼と共に出陣して十一月まで在陣した。日野城は翌年三月に落城するが、稙広は借米をした上での在陣だった。稙広は、翌三年三月八日に弥五郎、二十六日に「稙綱」、八月十六日に「民部少輔」と文書に出るため、三月までに稙綱と改名し、八月までに民部少輔に任官した。

大永五年五月、近江北部の京極《きょうごく》・浅井《あざい》両氏の軍事行動に南部の六角定頼が出兵し、七月には浅井氏の拠点小谷《おだに》城（滋賀県長浜市）を落城目前にまで攻めたが、六角氏領内の一揆蜂起、没落していた伊庭《いば》・九里《くのり》両氏残党の蜂起で取りやめとなった。この小谷城攻めに稙広は六角方として出陣しており、「長々」

の在陣となっていた。

さらに、丹後の情勢が不安定となり、若狭守護武田元光《もとみつ》から六角定頼へ援軍要請があった。稙広へも六角氏から出陣の要請があったが、これは定頼による元光へのポーズでしかなく、実際に出陣はなかった。国内の軍事動員権をもつ近江守護六角定頼の要請に、稙広は行動を共にしていた。翌六年二月の将軍足利義晴《よしはる》の石清水八幡宮《いわしみずはちまんぐう》社参に稙広は、同じ佐々木氏の流れを汲む田中《たなか》・越中《えっちゅう》両氏と共に布衣《ほい》役を務め、幕府外様衆としての活動が窺われる。

将軍足利義晴の朽木庄滞在

大永七年（一五二七）二月、堺を経て上京した細川晴元《はるもと》方の細川澄賢《すみかた》、三好長家《みよしながいえ》・政長《まさなが》らと戦い敗れた将軍足利義晴は、近江坂本《さかもと》（大津市）・蒲生郡長光寺《ちょうこうじ》（滋賀県近江八幡市）へと落ちた。三好元長《もとなが》は、足利義維《よしつな》・細川晴元を奉じて阿波から堺へ移動した。十月には義晴方が勢力を挽回し、義晴は入京し、六角定頼を介して晴元との和議が成るかに見えた。しかし、晴元の言に反し堺の義維が動かなかったため、義晴は晴元を疑い、同八年（享禄元・一五二八）五月に軍勢二万、うち六角勢一万で近江坂本へ移り、九月八日に志賀郡途中《とちゅう》（大津市）を経て朽木氏の本貫地朽木庄へと移った。

義晴が近江湖西の朽木庄へ落ちた理由は、対立する足利義維が堺に居て、柳本賢治《やなぎもとかたはる》らとの畿内での戦闘に対し、義晴の安全が最も確保される地は京都から北東の地であった。近江湖東では、六角氏が近江

旧秀隣寺の庭園　将軍足利義晴を慰撫するために細川晴元が造らせたと伝わる　滋賀県高島市・興聖寺

湖北の京極・浅井氏と対立しており、義晴は越前の朝倉孝景《あさくらたかかげ》に近江北境を守らせ、細川高国《たかくに》を仲介として六角・浅井双方の和議を図っていた。京都から北東で義晴方の主力となったのは、但馬山《やま》名《な》・越前朝倉・若狭武田・近江六角各氏であり、日本海側への逃走ルートを確保できる位置を義晴は選んだ。万一のとき、朽木庄から若狭小浜《おばま》（福井県小浜市）へ行き、そこから但馬もしくは越前へ行くことを想定したのである。朽木庄は朽木杣《そま》といわれる山中でもあった。朽木庄のある高嶋郡には七氏（越中・田中・朽木・永田《ながた》・能登《のと》・横山《よこやま》・山崎《やまざき》）の将軍直臣がおり、西佐々木同名中《どうみょうちゅう》を形成していた。義晴は、同四年二月までの約二年半をこの地に滞在する。

将軍足利義晴の御供衆

朽木庄の義晴周辺には、公家衆・外様衆・御供衆《おともしゅう》・御部屋衆《おへやしゅう》・申次《もうしつぎ》・番方《ばんかた》・奉行・同朋《どうぼう》・御末衆《おすえしゅう》などが付き従っていた。具体的に確認できる者だけで三十名おり、享禄二年（一五二九）八月に公家衆十七人が細川高国に背いて朽木庄から退散しており、供の者を含めれば相当数の者が滞在していた（西島二〇〇六〕。十五世紀半ばの朽木氏は、惣領《そうりょう》が住む岩神館《いわがみ》（上殿）と、さらに安曇川《あどがわ》下流にも館（下殿）があり、稙綱は自らの居館・岩神館を将軍の居所として提供した〔藤田一九九二〕。この岩神館には防備のため土塁と空堀が設けられ、一部現存している。その他の者は、朽木杣山の阿野季時《あのすえとき》亭や大和《やまと》兵部少輔亭などで歌会が催され、大館常興《じょうこう》も庵に居住しているところをみると、それぞれに宿所を持っていた。

朽木谷の将軍居宅に設けられた土塁　撮影：筆者

稙綱はその忠節のため、義晴が朽木庄に移って一ヶ月後の十月十一日、義晴の御供衆に加えられた。御供衆とは、平時の将軍の出行に際し御供する者たちが八代将軍足利義政《よしまさ》期に制度化されたもので、近習的な存在である。守護家や将軍近習の中から選ばれた特定の家と人物で構成される。幕府の家格制度の中で、御供衆は外様衆より一ランク下の存在であるが、日頃から将軍の近くに仕えるという点で将軍との距離は近い。朽木氏は外様衆の家格のまま、将軍の近習的存在である御供衆の役目を担うようになった。義晴は十一月にも稙綱へ坊城《ぼうじょう》家領洛中の巷所《こうしょ》の代官職を与え、また朽木氏本領の朽木庄針畑等を安堵し、幕府料所の高嶋郡首頭《すど》庄代官職を付与し（同二年七月）、上京の折には京都で一所を与えるとまで約束しており（同年十月）、稙綱の忠節に対する厚遇ぶりがうかがえる。

内談衆として幕府政治に加わる

享禄四年（一五三一）正月末、近江北部の浅井亮政《すけまさ》が細川晴元に呼応し高嶋郡に打ち入ってきた。そのため、義晴は二月一日に朽木庄から葛川《かつらがわ》へ南下、堅田《かたた》（大津市）を経て、十七日に坂本へ移った。七月には湖東の蒲生郡武佐《むさ》の長光寺へ、翌天文元年（一五三二）七月には守護六角氏膝下の繖山《きぬがさやま》の桑実寺《くわのみでら》（滋賀県近江八幡市）へと移り、約二年間をこの地に過ごす。義晴は、日本海へ抜ける朽木庄が危なくなった以上、最も京都に近く安全な守護六角氏に庇護されるしかなかった。

稙綱は御供衆として義晴と行動を共にした。義晴の桑実寺滞在時の天文二年、正式な訴訟手続きとは別に義晴へ当事者の言い分を伝える「内々披露」の役に、稙綱はついていた（大徳寺文書）。そして同三年九月に義晴と共に上京し、以後在京する。在地では嫡子晴綱《はるつな》（弥五郎、宮内大輔）が支配に当たり、京都の稙綱は後見となった。晴綱は永正十五年（一五一八）に生まれ、享禄三年（一五三〇）に元服、天文十一年までに惣領職を継いでいた。

天文五年八月二十七日に義晴は、後に内談衆《ないだんしゅう》と呼ばれる八人奉行を定め、政務を八人奉行（内談衆）に任せた。その構成員は当初変動があるものの、大館常興・大館晴光《はるみつ》・摂津元造・細川高久《たかひさ》・荒川氏《あらかわうじ》隆《たか》・本郷光泰《ほんごうみつやす》・海老名高助《えびなたかすけ》・朽木稙綱の八人に落ちつく。細川晴元との和睦で入京できた義晴政権であったが、京都在地社会の相克は多くが未解決だった。従来の正式に幕府奉行衆を通じ決められた日に披露される、将軍のもとで行われる会議である御前沙汰《ごぜんざた》の審理だけでは多くの案件が処理できなかった。その解決のため、公事を一任する内談衆（八人奉行）を創出し、将軍へ無制限に持ち込まれる案件をいったん内談衆で審理する体制が創出された〔西島二〇〇六〕。稙綱は内談衆の一員となったことで、政務に関わる存在となる。ただし、稙綱は内談衆の衆議には出席せず、内談衆中に回覧される手日記《てにっき》と呼ばれる回覧文に署名することで衆意に同意の意を示す形がとられており、同八年まで稙綱の署名が確認できる〔大館常興日記〕。

また、細川高国亡き後、義晴を支えた近江の六角定頼が幕府の政務に関与していくが、幕府は重要案件を近江にいる定頼へ意見を求め、また定頼自身も幕府へ口入した。そのなかで稙綱は海老名高助と共に、幕府―六角氏間の取次役をつとめ、また平時においても将軍への申次役を担った。この内談衆と六角定頼の意見による幕府政治体制は、義晴の嫡子（義輝《よしてる》）が十三代将軍になるまで続いた。朽木氏の歴史の中で、幕府中枢部に加わることができたのは稙綱が唯一である。この間、同八年閏六月に京都の騒擾を避けて将軍足利義晴室と若君（義輝）が八瀬《やせ》（京都市左京区）へ移った際にも、御供衆の稙綱は騎馬で従い、七月にも義晴室・若君らの帰京を騎馬で護衛した〔大館常興日記ほか〕。また、同十一年に義晴が近江坂本へ移動した際にも従った。

十三代将軍足利義輝の御供衆

天文十五年（一五四六）十二月、足利義晴の嫡子義藤《よしふじ》（後の義輝）が、元服のため京都から近江坂本へ移った際には、義藤の御供衆として御剣役の大館晴光、弓持の朽木稙綱、伊勢貞孝《さだたか》の三騎と同朋衆の孝阿《こうあ》が付き従った。元服の儀式でも、稙綱は「打《う》ち乱《みだ》り筥《ばこ》」の役を勤めた〔光源院殿御元服記〕。元服の翌日、義藤は将軍宣下により十三代将軍となる。同十六年から十七年にかけて義晴・義藤父子は、京都東山慈《じ》照《しょう》寺《じ》、北白川《きたしらかわ》、近江坂本、慈照寺、坂本とめまぐるしく居所を変えたが、そのすべてに稙綱は付き従っている。

同十九年五月に坂本の地で義晴が死去すると、稙綱はもっぱら義藤の御供衆として活動するようになる。同二十年二月に三好長慶《ながよし》との不和により、十六歳の義藤は、六角定頼の勧めで比叡辻宝泉寺《ほうせんじ》から朽木庄に移り、この地で一年間滞在した。翌二十一年一月二十八日に義藤が上京した際には、三千人ほどの従者のうち、御供衆として稙綱は二〇〇人で護衛している〔言継卿記〕。同年三月に義藤が霊山城《りょうぜん》（京都市東山区）に入ると、稙綱はこれにも同行し、このとき将軍への申次役を勤めていることが確認できる〔言継卿記〕。同二十二年八月にも、将軍足利義輝（義藤改名）は供四十余人をもって再度朽木庄へ移り、永禄元年（一五五八）三月までの約五年間を同地で過ごす。義輝の帰京後も、たびたび義輝の御供衆を稙綱は勤めたが、徐々に将軍出向時の御供は少なくなる。同五年十一月、義輝が近江日吉《ひえ》神社（大津市）に礼拝講を修した際、将軍が命じた奉納神馬を、「西佐々木」「七頭」の越中・田中・朽木・永田・能登・

横山・山崎各氏が、各一疋ずつ供出したが、このときの稙綱の記事が最後となる〔御禮拜之記〕。竹松としての初見から五十八年が経つ。

稙綱の親族

稙綱が将軍御供衆として在京したため、その家族も京都に住んだ。稙綱の正妻は不明であるが、妾に葉室頼継《はむろよりつぐ》の娘「今」がいる。中御門宣秀《なかみかどのぶひで》の娘を母に持つ「今」は、もと将軍家（義晴）の女房を務め、天文十三年（一五四四）までには稙綱の妾《めかけ》となり、同十九年までに藤綱《ふじつな》（弥六・刑部少輔・長門守）を産んだ〔尊卑分脈・言継卿記〕。嫡子晴綱においても京都公家との婚姻関係が認められ、同十八年までに飛鳥井雅綱《あすかいまさつな》の娘を娶《めと》り、元綱《もとつな》（竹松・弥五郎・十兵衛尉・信濃守・河内守・牧斎《ぼくさい》）を産んでいる〔尊卑分脈ほか〕。晴綱が同二十年から二十四年までの間に死去し、元綱は同二十四年四月までに元服前の幼名「竹松」で惣領職を継ぎ在地支配に当たった。わずか七歳での当主であった。稙綱の京都での活動が窺える永禄五年（一五六二）までは、晴綱のときと同様に、稙綱が在地に居住する竹松（元綱）の後見役を担ったと考えられる。

稙綱には、嫡子晴綱のほか、藤綱、成綱《なりつな》（左兵衛尉）、輝孝《てるたか》（弥十郎）、興正寺《こうしょうじ》、兵庫助らの庶子がいた。このうち、稙綱終見の翌六年に藤綱・輝孝が将軍足利義輝の御部屋衆にいる。御部屋衆とは、用心のため毎夜将軍の寝所に泊まり番をする衆のことで、その身分的位置は御供衆の次に位置づく。庶子たちを

将軍近習につけることができたのは、稙綱の手腕といえよう。（西島太郎）

【主要参考文献】

岩片寿広「天文期室町将軍家側近朽木稙綱の動向」（『史学研究集録』一八、国学院大学日本史学専攻大学院会、一九九三年）
大音百合子「戦国期に於ける近江国朽木氏の軍事的動向」（『慶応義塾女子高等学校研究紀要』八、一九九一年）
木下昌規『足利義晴と畿内動乱』（戎光祥出版、二〇二〇年）
木下昌規『足利義輝と三好一族』（戎光祥出版、二〇二一年）
木下昌規編著『足利義晴』（戎光祥出版、二〇一七年）
木下昌規編著『足利義輝』（戎光祥出版、二〇一七年）
西島太郎『戦国期室町幕府と在地領主』（八木書店、二〇〇六年）
西島太郎「室町幕府奉公方と将軍家」（『日本史研究』五八三、二〇一一年）
藤田達生「室町末・戦国初期にみる在地領主制の達成」（同『日本中・近世移行期の地域構造』校倉書房、二〇〇〇年、初出一九九二年）
村井祐樹『六角定頼』（ミネルヴァ書房、二〇一九年）

細川政元――幕府再構築を目指した政治家の末路

政元の生い立ち

細川政元《ほそかわまさもと》は、文正元年（一四六六）、細川勝元《かつもと》の息として誕生した。幼名は「聡明丸《そうめいまる》」。これは細川氏の惣領家《そうりょうけ》にあたる京兆家《けいちょうけ》相伝の幼名である。母は石見守護山名熙貴《やまなひろたか》の娘。熙貴が嘉吉の変で死亡した後、山名持豊《やまなもちとよ》（宗全《そうぜん》）の養女となり、その後細川勝元と結婚した。応仁・文明の乱で細川勝元と山名宗全が東西両軍の大将として戦ったことから、両者は元から対立していたとされがちだが、勝元と宗全はもともと室町幕府内では協調関係にあった。政元の誕生は、細川氏と山名氏の協調関係を体現するものであったといえる。しかし応仁元年（一四六七）、幕政状況から細川・山名両氏が東西両陣営に分かれ、応仁・文明の乱が起こった。政元は幼少期をこの大乱のなかで過ごすことになる。

政元が八歳にあたる文明五年（一四七三）、三月に義祖父にあたる山名宗全が、五月に父細川勝元が死亡した。そのため、政元（当時は聡明丸）が細川京兆家の家督を相続した。細川・山名両氏を継承する政元が家督を継いだため、応仁・文明の乱終結に向けた機運が生じた。文明六年四月、宗全の後継者となった山名政豊《まさとよ》との間で和睦が成立した。しかし、この和睦によって乱を終結させることはできな

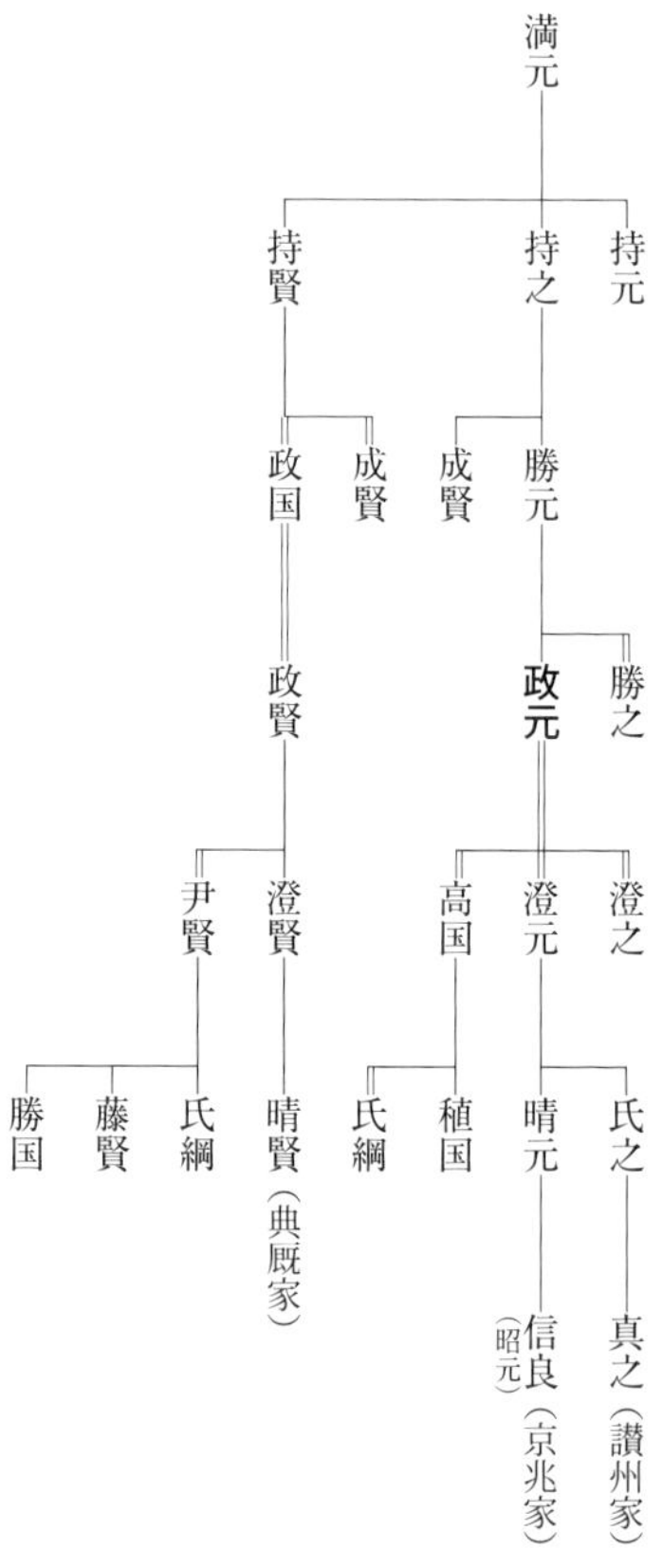

細川氏略系図

かった。乱の集結は文明九年を待たなければならない。それでも文明十四年三月、政元は京兆家分国の摂津に侵攻してきた畠山《はたけやま》義就《よしひろ》を討伐するため、義就と対立する同族畠山政長《まさなが》とともに出陣する。同年七月に義就が占領した摂津の欠郡《かけのこおり》（大阪市）を政元に、政元が河内十七カ所（大阪府寝屋川市、門真市、守口市など）を義就に返すことで合意し、両者は和睦している。

政元の行動原理の背景

応仁・文明の乱の和睦に先立つ文明五年（一四七三）八月、細川成之《しげゆき》（讃州家、阿波守護家）と細川政《まさ》国《くに》（典厩家《てんきゅうけ》＝京兆家の庶家）に相伴され、幼年の政元は元服前に幕府に初めて出仕した。元服するのは文明十年十一月で、将軍足利義政《あしかがよしまさ》から偏諱《へんき》を受けて「政元」と名乗った。仮名《けみょう》は「九郎《くろう》」である。文明十二年十二月二十四日に判始《はんはじめ》を行った。若年の細川京兆家家督の政元を支えたのは、先の細川成之・政国といった同族の有力者と京兆家内衆《うちしゅう》である。内衆とは有力者に近侍する被官衆を指す。細川家中では京兆家や庶流守護家の被官らが、奉行人的な役割を果たす存在、評定衆《ひょうじょうしゅう》としての機能を果たす存在、内衆として編成される存在、軍事的機能などを重視して編成された存在などに分かれて編成されていた。この政元を支える庶流守護家、内衆の存在が、先の幼少期の戦乱体験とともに、長じてからの行動や政治構想に影響を与えたと考えられる。

細川政元画像　京都市右京区・龍安寺蔵

ところで、元服翌年の文明十一年十二月、政元は京兆家分国である丹波の被官一宮《いちのみや》宮内大輔に丹波での野遊びに誘われたところ、拉致された。丹波守護代内藤元貞《ないとうもとさだ》に所領を押領された一宮宮内が京兆家に訴えたものの容れられず、誅伐されたことへの対応である。四ヶ月に及ぶ監禁は、内衆の安富《やすとみ》氏・庄《しょう》氏の出陣に応じた一宮氏同族の賢長《かたなが》が宮内父子を切って政元を救出したことで収束する〔後法興院政家記、大乗院寺社雑事記、長興宿弥記〕。政元は分国内の勢力を抑え切れておらず、内衆同士によって対応されている様子を見て取ることができる。このような状況は、政元の生涯を通じて継続することとなる。

室町幕府を相対化する政元――政元の政治姿勢

細川政元は、応仁・文明の乱から十六世紀初頭にかけての混乱する日本社会をリードした有力な政治家のひとりである。彼の政治姿勢を一言で表現するのは難しいが、室町幕府に軸足を置きつつ、そこからの相対化を模索していたと考えられる。将軍と守護が相互補完的に機能することで成立する政治体制である室町幕府―守護体制が十五世紀中葉以降変容したことを踏まえ、その再構築を新たな方策で試みていたと考えられる。その内容が政治システムの準備であり、政権構成員の再編成であった。そうした姿勢に則った政元の政治姿勢を確認しておく。

文明十九年（一四八七）七月、将軍足利義尚《よしひさ》は近江の六角高頼《ろっかくたかより》を討伐することを決める。高頼が近江国内の寺社領や義尚被官の所領を押領したことを受け、自身の将軍権威を高めるための方策として出陣しようというものである。この軍事行動は、それまでの幕府で行われていた将軍と守護の合議によるのではなく、準備は義尚と政元のみで進められていた。幕府としての意思決定の方法が変化している。義尚の出陣に政元も従ったが、政元は帰京を繰り返し、フレキシブルに動いている。戦況が膠着した延徳元年（一四八九）三月、義尚は在陣中の鈎《まがり》の陣（滋賀県栗東市）で病没する。義尚には後継となる男子がいなかったため、将軍後継が課題となった。候補者は二名。一人は足利義視《よしみ》（義政弟）の息義材《よしき》（後の義尹《よしただ》・義稙《よしたね》）、もう一人は天龍寺《てんりゅうじ》の塔頭香厳院《きょうごんいん》の清晃《せいこう》（後の義澄《よしずみ》）である。前者は日野富子《ひのとみこ》や畠山政長が推し、後者は細川政元が推した。結果は義材が第十代将軍に就任した。これにより、政元は義材や畠山政長と対立するようになる。

延徳三年二月、政元は前関白九条政基《くじょうまさもと》の末子（後の澄之《すみゆき》）を猶子《ゆうし》とした。義澄の母と澄之の母はともに武者小路隆光《むしゃのこうじたかみつ》の娘で姉妹であり、義澄との関係を強化することで公家のトップである九条家との連携が目指された。そして政元は、東国巡礼と号して北陸地方から越後、奥州を経て伊豆を経由して東海道から上洛しようとした。義澄の父足利政知《まさとも》と直接対面して連携強化を図るためと想定される。結局、関東管領上杉顕定《かんとうかんれいうえすぎあきさだ》の父である上杉定房《さだふさ》の反対により下向できなかったものの、顕定との関係を強化する目的もあったと考えられる。この一連の行動は、政元が修験道に凝っていたことをもって、彼の奇矯な振る舞いの一環と捉えられることがある。しかし本質的には、室町将軍を足利義澄、鎌倉公方《かまくらくぼう》を足利政知息の潤童子《じゅんどうじ》、細川京兆家家督を澄之とすることで、公武合体の権力基盤を構築しようとしたと考えられる。

さらに政元は、みずからの支持者を形成しようとしている。畠山基家《もといえ》（後の義豊《よしとよ》）や伊勢《いせ》貞宗《さだむね》との連携がそれにあてはまる。畠山基家は畠山政長と対立していた義就の息で、義就の家督を相続しており、延徳四年に同盟関係を構築していた。また、伊勢氏は幕府政所《まんどころ》の執事を務める家柄で、貞宗も執事であった。さらに貞宗は日野富子にも近く、政元権力を支える存在となった。

これらの点から政元の政治姿勢は、十五世紀中葉以降の混乱した社会状況を克服するために、既存の政治体制プラットフォームを再構築しようとするものであったといえる。その政元の再構築プランは、例えば室町幕府を倒して新たな幕府を開くとか、そもそもまったく新しい政治システムを構築するといったドラスティックな変化を追求するのではなく、室町幕府という枠組みを残すことが前提であり、そのあり方をマイナーチェンジするというものであった。

室町幕府を相対化する政元——管領職を全うしない政元

細川京兆家の当主である政元は、室町幕府の管領に就任する立場にあった。管領とは室町幕府で将軍を補佐し、政務を総括した職である。時の将軍や守護などとの関係、社会状況等によってその役割に違いが生じたが、室町幕府の政務機構を体現するものである。将軍拝賀や改元時の沙汰始《さたはじめ》などの儀式には管領が必要不可欠なのである。就任できるのは斯波《しば》・細川・畠山の三氏（三管領、三職など）に限定されていた。

政元は生涯に四度管領に就任したが、いずれも短期間で辞任している。最初は文明十八年（一四八六）七月、足利義尚の任右大将拝賀時に畠山尚順《ひさのぶ》（政長息）を供奉することを進言したが、これを義尚が拒否したためとされ、即日辞意を表明している。実際はこの拝賀が延期されたため、月末の拝賀に供奉して陣取っている。次は長享元年（一四八七）の改元（文明から長享）にともなう管領沙汰始において、当時管領不在であったため、政元が就任し、即日辞任している。さらに延徳二年（一四九〇）七月、足利義材が征夷大将軍に就任した。幕府は判始・評定始・沙汰始などの重要儀式を挙行するが、管領不在のため、このときも政元が儀式のためだけに就任し、翌日辞任している。そして明応三年（一四九四）、明応の政変後、自身が擁立した足利義澄元服の加冠役《かかん》、およびその後の将軍宣下と評定始などの儀式を執り行うため、管領に就任し、一日で辞任している。

こうしてみると政元は、室町幕府、および当時の慣例を実行するための社会的地位（細川京兆家当主）にあったため、管領に就任はするが、職に留まって将軍を補佐し、政務を総括するという役割を果たしていない。文明十八年の将軍の振る舞いへの反発や、明応三年の加冠の儀式で自身が烏帽子《えぼし》を被るのを嫌ったなど〔後法興院政家記〕、儀式やそこでの役割の必要性は認識しているものの、自身はそこから距離を置こうとしているようにみえる。

室町幕府を相対化する政元――明応の政変

政元の政治姿勢のひとつの決着が明応の政変である。現任将軍を廃するということは、赤松満祐《あかまつみつすけ》が足利義教《よしのり》を暗殺した嘉吉の変でも行われた。しかし、赤松満祐は義教暗殺後に本国播磨に下向し、足利直冬の孫を還俗させて義尊と名乗らせ、大義名分を得ようとしたが、在京して義教に代わる新たな将軍を用意してはいない。だが、政元は明確な政権構想を持ったうえで、義材後の幕府体制の再構築を目指したと考えられる。

政元からすれば意に沿わないかたちで将軍となった足利義材は、畠山氏の内訌に対して政元と対立する畠山政長を支持し、明応二年（一四九三）二月、基家討伐のため河内へ出陣した。義尚が近江に出陣したのと同様、将軍親征による求心力や支持の向上を狙っていたと考えられる〔後法興院記、蔭凉軒日録、大乗院寺社雑事記〕。

この義材の動きに乗じ、政元も動いた。同年三月には大和の越智《おち》家栄《いえひで》や古市《ふるいち》澄胤《ちょういん》らに自身の意図を伝えた。そして四月二十二日、義澄を遊初軒《ゆうしょけん》に移したことで、義材廃立の意思を明確にしたのである。翌二十三日に義材を支持する勢力の邸宅などを攻撃する。畠山尚順宅を破壊し、その被官屋敷は焼亡した。葉室教忠《はむろのりただ》も逃亡した。結局、三宝院《さんぼういん》・曇華院《どんげいん》・慈照寺《じしょうじ》などが破却され、京都における義材を支持する勢力の拠点が失われたことになる。また、この動きを日野富子が支持したことにより、政元の行動に一定の正当性が付与されることになった。そのうえで、政元は内衆の安富元家《もといえ》・上原《うえはら》元秀《もとひで》らを河内に派遣し、基家を攻撃するための拠点としていた正覚寺《しょうかくじ》（大阪市平野区）に籠もる畠山政長を攻撃させた。二十四日に陥落した正覚寺では尚順が紀伊へ没落、政長自身は切腹、被官の遊佐《ゆざ》氏らも自害した。肝心の義材は葉室光忠《みつただ》らとともに将軍家家督の象徴である御小袖《おんこそで》（鎧）の唐櫃《からびつ》などを持参して降参した。義澄へそれが渡ったのは五月になってからだが、このことが将軍家家督の移譲といえる。政元は、畠山氏の内訌を活用し、幕府内の有力者である日野富子や伊勢貞宗らの支持を取り付け、周辺地域の勢力にも意思を表明したうえで将軍廃立を実現させた。先に示した、室町幕府を相対化しつつ再構築する政元の政治構想を実現する準備が整えられたといえよう。

政元の政治姿勢の特徴

しかし、政元の政治構想の再構築は、結果として破綻に向かうことになる。その要因はいくつか考えられるが、ひとつは義材の逃亡を許し、「二人の将軍」が並立する状況を作ってしまったこと、もうひとつは自身を支える諸勢力を編成しきれなかったことである。

前者については、五月上旬、上原元秀に連れられ帰京した義材を、まず龍安寺《りょうあんじ》、ついで上原宅へ幽閉した。そして六月末に小豆島《しょうどしま》（香川県小豆島町・土庄町）へ流そうと計画していた。当時、小豆島は讃岐に属し、政元内衆の安富元家が支配をしていたからである。しかし、六月二十九日深夜の暴風雨のなか、義材は逃亡した。京都を出た義材は越中に逃げ、北陸方面の大名（能登畠山氏・越前朝倉《あさくら》氏・越後上杉氏）などの支持を得、九州の大名からも協力の約束を取り付けることに成功した。この状況に対し、政元は同年九月になって越中へ出陣するも、義材方の反撃で敗れてしまった。一方、義材方も義澄・政元追討をかかげた軍事行動を起こそうとしたが、上洛軍を組織するまでには至らず、そのままとどまることになる。義材は諸国を流浪した後に九州に逃れ、大内義興《おおうちよしおき》と上洛して将軍に再任されることになる。将軍権力に擬せられる存在が複数存在することは、現任将軍の正統性を担保しきれず、もう一方の将軍権力の就任を準備することになる。政元の意図に反して、安定的な公武政権の構築には至らなかったといえる。

後者の政元を支える勢力の編成の展開については、まず明応の政変を実行したことで、少なくとも幕府内において政元と彼を支える勢力の権限が拡大した。具体的には、それまでは細川氏の分国ではなかった国に対し、内衆を派遣して実質的な支配を図った。例えば、明応五年（一四九六）に赤沢朝経《あかざわともつね》を山城に派遣し、宇治《うじ》の支配に成功した。明応八年以降には畠山基家を討った尚順を攻撃するため、内衆の赤沢・上野・薬師寺《やくしじ》・香西《こうざい》・内藤らを摂津に配置し、さらに大和をめぐって尚順と対立した。内衆は軍事行動を通じて政元の権力基盤を支える存在であった。また、政元が幼少の頃からその権力を支える存在でもあった。それは評定衆などに編成されたり、分国の守護代などの役割を任じられたりして構造化されてきた、政元の政治姿勢を実現する存在である。それゆえ、自らの力量が政元権力に与える影響について自覚的であったともいえる。

よく知られているように、政元は妻帯せず、実子がいなかった。修験道に凝っていたからともいえるが、むしろ九条政基息の澄之を養子として、政元の政治姿勢を実現しようとしたことから、婚姻をそのための方策として活用したとも考えられる。しかし、この政元の考え方は他の細川氏一族や内衆などとかならずしも相容れるものではなかった。なぜなら澄之は貴種ではあるものの、細川氏一族ではないからである。文亀三年（一五〇三）五月、内衆の薬師寺元一《もとかず》らは阿波に下向して細川成之と交渉し、その孫（澄元《すみもと》）を政元の養子とすることとなった。政元の意向を踏まえていたではあろうが、この内衆らの動きは、上位権力である政元の政治姿勢への口入を是とする状況、すなわち政元が将軍義材を廃したと

き と同じ論理を踏まえたものといえよう。
このような状況は、さらに内衆らの実質的な行動にも表れる。永正元年(一五〇四)三月には赤沢朝経が政元に背いた。このときは追討した薬師寺元一の取りなしで帰参している。また、同年九月には薬師寺元一が澄元を立てて政元を廃そうと反乱を起こした〔宣胤卿記〕。政元権力のなかで有力者となり、摂津国内への影響力が多大となってきた元一を摂津守護代から交代させようとしたことへの反発である。元一は当時大内氏の周防にいた義材や、阿波守護細川氏との連携も模索した。結果、細川家中において京兆家と阿波守護家が緊張関係となり、澄之を政元後継とすることになった。

政元の政治姿勢の破綻——暗殺

内衆との緊張関係だけではなく、細川氏を取り巻く環境にも変化が生じてきた。永正元年(一五〇四)十二月には、畠山氏において尚順と基家後継の義英《よしひで》が和睦し、義英も足利義材方になった。阿波守護との対立状況打破のための軍事発向も失敗に終わった。政元は状況打破のため、永正三年に澄元の先兵として上洛してきた三好之長《みよしゆきなが》を自らの軍勢として編成した。あわせて阿波守護と連携することを優先し、後継者を澄元に変更した。当初の政元の政治姿勢とは異なる対応となってきている。

三好之長の軍勢を編成し、阿波守護家との連携が強化されたことはよかったが、細川家中の一家、一勢力が突出して優位に立つことは、他の勢力からすれば好ましいものではない。利害関係による角逐が生じるようになる。この対立状況のなか、政元は暗殺される。

永正四年六月二十三日、政元は行水中に竹田《たけだ》孫七《まごしち》・福井《ふくい》四郎《しろう》らに襲われ、死亡した〔宣胤卿記〕。時に四十二歳。首謀したのは薬師寺長忠《ながただ》（元一の弟）・香西元長《もとなが》らであった。香西は澄之を補佐しており、政元が後継を澄元に変更したことへの反発があったとされる。

政元の死亡は、戦国期の社会構造の変容を加速させることになった。政元自身、室町幕府と守護の連携による政治体制の再構築を試みていた。しかしこの構想は、細川京兆家後継を追求するという課題に矮小化してしまった。以後の政治状況は、京兆家家督をめぐる政元の養子とその家系同士の相剋が軸となり、これに「二人の将軍」や畿内近国の支配の主導権争いが関わるなかで進行することとなった。

細川政元は時代を劇的に変容させたわけではない。しかし、政治社会体制を中世から近世に導く道筋をつけたといえる。たとえば文亀元年（一五〇一）に内衆の合議の規定、および内衆統制を内容とする式条を制定したことは、自立した権力の条件のひとつである戦国家法に繋がる。政元の父勝元は、幼少の政元を評価し、「彼がいれば細川家は末代安泰」と語った。自身の政治姿勢に基づく活動から「半将軍」とも呼ばれた政元であるが、その「聡明さ」ゆえに細川氏の内訌と混乱を招き、新たな勢力の台頭などを促したことは皮肉である。戒名は大心院殿雲関興公大禅定門である。

（古野貢）

【主要参考文献】

末柄豊「細川氏の同族連合体の解体と畿内領国化」（石井進編『中世の法と政治』吉川弘文館、一九九二年）
馬部隆弘『戦国期細川権力の研究』（吉川弘文館、二〇一八年）
浜口誠至『在京大名細川京兆家の政治史的研究』（思文閣出版、二〇一四年）
平野明夫編『室町幕府全将軍・管領列伝』（日本史史料研究会、二〇一八年）
古野貢『中世後期細川氏の権力構造』（吉川弘文館、二〇〇八年）
森田恭二『戦国期歴代細川氏の研究』（和泉書院、一九九四年）
山田康弘『戦国期室町幕府と将軍』（吉川弘文館、二〇〇〇年）

細川澄元——泥沼の京兆家家督争いの果てに

澄元の生い立ち

細川澄元《ほそかわすみもと》は、延徳元年（一四八九）、阿波守護細川義春《よしはる》の次男として誕生した。仮名《けみょう》は「六郎《ろくろう》」。後に細川氏惣領《そうりょう》家である京兆《けいちょう》家の細川政元《まさもと》の養子となる。兄は阿波守護を継ぐ九郎之持《ゆきもち》、祖父は成之《しげゆき》である。

澄元が生まれた阿波守護家は、細川氏の庶流の一つである。細川氏は鎌倉時代末期から足利《あしかが》氏とともに戦い、室町幕府開幕に貢献した。開幕時から南北朝期における幕府内の混乱においても、足利尊氏《たかうじ》をはじめとする将軍家を支えた。その結果、幕府を支える有力者の位置を占め、管領（当初は執事）にも任じられる存在となった。一方で室町幕府は、時期によって差はあるものの、将軍と有力守護との合議によって運営される。議論される内容には、検断沙汰などもあるが、各国守護の任命にかかわる人事的な問題も含まれていた。したがって、合議体の中で自らを優位にするためには他の守護との協力関係を構築する必要があるが、その前提として自らの一族（ここでは細川氏）がまとまることが重要である。細川氏は「同族連合体制」とも称される体制を構築し、安定した一族結集を続けた。同族連合体制とは、京兆家を中心に、庶流守護家が連合し、一体となって一族結集、運営を遂行する装置ともいえる。澄元が出た阿波守護家をはじめ、和泉・淡路・備中など、細川氏には複数の庶流守護家が存在したが、これらがまとまって室町幕府における細川氏の優位性を維持してきたのである〔小川信一九八〇〕。

しかし、この結集を崩すことになったのが細川政元の動向である。政元は、その個性や政治方針によって妻帯しなかったため実子がおらず、後継者は養子を取ることになった。政元自身が動いて養子としたのが、九条政基《くじょうまさもと》の末子である澄之《すみゆき》であった。だが、細川氏を支える一族や内衆らは、細川氏の血統を引かない澄之は政元の後継者としてはふさわしくないと考え、別の後継者擁立が図られた。それが阿波守護家の澄元である。

澄元を政元の後継者に

薬師寺《やくしじ》らの阿波下向に先立つ延徳二年（一四九〇）、政元は隠居と称して四国に下向しようとしており、それにあわせて京兆家庶流の野州家《やしゅうけ》の七郎《しちろう》（後の高国《たかくに》）に家督を譲るとの方針があった。しかし四国下向が取りやめになり、七郎の家督相続は実現しなかった。後に七郎は京兆家家督を相続することになるが、この時点では京兆家ではなく、野州家の家督相続者として位置づけられることになる。

政元はあらためて京兆家家督について構想することになり、延徳三年、近衛政家《このえまさいえ》に猶子《ゆうし》について打診をして断られる。その後九条政基が競望し、当時三歳の末子を猶子とする。後の澄之である。政元は後

細川澄元画像　「集古十種」　当社蔵

に明応の政変を起こし、将軍足利義材《よしき》（後の義尹《よしただ》・義稙《よしたね》）を廃して香厳院清晃《きょうごんいんせいこう》（後の義澄《よしずみ》）を擁立する。清晃は堀越公方《ほりごえくぼう》足利政知《まさとも》の息であるが、この末子（澄之）とは従兄弟同士であった。彼には聡明丸《そうめいまる》の幼名が与えられ、文亀元年（一五〇一）には京兆家のことは聡明丸に仰せ付け、公事《くじ》以下のことは安富元家《やすとみもといえ》と薬師寺元《もと》長《なが》が申沙汰すると定められた。政元のこの一連の動きから、公武政権への志向性を見て取ることができる。

しかし先述したように、政元を支える細川一族や内衆らは、必ずしもこの政元の方針を認めていたわけではなく、あくまでも細川一族からの家督継承者を望んでいた。そして文亀三年五月、細川氏一族の上野《うえの》民部少輔、京兆家内衆の薬師寺元一《もとかず》、波々伯部《ほうかべ》兵庫らが阿波に下向する。政元隠居の意向を受け、慈雲院道空《じうんいんどうくう》（細川成之、澄元の祖父）に六郎を政元の養子にすることを申し入れることが目的であった。この結果、早い段階で政元が望む澄之と、一族や内衆が望む澄元という枠組ができあがった。この枠組は、両者の間に政元後継をめぐる対立関係を生じさせることになった。

政元もこの状況に応じた動きを見せる。家督に指名した澄之をそのまま支持し続けたわけではない。永正三年（一五〇六）、澄元が阿波から上洛した後、澄之は丹後の一色《いっしき》氏攻撃に向かっている。政元は澄元とともに行動し、阿波への下向を企てるなどしている。この政元の行動は、澄之とその支持者はもちろん、細川京兆家の後継を見守る一族衆、被官衆に不安と混乱をもたらした。その結果、澄之を支持する香西元長《こうざいもとなが》・薬師寺長忠《ながただ》方の勢力が政元を襲うとともに、澄元を攻撃することになった。永正四年六月二十三日の深夜、香西方の竹田孫七《たけだまごしち》らによって政元は暗殺される。香西等はそのまま宿所を攻め、澄元を没落させる。澄之は政元の後継者として葬儀を執り行うが、澄元は澄之を政元を暗殺した逆賊と位置づけ、諸勢力に対して自らへの支持を訴えるようになる。

これに対し、それまで澄之を支持していたとされる六角《ろっかく》四郎、細川一族の政賢《まさかた》（澄之の烏帽子親《えぼしおや》を務めた）をはじめ、淡路守護細川尚春《ひさはる》、高国らが澄之方を攻撃し、澄之・香西元長・薬師寺長忠らを滅亡に追い込んだ。澄之自身は直接政元暗殺に関わってはいなかったが、この段階に至って細川氏一族は、政元の後継者を澄元と認定したと考えられる。八月二日には澄元が近江から上洛し、将軍義澄と対面する。翌永正五年正月には「右京大夫《うきょうだいぶ》」に任じられ、名実ともに京兆家家督を継ぐことになった。政元後継をめぐる争いは、澄元が家督となることとで決着することとなったのである。

二人の将軍権力と澄元

澄元が京兆家後継となった永正五年（一五〇八）三月頃になり、九州へ没落していた前将軍義材が大内義興《おおうちよしおき》とともに上洛するとの噂が流れる。澄元は義澄への忠節を誓うものの、かつて澄之攻撃に協力した高国が義材支持の姿勢を示し、京都を出て伊勢に向かった。高国の父である政春《まさはる》も京都を出た。高国は、澄元の施政を不義があるとして批判したが、義澄はこの高国の動きに対し、与同する者を誅伐の対象としている。

同年四月、高国の出陣と義材の上洛が近いことを受け、澄元は近江に没落する。細川氏家中の被官の多くに支持され上洛した高国は、義澄にも謁見した。阿波守護家の澄元と、京兆家庶流の野州家の高国とでは、京兆家被官の支持に差があったとも考えられる。かつて澄之は京兆家家督となったが、九条政基息であって細川氏の血脈ではない。澄之の死後、細川氏の後継者は澄元となったが、細川氏家中での正統性に鑑みた場合、より京兆家血脈に近い高国が支持されたとも考えられる。四月中旬、義材が堺に上陸するとの報を受け、義澄も近江に没落する〔実隆公記〕。その後、堺に到着した義材は五月になって高国を京兆家家督とし、六月になって高国とともに上洛した。これに対し、澄元は義澄とともに上洛の機会をうかがうことになった。

永正六年十月、義澄が義材の居所に攻撃を仕掛けた。このとき撃退した義材方は、翌七年二月に細川尹賢《ただかた》（高国従兄弟・典厩家《てんきゅうけ》）や雲龍軒等阿《うんりゅうけんとうあ》を派遣して義澄を攻撃した。しかし、この出兵は大敗を喫することになった。そもそも澄元は前年に近江から阿波に戻り、四国の細川氏勢力を糾合し、捲土重来を期していた。澄元方は近江にいる義澄と連動し、四国から摂津を経て上洛するという段取りを整えた。永正八年八月、澄元方の政賢が上洛したことで、高国や大内義興は丹波に没落するが、澄元の京都奪還はならなかった〔続南行雑録〕。近江にいた義澄が病没しており、これを知った高国方がすぐさま反撃したからである。八月二十四日の京都船岡山《ふなおかやま》（京都市北区）の合戦では、澄元方の政賢が討ち死にするほどの大敗を喫した〔実隆公記〕。この結果、澄元の勢力は大きく減退することになる。さらに、九月には澄元の祖父成之（慈雲院道空）が死亡したことで、澄元の後ろ盾が失われることになったのである。

澄元のその後

船岡山の戦いで敗れた澄元は、その後おそらく阿波に没落していたと考えられるが、永正十五年（一五一八）正月、体調を崩した高国の父政春（道旦《どうたん》）が死亡する。また、同年八月には高国を支えて幕政運営を行っていた大内義興が、分国周防などの混乱へ対応するため下向した。このことが澄元にとっては勢力回復の機会となった。以後、澄元と与同する勢力は、高国方への軍事行動を繰り返すことになる。早くも同年九月には澄元方の勢力が和泉に現れている。また、同年末には播磨守護赤松義村《あかまつよしむら》の被官に対し、澄元に味方することを禁じる義材の御内書《ごないしょ》が出されていることから、澄元方は赤松氏など隣接する地域の勢力に、積極的につながりを持とうとしている。翌十六年八月には大和に澄元方の牢人衆が出張、澄元自身も出張ることを京都近郊の西岡衆《にしのおかしゅう》に伝えている。さらに、十一月には澄元勢の摂津兵庫（神戸市兵庫区）への上陸が噂されている。このような澄元方の動きに対し、高国は対応を余儀なくされる。

翌十七年二月には高国方の摂津越水城《こしみずじょう》（兵庫県西宮市）が落城、高国方の劣勢が明らかとなり、二月十八日には高国方は近江坂本《さかもと》（大津市）に没落する。澄元は義材に詫言をし、上意に従う姿勢を見せている。三月になって阿波から澄元被官である三好之長《みよしゆきなが》が上洛し、畿内における澄元権力を支えることになる。義材はこの状況を踏まえ、あらためて澄元を京兆家家督と認定した。五月には澄元名代として三好之長が義材のもとに参上し、御礼として馬・太刀などを進上している。これらのことから、義材は高国を見限った形となる。政元の後継をめぐる細川京兆家の内紛は、二つの将軍権力を支える勢力の選択の様相を呈することになる。したがって、この時期の状況を理解するためには、与同者と敵対者の変化など、局面ごとの状況への対応を追いかける必要がある。

義材の対応に対し、高国は同年五月三日に近江六角氏と与同して京都東山の如意嶽《にょいがたけ》などに布陣し、三好之長に対抗した（『二水記』）。之長方の久米《くめ》・河村《かわむら》・東條《とうじょう》氏らが高国方に降ったこともあって高国は勝利し、入京した。一方、澄元方は再び没落することになる。三好之長は曇華院《どんげいん》（京都市右京区）で逮捕され百万遍《ひゃくまんべん》（京都市左京区）で切腹した。その後、二度にわたる上洛戦にも敗れた澄元は、同年六月十日に没した。享年三十二。戒名は真乗院宗泰安英である。

（古野貢）

【主要参考文献】

岡田謙一「細川澄元（晴元）派の和泉守護細川元常父子について」（『ヒストリア』一八二、二〇〇二年）
小川信『足利一門守護発展史の研究』（吉川弘文館、一九八〇年）

末柄豊「細川氏の同族連合体の解体と畿内領国化」（石井進編『中世の法と政治』吉川弘文館、一九九二年）
馬部隆弘『戦国期細川権力の研究』（吉川弘文館、二〇一八年）
平野明夫編『室町幕府全将軍・管領列伝』（星海社、二〇一八年）
森田恭二『戦国期歴代細川氏の研究』（和泉書院、一九九四年）

細川高国 ——義晴を将軍に擁立した幕府最後の管領

細川野州家次期当主

細川高国《ほそかわたかくに》は、細川京兆家《けいちょうけ》（管領家《かんれいけ》）の当主である。高国は、足利義稙《よしたね》（義材《よしき》、義尹《よしただ》）と足利義晴《よしはる》の二人の将軍を支え、幕府の運営に携わった有力大名である。本稿では、合戦での動向を中心に、高国の生涯について見ていくことにしたい。

細川高国は文明十六年（一四八四）、細川野州家《やしゅうけ》当主である細川政春《まさはる》の嫡子として生まれた。細川野州家は細川頼元《よりもと》の子満国《みつくに》を祖とする家であり、「下野守《しもつけのかみ》」を家の官途としたことから野州家と呼ばれた。野州家は、細川満元《みつもと》（満国の兄）の子持賢《もちかた》を祖とする典厩家《てんきゅうけ》に次いで京兆家との血縁関係が近く、典厩家とともに両翼となって京兆家当主を支えた。また、幕府御供衆《おともしゅう》の家柄でもあり、将軍の近臣として歴代将軍に仕えたことから、将軍や幕臣と京兆家をつなぐ役割も果たした〔末柄一九九二〕。

細川政元《まさもと》（細川京兆家当主）は妻帯せず、三人の養子がいたことで知られるが、最初の養子となったのが高国である。延徳二年（一四九〇）二月、政元が隠居の意向を示して摂津に下国した。当時七歳だった高国は政元の養子となり、その後継者とされた。野州家からは高国の伯父細川勝之《かつゆき》（鄧林宗棟《とうりんそうとう》）が細

細川高国画像　京都市右京区・東林院蔵

川勝元《かつもと》（政元の父）の養子になった先例があり、政元と血縁が近いこともあって、高国は京兆家の養子となった〔末柄二〇〇六〕。しかし、細川政元が隠居を撤回し、その後、他家から養子を迎えたことで、高国は野州家の次期当主としての道を歩むことになった。

明応八年（一四九九）十一月二十一日、細川政春を大将とする二・三千人の軍勢が坂本《さかもと》（大津市）に向けて出陣したが、このなかに十六歳だった高国の姿が見える〔後法興院記〕。史料上で、高国の出陣が確認できる早い例であり、年齢からして初陣の可能性がある。高国らは上洛途上の前将軍足利義稙を討つために派遣されたが、義稙が六角高頼《ろっかくたかより》に敗れて没落したために合戦にはならなかった。また、永正元年（一五〇四）十月二日、大和で蜂起した筒井順賢《つついじゅんけん》らを討つために政春や細川政賢《まさかた》（典厩家当主）ら細川家一門が出陣すると、高国も出陣している。このときも戦にはならなかったようだが、高国は細川家一門が出陣する際はその一員として軍勢に加わり、軍事的経験を積み重ねている。なお、高国は永正元年十二月頃から「民部少輔《みんぶのしょう》」〔実隆公記〕を名乗っており、野州家の官途「民部少輔」を得ている。一方、父政春は目立った活動が見られなくなっており、ほどなくして高国への家督交代が行われたようである。

遊初軒の変で薬師寺長忠らを討ち取る

京兆家の一門として経験と実績を積み重ねていた高国だが、思いも寄らない事件が起きる。永正四年（一五〇七）六月二十三日夜、細川邸で細川政元が暗殺されたのである。当時、政元の後継者候補として、細川澄元《すみもと》（阿波守護細川義春《よしはる》の子）と細川澄之《すみゆき》（元関白九条政基《くじょうまさもと》の子）の二人の養子がいたが、後継者争いで劣勢だった澄之が澄之派の内衆《うちしゅう》とともに政元暗殺を謀ったのである。さらに、翌二十四日には澄之派の香西元長《こうざいもとなが》（山城守護代）が京都の澄元宿所を襲撃し、敗れた澄元は甲賀《こうか》（滋賀県甲賀市）へと没落した。

こうして細川澄之が京兆家当主となったが、その座にあったのはわずか一ヶ月弱であった。澄之が政元暗殺の共謀者であることを知った細川家一門が、宿所を襲撃したのである。八月一日早朝、寄せ手の大将細川尚春《ひさはる》（淡路守護家当主）は澄之宿所の遊初軒《ゆうしょけん》、高国は薬師寺長忠《やくしじながただ》（摂津守護代）の宿所、細川政賢（典厩家当主）は香西元長の宿所を一斉に攻撃し、澄之派と合戦になった。香西元長らは薬師寺長忠の宿所に集結し、挽回を図った。だが、澄之が政元暗殺に加担したことが伝わると、馬廻衆《うままわりしゅう》ら内衆の離反が相次ぎ、合戦は細川家一門の勝利で終わった。

澄之は遊初軒で切腹し、その他の主立った澄之派内衆もすべて討たれた。この遊初軒の変において、高国は薬師寺長忠と香西元長に加え、香川満景《かがわみつかげ》（讃岐西方守護代）と安富元顕《やすとみもとあき》（讃岐東方守護代）らを討ち取っており、細川澄之を自害に追い込んだ細川尚春に次ぐ軍功を挙げている。

細川高国の乱で足利義澄を没落させる

遊初軒の変の翌日八月二日、細川澄元が上洛した。澄元は京兆家の当主となったが、ここで新たな問題が生じる。若い澄元を支え、細川京兆家主流派となったのは、三好之長《みよしゆきなが》ら阿波守護細川家出身の内衆たちであった。彼らは京兆家内衆としては新参だが、澄元が阿波守護細川家出身だったこともあり、重用された。一方、従来の京兆家で主流派だった細川家一門や譜代内衆との間には軋轢が生じた。

京兆家内の権力闘争に、有力一門の高国も無縁ではいられなかった。同年十二月、高国・細川元常《もとつね》（和泉上守護家）・細川尚春らは澄元の命により、河内の嶽山城《だけやま》（大阪府富田林市）の畠山義英《はたけやまよしひで》討伐に向かった。細川澄元は畠山尚慶《ひさよし》（尚順《ひさのぶ》、卜山《ぼくざん》）と提携しており、畠山義英討伐はその要請を受けたものであった。永正五年（一五〇八）正月十八日、嶽山城は落城したが、細川勢の将、赤沢長経《あかざわながつね》らの手引きにより畠山義英は逃れた。赤沢長経は敵がいなくなった畠山尚慶が長経の知行する大和へ侵攻することを恐れ、このような行動をとったのである。さらに、畠山尚慶が高国の姉婿であったことから、高国は尚慶と結んで謀叛を企てているので、畠山義英を自害させるかどうかはよく思案すべきだと澄元に讒言し、自身の行動を正当化した〔和田一九八三〕。

赤沢長経の讒言により澄元は高国に疑心を抱き、その失脚を謀った。高国は澄元を補佐する立場にあったが、澄元からすれば細川家一門の実力者として内衆からの信頼も厚く、細川政元の養子でもあった高国は自らの地位を脅かしかねない危険な存在であった。一方、高国も澄元が自身の排斥を目論んでいることを知り、先手を打って出奔した。

三月十七日、高国は伊勢参宮と称して仁木高長《にっきたかなが》（伊賀守護、高国の従兄弟）のもとへ出奔し、挙兵した。高国には三好之長らの台頭に不満を持つ、内藤貞正《ないとうさだまさ》（丹波守護代）や細川政元の評定衆《ひょうじょうしゅう》だった寺町通隆《てらまちみちたか》・長塩元親《ながしおもとちか》らをはじめとする京兆家内衆が相次いで味方し、急速に勢力を拡大した。一方、澄元は内衆の離反によって高国の軍勢に対抗するのは困難と悟り、四月九日、戦うことなく京都を離れ、再び甲賀へと没落した。四月十六日、澄元を支持していた足利義澄《よしずみ》も京都から近江の岡山城《おかやま》（滋賀県近江八幡市）へ没落し、高国の乱は足利義澄政権の崩壊をもたらした。

義澄派との決戦となった船岡山合戦

永正五年（一五〇八）四月十日、高国は上洛した。澄元との家督抗争を制した高国は、澄元派の摂津国衆の掃討を進めた。四月二十一日、澄元と「無二之衆《むにのしゅう》」（『元長卿記』）と称された池田貞正《いけださだまさ》を討伐するため出陣した。高国自身は途中で引き上げたが、五月十日、池田城（大阪府池田市）は落城している。

また、足利義澄が澄元を支持したことから、高国は前将軍足利義稙と提携した。四月二十六日、義稙が大内義興《おおうちよしおき》率いる大船団とともに堺へ到着すると、四月三十日、高国は畠山尚慶とともに出迎えた。さらに、五月五日には義稙から御内書《ごないしょ》を拝領し、京兆家の家督を認められた。六月七日は高国、六月八日には足利義稙・大内義興が上洛し、足利義稙政権が成立すると、高国はその一員として幕政に関わることになった。また、七月になると「右京大夫《うきょうのだいぶ》」〔実隆公記など〕と呼ばれるようになっており、細川京兆家家督の官途である右京大夫に任官され、名実ともに京兆家家督となった。

こうして成立した足利義稙政権であったが、前将軍足利義澄や細川澄元を中心とする澄元派は戦力を温存しており、義稙派と義澄派の抗争が続いた。そのなかで、高国は大内義興とともに義稙派の主力を担うことになる。永正六年六月十七日、三好之長が京都東方の如意嶽《にょいがたけ》（京都市左京区）へ出陣すると、高国は畠山義元《よしもと》（能登守護）や大内義興とともに迎撃のため出陣した。澄元派との初の本格的な合戦である。高国らは如意嶽の周囲を包囲したが、大軍を目の当たりにした三好之長は暴雨に紛れて逃走し、全面衝突には至らなかった。一方、永正七年二月、高国は義澄派の九里員秀《くのりかずひで》らを討つため近江へ出陣したが敗れている。

そして永正八年八月二十四日、京都北方の船岡山《ふなおかやま》（京都市北区）で義稙派と義澄派の決戦が行われた。義澄派は大将の細川政賢（典厩家当主、高国の舅）や細川元常ら細川勢を主力とし、遊佐印叟《ゆざいんそう》（河内守護代）ら畠山義英内衆や松田頼亮《まつだよりすけ》ら義澄方の幕臣も加わっていた。一方、義稙派は高国・大内義興・畠山義元の連合軍である。なお、細川澄元や畠山義英は上洛しておらず、足利義澄は合戦直前の八月十四日に病死している。

船岡山合戦は、北から攻め寄せる高国らを船岡山に陣取る細川政賢らが迎え撃つ形で行われた。本来、京都で迎え討つはずの高国らが寄せ手になっているのは、八月十六日、態勢を整えるため丹波へ没落していたためである。高国らは数万の大軍で長坂口《ながさかぐち》から船岡山に攻め寄せ、義澄派を破った。義澄派は大将の細川政賢や遊佐印叟ら三千人以上が討ち死にする大敗を喫した〔山田二〇〇八、福島二〇〇九〕。船岡山合戦で最も戦功を挙げたのは大内義興だったが、高国はそれに次ぐ働きを見せている。

大勝をおさめた等持寺合戦

船岡山合戦により義澄派の脅威は薄まり、足利義稙政権は安定期に入った。だが、高国・大内義興との不和が原因で、永正十年（一五一三）に義稙が出奔事件を起こすなど、内部に不安を抱えていた。また、永正十二年の畠山義元の病死、永正十五年の大内義興の帰国により、政権構造も変化しつつあった。

こうしたなか、永正十六年になると、細川澄元は再び上洛にむけて動き出し、高国内衆の河原林正頼《かわらばやしまさより》（瓦林政頼）が籠城する越水城《こしみず》（兵庫県西宮市）を攻撃した。十一月二十三日、高国は越水城救援のため出陣し、池田城を本陣として澄元と対陣した。しばらく両陣営の睨み合いが続いたが、永正十七年二月三日、越水城が落城し、二月十六日、高国方の細川高基《たかもと》・長塩元親・柳本宗雄《やなぎもと》らが尼崎《あまがさき》（兵庫県尼崎市）で合戦に敗れると、戦況を不利とみた高国は撤退し、池田城・伊丹城《いたみ》（兵庫県伊丹市）が相次いで落城した。二月十七日、高国は上洛して足利義稙に対面を求めたが拒否され、二月十八日、坂本へと没落した。一方、澄元は義稙に使者を送り、赤松義村《あかまつよしむら》の仲介もあって義稙との提携に成功する。さらに、三好之長を名代として上洛させ、京兆家家督の地位を認められた。高国との間に確執を抱えていた義稙は、戦況が澄元有利と見て高国を見限り、澄元との提携に踏み切ったのである。

摂津で澄元に敗れた高国だが、まだ主力を温存していた。また、近江で六角定頼《さだより》や京極持清《きょうごくもちきよ》らを味方につけることに成功し、大原高保《おおはらたかやす》（六角定頼の弟）をはじめとする援軍を得ることができた。態勢を立て直した高国は、四月二十八日、坂本へ着陣し、五月三日は如意嶽まで兵を進め、白川《しらかわ》（京都市左京区）に陣取った。一方、三好之長は足利義稙の三条《さんじょう》御所《ごしょ》や等持寺《とうじじ》を取り囲むように布陣した。

そして五月五日、等持寺合戦が行われた。軍勢の規模は諸説あるが、澄元方は二千から五千、高国方は二万から七万と称されており、いずれにしても高国方が圧倒的な大軍で攻め寄せたようである。さらに、澄元方の阿波国衆からは投降者が相次ぎ、合戦は高国方の大勝に終わった。三好之長は曇華院《どんげいん》に潜んでいたところを捕らえられ、五月十一日、切腹して果てた。また、細川澄元も六月十日に病死しており、約十二年にわたる澄元との抗争がようやく決着した。

足利義晴を擁立する

永正十八年（一五二一）三月七日、足利義稙が出奔した。細川澄元との提携によって高国との関係は破綻しており、義稙は高国と敵対することで再起を図った。一方、高国は義稙に代わる新たな将軍として、赤松義村のもとで養育されていた足利亀王丸《かめおうまる》（義澄の子）を擁立することにした。赤松家では、高国と澄元の抗争と連動して、高国派の浦上村宗《うらがみむらむね》（赤松家重臣）と澄元派の赤松義村の抗争が起きたが、村宗が抗争を制して実権を掌握した。高国は浦上村宗の協力により亀王丸の擁立に成功し、七月六日、播磨より亀王丸が上洛し、細川京兆家ゆかりの岩栖院《がんせいいん》を当面の御所とした。

そして十二月二十四日、亀王丸は元服して足利義晴と名乗り、翌日新たな将軍に就任した。高国は元服の加冠《かかん》役を務め、義晴の名字選定を進めるなど将軍就任を支援した〔浜口二〇一四〕。高国は将軍の擁立者であり、幼い将軍の後見人として義晴政権を支えることになった。なお、元服に際して管領に就任したことから、高国は室町幕府最後の管領となっている〔浜口二〇一七・二〇一八〕。

細川澄元との抗争が終結したこともあり、足利義晴政権は安定期が続いた。大永五年（一五二五）四月には、新たな将軍御所の普請が始まるが、この通称「柳《やなぎ》の御所」と呼ばれた新しい御所は細川邸の隣に建てられ、「洛中洛外図屏風《らくちゅうらくがいずびょうぶ》」（歴博甲本）にも描かれている〔小島二〇〇九〕。四月二十一日には厄年を理由として出家して法諱「道永《どうえい》」へと名乗りを変え、家督を嫡子稙国《たねくに》に譲った〔実隆公記〕。足利義晴政権の象徴となる将軍御所の建設が進み、次世代への権力の安定的継承もなされた、道永の最盛期といえる時期であった。

義晴・義維派に分かれて争った大永の乱

だが、ここから道永の人生に暗雲が漂い始める。十月二十三日、細川稙国が突如急死した。さらに大永六年（一五二六）七月十二日、香西元盛《もともり》謀殺事件が起きる。香西元盛は細川京兆家年寄衆《としよりしゅう》で、道永が重用した重臣である。だが、阿波の細川六郎（晴元《はるもと》、澄元嫡子）に内通した嫌疑がかかり、細川邸において道永の命で討たれた。

しかし、香西元盛の内通は、元盛と対立する細川尹賢《ただかた》（典厩家当主、高国の従兄弟）の讒言によるものであり、冤罪であった。十月二十一日、元盛の謀殺に反発した波多野元清《はたのもときよ》（元盛の兄）と柳本賢治《やなぎもとかたはる》（元盛の弟）は出奔し、元清は八上城《やかみ》（兵庫県丹波篠山市）、賢治は神尾山城《かんのおさん》（京都府亀岡市）に籠城して丹波で反乱を起こした〔福島二〇〇九〕。波多野元清・柳本賢治の乱には馬廻衆ら丹波衆も多数参加し、大乱となった。

丹波衆の反乱を聞いた道永は、十一月四日、細川尹賢率いる討伐軍を派遣し、鎮圧を図った。だが、事件の元凶である細川尹賢が大将に起用されたことに丹波衆は猛反発し、十一月二十三日、柳本賢治は討伐軍の別働隊へ夜襲をかけて敗走させた。十一月三十日には波多野元清が細川尹賢率いる本隊を破り、勢いづいた丹波衆は京都へ向けて進軍した。丹波衆は京兆家の合戦で主力となっていた精鋭であり、その反乱鎮圧に道永は苦戦した。

さらに、波多野元清・柳本賢治は、細川晴元と手を結んだ。細川晴元は阿波で養育されていた足利義《よし》維《つな》（義澄《よしずみ》の子）を擁立し、畠山義堯《よしたか》（義英の子）が加勢した。波多野元清・柳本賢治の乱にはじまる戦乱は、高国流京兆家の内紛から、細川道永と細川晴元の両細川家の抗争、さらに足利将軍家の家督問題や周辺大名を巻き込んだ義晴派と義維派の抗争へと拡大していった。

大永七年二月十三日、桂川《かつらがわ》・西七条《にししちじょう》周辺で義晴派と義維派の合戦が行われた。義晴派は細川道永・足利義晴に加え、武田元光《たけだもとみつ》も援軍として加勢していた。一方、義維派は柳本賢治ら丹波衆に細川晴元方の三好長家《ながいえ》・政長《まさなが》兄弟ら阿波衆が合流した。丹波・阿波衆は桂川を渡って攻めかかり、激戦の末、武田勢が破られ、さらに道永の馬廻衆も敗北した。敗れた足利義晴・道永らは京都から坂本へと撤退した。一方、義維派では三好長家が負傷し、後に没している〔天野二〇一四〕。

京都での初戦に敗れた道永だが、近江で情勢を立て直し、十月十三日、再び上洛した。義晴派の軍勢は、細川道永の細川勢二万、足利義晴の奉公衆《ほうこうしゅう》七千、六角定頼の近江衆二万、朝倉教景《あさくらのりかげ》の越前衆六千など総勢六万と称した大軍である。また、後には畠山稙長《たねなが》の河内衆、筒井順興《じゅんこう》・越智家栄《おちいえひで》の大和衆も加わっている。一方、義維派は高国から離反した柳本賢治ら丹波衆、三好之長・同政長ら阿波衆、畠山義堯の河内衆ら二万であり、軍勢の規模では義晴派に劣るものの、やはり大軍であった〔二水記〕。十一月十九日には川勝寺口《せんしょうじぐち》（京都市右京区）で合戦となり、朝倉勢が畠山義堯方の河内衆を破り、さらに三好元長の阿波衆と激戦を繰り広げた。だが、川勝寺合戦の後は小競り合いが続き、小康状態となった。

義晴派・義維派ともに膠着状態に陥るなか、大永八年になると和睦に向けた動きが活発になる。ところが正月二十八日、義維派の柳本賢治・三好政長ら和睦反対派が一斉に下向してしまい、成立間近だった和議は決裂した。和議の決裂を受け、義晴派でも朝倉教景をはじめ諸国の軍勢が下向し、連合軍は解散した。京兆家では阿波衆の攻勢にさらされていた摂津守護代薬師寺国長《くになが》や摂津国衆が離反し、崩壊状態に陥った。面目を失った道永は、五月十四日、坂本へ下向し、二度と京都へ戻ることはなかった。

高国の最期

近江へ下向した道永は、永源寺《えいげんじ》（滋賀県東近江市）へ移った。道永は親交の深い三条西実隆《さんじょうにしさねたか》にたびたび和歌を送って批評を求めており、隠遁生活を送りつつ再起を図っていたようである。

享禄元年（一五二八）十一月には近江を離れ、伊賀を訪れた。十二月には「常桓《じょうかん》」へと法諱を変え、再起への決意を新たにした〔実隆公記〕。享禄二年（一五二九）は上洛に向けて諸国の大名たちのもとへ直接赴いて交渉しており、伊勢・伊賀・近江・越前・出雲・丹後・備前・播磨など諸国をめぐった。娘婿の北畠晴具《きたばたけはるとも》（伊勢国司）をはじめ各地で断られたが、浦上村宗の説得に成功した。そこで、各地へ散った旧臣を呼び寄せ、浦上村宗とともに播磨から上洛を目指すことになった。

享禄三年（一五三〇）九月、常桓は神呪寺《かんのうじ》（兵庫県西宮市）に陣を置き、上洛に向け摂津への侵攻を本格化させた。そして、十月十九日に富松城《とまつ》（兵庫県尼崎市）、十一月六日大物城《だいもつ》（同尼崎市）、享禄四年（一五三一）二月二十八日に伊丹城、三月六日に池田城と次々と細川晴元方の拠点を攻め落とし、本拠

大物崩れ戦跡碑　兵庫県尼崎市

地の堺へ迫った。

三月十日、常桓は淀川《よどがわ》を渡り、先陣は住吉《すみよし》（大阪市住吉区）まで攻め寄せた。ここで三好元長《もとなが》の迎撃にあったため、天王寺《てんのうじ》（同天王寺区）に本陣をおいて元長と対陣した。しかし六月四日、父義村の仇浦上村宗を討つ機会をうかがっていた赤松政村《まさむら》が敵方に寝返り、常桓・浦上勢は天王寺合戦で大敗を喫した〔実隆公記・後法成寺関白記・二水記〕。この戦いで最後まで常桓に付き従った馬廻衆や浦上村宗は討ち死にし、常桓も尼崎で三好一秀《かずひで》に捕らえられ、大勢は決した。そして六月八日、常桓は広徳寺《こうとくじ》（兵庫県尼崎市）で自刃した。享年四十八であった。

生前に常桓と親交が深かった三条西実隆は、享禄五年六月四日、常桓一周忌の追善のために僧侶を招いて供養した。天文二年（一五三三）六月も実隆は子の公条《きんえだ》と二人で和漢聯句《わかんれんく》百句を詠み、さらに十如是《じゅうにょぜ》の和歌を詠むなど三周忌の追善供養を行った〔実隆公記、芳賀一九六〇〕。本稿では紹介できなかったが、高国は和歌・連歌・蹴鞠・香道・書道・作庭・犬追物《いぬおうもの》・鷹狩・故実など諸芸に通じた文化人として足跡を残しており〔米原一九七九、井上一九八七、鶴崎一九九二など〕、三条西実隆との交流はその一端を物語っている。

（浜口誠至）

【主要参考文献】

天野忠幸『三好長慶』（ミネルヴァ書房、二〇一四年）

井上宗雄『中世歌壇史の研究　室町後期　改訂新版』（明治書院、一九八七年、初版一九七二年）

小島道裕『描かれた戦国の京都』（吉川弘文館、二〇〇九年）

末柄豊「細川氏の同族連合体制の解体と畿内領国化」（石井進編『中世の法と政治』吉川弘文館、一九九二年）

末柄豊「妙心寺への紫衣出世勅許をめぐって―鄧林宗棟を中心に―」（『禅文化研究所紀要』二八、二〇〇六年）

鶴崎裕雄「管領細川高国の哀歌」（中世公家日記研究会編『戦国期公家社会の諸様相』和泉書院、一九九二年、初出一九七六年）

芳賀幸四郎『三条西実隆』（吉川弘文館、一九六〇年）

浜口誠至「足利将軍家元服儀礼と在京大名」（同『在京大名細川京兆家の政治史的研究』思文閣出版、二〇一四年、初出二〇一二年）

浜口誠至「戦国期管領の政治的位置」（戦国史研究会編『戦国期政治史論集　西国編』岩田書院、二〇一七年）

浜口誠至「戦国期管領の在職考証」（『日本史学集録』三九、二〇一八年）

福島克彦『戦争の日本史十一　畿内・近国の戦国合戦』（吉川弘文館、二〇〇九年）

山田邦明『日本の歴史　第八巻　戦国の活力』（小学館、二〇〇八年）

横尾國和「細川氏内衆安富氏の動向と性格」（『国史学』一一八、一九八二年）

米原正義「細川氏の文芸―管領家政元・高国、典厩家政国を中心として―」（『國學院雑誌』八〇―三、一九七九年）

和田英道「尊経閣文庫蔵『不問物語』翻刻」（『跡見学園女子大学紀要』一六、一九八三年）

細川晴国――細川晴元のライバルとなった野州家当主

細川野州家とは

細川晴国《ほそかわはるくに》は、細川嫡流の京兆家《けいちょうけ》から早い時期に分家した細川満国《みつくに》（野州家《やしゅうけ》）の子孫で、四代目となる細川政春《まさはる》（民部少輔《みんぶのしょう》、安房守《あわのかみ》、入道道亘《どうかん》）の子として永正十三年（一五一六）八月に誕生した（後法成寺関白記）。政春はすでに薙髪の身であり、六十一歳のときに晴国を授かったことになる。晴国の幼名は「虎益《とらます》（虎増）」、通称は「八郎《はちろう》」で母は不明である（実隆公記、見桃録）。官途についてもわからない。後に「晴総《はるふさ》」と改名する。政春には少なくとも五人の子供が確認されており、文明十六年（一四八四）生まれで管領となる高国《たかくに》と弟晴国の年齢差は、実に三十三歳と親子ほど年が離れていた。この二人以外にも、政春の菩提寺である東漸寺《とうぜんじ》の住職となる者と畠山尚順《はたけやまひさのぶ》と公家の阿野《あの》家に嫁いだ娘がいた（実隆公記、天文日記、不問物語）。

そもそも野州家とは、京兆家の細川頼元《よりもと》の子弟である満国《みつくに》が、初代となり成立した京兆家の庶流一族である。代々、「六郎《ろくろう》」を通称として、二代目の持春《もちはる》、三代目の教春《のりはる》が、「民部少輔」から「下野守《しもつけのかみ》」の受領《ずりょう》を得たことから野州家と呼ばれる。野州家は他の細川庶流一族同様に御供衆《おともしゅう》として幕府に仕えていた。しかしながら、京兆家の庶流としての性格が強かったため、他の細川庶流一族とは異なり、将軍家と京兆家の紐帯的な役割を果たしていたと指摘されている。また、同じく京兆家庶流の典厩家《てんきゅうけ》（細川満元《みつもと》の子持賢《もちかた》が祖）や京兆家に跡取りが誕生していない場合、野州家から養子に迎えられることがあり、その意味において細川氏にとっては特別な家柄であった。

晴国の誕生

さて、晴国が誕生したとき、高国はすでに京兆家の家督となって久しく、政春の実子である晴国の誕生は野州家の跡取りという位置づけがなされたものと思われる。これにより、野州家の跡取りのために養子として迎えられていたのか、母の出自が低いために野州家の家督とはなり得なかったのか、高国と晴国の間にいた男子は、政春の死後、政春が開基として葬られる東漸寺の住職となった。晴国は野州家の当主として、高国の活動を支えることを期待されたと考えられる。ところが、晴国がわずか二歳の永正十五年（一五一八）正月九日に父政春が急逝してしまう（再昌草）。政春は、前日までは普通に生活を送っ

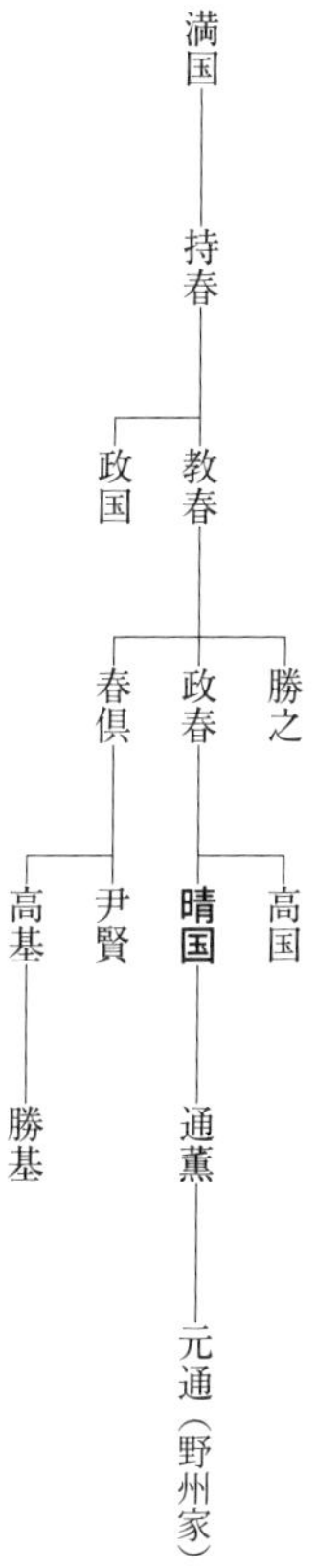

細川氏略系図

ていたようで、病の兆候はなかったと伝わっている。

幼くして父を失った晴国は、無事に成長し大永三年（一五二三）臘月（十二月）、すでに従四位下を追贈されていた東漸寺殿光翁亘公大禅定門、すなわち政春の七回忌において功徳主を務め懇ろに菩提を弔った〔見桃録〕。三条西実隆《さんじょうにしさねたか》は「老の波ことしもこえてかへりこぬ　人にそおなし袖はぬれける」と詠み、文化人でもあった故人を偲んでいる。

十一歳となった晴国は、大永六年の暮れに元服し、虎益を改め八郎を称した。このとき一緒に元服した同族の二郎は十四歳で、仮名《けみょう》から細川尹賢《ただかた》の子である氏綱《うじつな》と思われる〔後法成寺関白記〕。

京兆家（高国派と澄元派）の争い

さて、晴国の生きた時代は京兆家の家督をめぐって熾烈な戦いが繰り広げられており、その短い人生は細川晴元《はるもと》との戦いの日々であった。晴国が元服した翌年の大永七年（一五二七）二月、晴元派と桂川《かつらがわ》に戦い敗れた高国は近江に退き、十月には六角《ろっかく》・朝倉《あさくら》・武田《たけだ》等の協力のもと高国は京都へ出陣する。ところが、翌年正月になると和睦の動きが起こるも諸将の調整が付かず、高国は再び没落することとなる。おそらく幼い晴国も身を潜めたのであろう。

享禄三年（一五三〇）六月二十九日、柳本賢治《やなぎもとかたはる》を播磨において殺害した高国は、同年十一月頃から東山《ひがしやま》付近に出没するようになる。元服して後、晴国が史料上にみえるようになるのは、この高国の動きにあわせてのことである。享禄四年三月二十六日の高国書状によれば、具体的な場所は不明（東山付近か）ながら八郎が在城していることを述べ、近衛尚通《このえひさみち》の日記にも細川八郎が登場することから、高国派の武将として十五歳になった八郎晴国は歴史の表舞台に登場するようになる〔蓮養坊文書〕。

同年五月には、丹波国桑田《くわた》郡国分寺口《こくぶんじぐち》での合戦において疵を蒙った小畠《こばたけ》七郎に感状を発給するなど、丹波における晴国の存在感は増していた〔小畠文書〕。しかしこの合戦では、内藤《ないとう》彦七貞誠《さだのぶ》等が討ち死にするなどして高国派は敗退する。しかも、その三か月後の享禄四年六月に高国が大物《だいもつ》崩れによって自害させられてしまう〔厳助往年記、二水記、実隆公記ほか〕。享年は四十八であった。晴国は、若くして兄も失うこととなる。高国派丹波守護代内藤国貞《くにさだ》のもとで丹波国との関わりを有していた晴国は、これにより丹波から若狭に没落する〔若狭国守護職次第、羽賀文書、二水記〕。高国と親しい関係にあった武田元光《もとみつ》の領国である若狭に身を潜めた。高国亡き後の晴国は、兄に代わって所領安堵状や知行宛行状を発給するようになる。

晴国の活躍とそのブレーン

さて、晴国は内藤国貞や波々伯部《ほおかべ》国盛《くにもり》以外に、細川一族で土佐守護代の系譜を引く細川国慶《くによし》などにも支えられていた。国慶は、政元《まさもと》亡き後の京兆家の家督として高国が最もふさわしい人物であると推薦した、上野《うえの》元治《もとはる》（一雲斎《いちうんさい》）の系譜上の孫に当たる。後年のことではあるが、晴国亡き後の国慶は、細川氏綱を支えるようになる。国慶は一貫して高国派細川氏を支援し続けるも、天文十六年（一五四七）十月に京都において討ち死にする〔東寺光明講過去帳〕。

享禄五年（天文元年、一五三二）正月、晴元派内部において確執が起こり、三好元長《みよしもとなが》が柳本甚次郎《じんじろう》を攻めて自害に及んだ。これに激怒した晴元は、本願寺《ほんがんじ》に合力を依頼して六月二十日に三好元長を堺において自害に追い込む。晴元は、大永七年（一五二七）三月以来、元長と共に推戴してきた堺公方足利義維《あしかがよしつな》の許を離れ、義晴《よしはる》に近づくようになる。元長の死により、丹波の有力者である波多野秀忠《はたのひでただ》は晴元から離反して晴国に味方する〔尊経閣文庫所蔵文書〕。

これを好機と捉えた晴国方は洛中に出張する動きをみせたため、同年四月に東福寺《とうふくじ》は国慶を介して晴国に禁制《きんぜい》を求めた〔東福寺文書〕。少なくとも一部の寺院は、晴国の実力を無視し得ないものと認め、晴元に対抗する勢力、すなわち高国の後継者とみていた可能性がある。

晴国が丹波に再入国する過程については、晴国を支えていた内藤国貞と晴元を離反した波多野秀忠の糾合が大きな決め手となり、また但馬守護山名祐豊《やまなすけとよ》の協力を仰いだ結果、天文元年九月頃に実現する〔羽賀文書、荻野文書、夜久文書〕。その直前、波々伯部国盛に率いられた丹波衆が丹州松山《まつやま》において合戦に及んでいることは、晴国が丹波に入国するための前哨戦と位置づけられよう〔塩見文書〕。入国後の十月、晴国は奥丹波において赤井《あかい》氏の攻撃を受けたが、翌年三月頃には無事に波多野氏の居城である八《や》上《かみ》城（兵庫県丹波篠山市）に入ったようだと指摘されている〔保阪潤治氏所蔵文書、能勢家文書〕。また、晴国の許には高国派の残党も集まって来るようになっていた。

この頃になると晴国は、奉行人を用いて寺領安堵などの奉書を発給するようになり、高国の後継者ともいうべき体制を徐々に整えている。その活動は天文二年五月を初見として、天文五年四月頃まで確認できる〔尊経閣文庫所蔵文書、広隆寺文書、二尊院文書、小畠文書ほか〕。

本願寺との結びつき

さて天文二年(一五三三)に入り、晴元が本願寺と袂を分かち法華衆《ほっけしゅう》に近づくと、晴国は本願寺と結び、五月になると丹波から積極的に京都を窺い、晴元とその一味である法華衆に対して戦闘状態に入る。

同年五月、晴元が大坂本願寺を囲むと手薄となった京都には、その虚をついて丹波から細川国慶が洛中に進出して来るようになる。たび重なる合戦のなか、五月十八日に高雄《たかお》(京都市右京区)付近で両軍が激しく戦い、晴元に属する薬師寺国長《やくしじくになが》や平岡《ひらおか》丹波守などを討ち死にさせるなどの戦果をあげる〔実隆公記、私心記、祇園執行日記〕。

本願寺と結ぶ晴国が戦いを有利に展開する中、天文二年六月に「大坂和睦之儀必定云々」と本願寺と晴元との間で和議が成立する〔実隆公記〕。和議は三好千熊丸《せんくままる》(長慶《ながよし》)の取りなしで行われたが、晴元を京兆家督とし、晴国を房州すなわち野州家督とするという風聞があった〔厳助信州下向日記〕。両人の出自を物語るものとして興味深い。しかしながら、晴元が本願寺と和議を結ぶことは、晴国にとっては到底承伏できる話ではなかった。すなわち、和議に同意するということは、本願寺との結びつきを求める晴国勢力の弱体化につながることとなり、危機感を募らせていたのである。実際に足利義晴の命により、「香川《かがわ》・内藤・長塩《ながしお》・上原《うえはら》」などが晴元への帰参を促されていた〔御内書引付〕。

ブレーンの離反と晴国

そのことは七月になると現実味を帯び、丹波守護代の内藤国貞が晴国から離反し、晴元に与するようになる。十月に入ると、晴国方は丹波において晴元方の赤沢景盛《あかざわかげもり》兄弟を討ち取り、内藤国貞を没落させるなど、両者の間での合戦は継続されており、晴国は和議を守るつもりはなかったことが明白となる〔言継卿記〕。

天文三年（一五三四）正月、畠山稙長《はたけやまたねなが》と守護代遊佐長教《ゆざながのり》が対立すると本願寺内部でも不協和音が起こりはじめ、坊官で主戦派の下間頼盛《しもつまらいせい》が証如《しょうにょ》を人質にするという事件が起こった。これにより、五月末に本願寺は晴元との和議を破棄し、再び対決することとなる。また、本願寺は三好氏内部における対立に目をつけ、長慶勢を懐柔するなど三好勢力を巻き込むなどの動きをすると指摘されている。のみならず、晴元派内部においても、木沢長政《きざわながまさ》が和議の成立以後も本願寺勢力と合戦におよび続けるなど、さまざまな要素が複雑に絡まり合っての破棄であった。

これにより、七月には晴国が谷の城に国慶等とともに立て籠もり、畠山稙長と連絡を取り合いながら上洛を目指していた〔祇園執行日記、私心記〕。しかしながら、晴元勢は谷の城を攻撃し、八月初旬には攻め落とすことに成功する。十月に国慶が森河内の南において晴元勢に勝利をおさめているが、局所的な勝利にすぎなかった。

天文四年六月十二日になると、「昨日尾坂本願寺有合戦、一揆五六百打死云々、大概一向衆此時滅亡歟」と趨勢は本願寺に不利であった〔後奈良天皇宸記〕。さらに、丹波の波多野秀忠《ひでただ》が七月初旬に晴国に見切りをつけ晴元側に寝返った〔厳助往年記、後奈良天皇宸記〕。このような戦況下において、本願寺は「興ヨリ子息三宅へ人質ニ遣候」と、三宅国村《みやけくにむら》を仲介として晴元に人質を遣わした上で、天文四年十一月末に再度和議を結ぶこととなる〔私心記〕。先年の和議とは違い、人質を差し出すなど本格的なものであり、木沢長政も和議に応じている。

晴国（晴総）の最期

晴国にとって晴元と本願寺との和議は受け入れられるべきものではなく、「晴総」と改名して再起を試みた〔離宮八幡宮文書〕。しかし、内藤国貞や波多野秀忠など晴国を支えてきた丹波の有力者たちによる離反によって、小畠氏など丹波衆の動揺は少なくなかったようで離反が相次いだ〔小畠文書〕。完全なる和議の成立は、晴国を苦境に立たせたのである。天文五年（一五三六）正月に、本願寺に対して最後となる音信を交わした晴国は、同年八月二十九日の夜半に本願寺門徒であり、晴国も頼りにしていた三宅国村の裏切りにより天王寺《てんのうじ》（大阪府天王寺区）において義兄の東漸寺とともに自害することとなる〔厳助往年記、天文日記〕。晴国の享年は、弱冠二十一であった。本願寺は、晴元との戦を避けるために晴国や下間頼盛を排除しようとした結果、国村は本願寺の意を汲んで晴国を自害させたと指摘されている。こうして、享禄三年（一五三〇）末頃から史料上確認できるようになる晴国の活動期間は、わずか五年ほどで幕をおろすこととなる。

（岡田謙一）

【主要参考文献】

岡田謙一「細川右馬頭尹賢小考」（阿部猛編『中世政治史の研究』日本史史料研究会編、二〇一〇年）
岡田謙一「細川晴国小考」（天野忠幸ほか編『戦国・織豊期の西国社会』日本史史料研究会編、二〇一二年）
末柄豊「畠山義総と三条西実隆・公条父子」（『加能史料研究』二二、二〇一〇年）
高屋茂男「細川晴国の動向に関する基礎的考察」（『丹波』創刊号、一九九九年）
馬部隆弘「細川晴国・氏綱の出自と関係」（同『戦国期細川権力の研究』吉川弘文館、二〇一八年、初出二〇一二年）
馬部隆弘「細川晴国陣営の再編と崩壊―発給文書の年次比定を踏まえて―」（同『戦国期細川権力の研究』吉川弘文館、二〇一八年、初出二〇一三年）
馬部隆弘「細川国慶の出自と同族関係」（同『戦国期細川権力の研究』吉川弘文館、二〇一八年、初出二〇一一年）

上原元秀 ――明応の政変を成功に導いた功労者

上原家と上原賢家・元秀父子

上原元秀《うえはらもとひで》は、細川京兆家《ほそかわけいちょう》（管領家）当主細川政元《まさもと》の重臣である。元秀は、延徳の丹波国一揆や明応の政変などで重要な役割を果たした、政元期を代表する重臣の一人であった。早速、元秀の生涯について見ていくことにしたい。

上原家は、丹波国何鹿郡《いかるが》を中心に勢力を持った、丹波国人である。上原家は元来信濃の諏方《すわ》家の一族であったが、後に何鹿郡の地頭として西遷した関東御家人であったとされる〔梅原一九七六、細見一九八八〕。丹波上原家は諏方信仰と関わりが深く、諏方家と同じ姓「神氏《じん》」を名乗っていることからも、信濃諏方家との繋がりがうかがえる。また、しばしば名字を「物部《もののべ》」と称していることから、地頭として入部したのは何鹿郡物部荘（京都府綾部市）であったと考えられている〔細見一九八八〕。

また、上原家は早くから細川京兆家に仕えていた。明徳三年（一三九二）八月の相国寺《しょうこくじ》落慶供養では、管領細川頼元《よりもと》の随兵二十二騎のなかに「物部九郎成基《しげもと》」がおり、これが細川京兆家被官上原家の初見とされている〔相国寺供養記〕。細川頼元は、明徳の乱で丹波守護職を没収された山名氏清《やまなうじきよ》に代わって丹波守護となっており、上原家も丹波に所領を持つ有力内衆《うちしゅう》として細川京兆家の歴代当主に仕えた。

その後、上原家の活動が活発になるのは、元秀の父、上原賢家《かたいえ》の代からである。長享元年（一四八七）十二月七日、近江守護六角高頼《ろっかくたかより》の討伐のために大名や奉公衆を率いて出陣していた九代将軍足利義尚《あしかがよしひさ》の陣所に細川政元が参陣した。この鈎《まがり》の陣（滋賀県栗東市）への参陣に際して、細川政元は十五騎の供を引き連れていたが、そのなかに上原「豊前守《ぶぜんのかみ》」（賢家）と「神六《じんろく》」がいた〔蔭凉軒日録〕。政元の供に選ばれたのは、年寄衆《としよりしゅう》（政元期は評定衆《ひょうじょうしゅう》と呼ばれた。以下、評定衆とする）や守護代などの細川京兆家重臣たちであり、上原賢家もその一人であった〔横尾一九八二〕。

そして、賢家とともに参陣した「神六」こそが、上原元秀である。元秀には兄「神四郎《じんしろう》」や弟「神五郎《じんごろう》」がいたが〔蔭凉軒日録〕、賢家の後継者となったのは元秀であった。元秀は参陣の時点で「丹波守護代」であり〔今谷一九八六〕、当主の代官として細川京兆家分国である丹波の経営を担当した、重臣の一人だった。

丹波国一揆を鎮圧

延徳元年（一四八九）九月、荻野《おぎの》氏・須智《しゅうち》氏ら丹波国人が蜂起した。山城国一揆がよく知られているように、戦国初期には国人一揆が頻発し、守護の分国経営を動揺させた。細川京兆家でもかつて摂津で国一揆が起きており、丹波国一揆は細川京兆家の分国支配を崩壊させかねない一大事であった。

この丹波国一揆の鎮圧に当たったのが、上原賢家・元秀父子である。元秀は丹波経営の責任者である丹波守護代であり、分国で起きた反乱の鎮圧を担当したのは当然にみえる。だが、この国一揆はただの国人一揆ではなかった。須智氏・荻野氏は細川京兆家の被官であり、一族は当主側近の馬廻《うままわり》など、京兆家内衆として仕えていた。また、元秀の前任の守護代内藤元貞《ないとうもとさだ》は更迭されたといわれており、須智氏や荻野氏は内藤元貞から上原元秀への守護代交替によって不利益を蒙った内衆たちであったとみられる〔今谷一九八五〕。したがって、丹波国一揆は元秀に対する反乱という意味合いもあり、元秀にとってその地位を左右する重大事であった。

丹波国一揆に対し、元秀は当初、郡代を通じて一揆の鎮圧を図った。だが、反乱は鎮まらず、細川勢と国一揆勢の本格的な合戦となった。延徳元年十二月二十七日、畠山政長《まさなが》内衆の荒川《あらかわ》民部丞を大将とする軍勢が須智城（京都府京丹波町）を攻撃し、国一揆勢との合戦となった。畠山政長は細川政元の盟友であり、国一揆鎮圧のために援軍を派遣したのである。この合戦で細川・畠山勢は須智城を攻略し、須智氏を没落させた。

さらに、延徳二年七月三日、上原賢家を大将とする細川勢は荒川民部丞とともに位田城《いでん》（京都府綾部市）に籠もる国一揆勢を攻撃した。この合戦で細川・畠山勢は討ち死にが約百人、負傷者約五百人の損害を出し敗北した。

一方、この位田城攻めに元秀の姿は見当たらない。合戦直後の七月八日、細川邸で十代将軍足利義材《よしき》（義尹《よしただ》、義稙《よしたね》）を征夷大将軍に任命する将軍宣下と、判始《はんはじめ》・評定始《ひょうじょうはじめ》・沙汰始《さたはじめ》という将軍の政務始に相当する儀礼が行われたが、細川邸の門内に元秀の姿がみえる。これらの儀礼では管領が必須であり、細川政元は管領に就任して所役を務めた。だが、元秀は儀礼の参加者ではなく、見学しただけのようである。ただし、細川京兆家内衆で見学したのは三人の重臣だけであり、幕府の重要儀礼の見学者に選ばれたことは、細川京兆家内における地位を象徴するものとして政治的に重要なことだったと考えられる。本来であれば、守護代である元秀が軍勢を率いて国一揆の鎮圧に向かうべきだったのであろうが、重要儀礼が迫っていたためにできず、代官として父賢家が向かったのであろう。

現存する史料が限られるため断片的な状況しかわからないが、その後も丹波国一揆は断続的に続いたようである。延徳四年三月十四日、今度は細川政元が自ら出陣したが、その軍勢に元秀も加わっている。そして、明応元年（一四九二）九月には元秀率いる軍勢が国一揆勢と合戦し、大将格の荻野氏を討ち取って国一揆勢を敗走させた。その後は丹波で大きな争乱は見られないため、国一揆は沈静化した模様である。丹波の所領相論などからは、元秀が父賢家と共同で対処していたことがうかがえるが、丹波国一揆においても、父賢家と連携することで難局を乗り切ったのである。

明応の政変を主導し功績を挙げる

元秀が守護代を務める丹波で大規模な国一揆が発生し、長期化したにもかかわらず、その責任を問われた様子は見られない。延徳三年（一四九一）二月、細川政元が東国巡行を行ったが、元秀はその供衆の筆頭に位置した。元秀は、政元の信頼厚い重臣として行動を共にしたのである。また、同年五月十六日、足利義材の六角高頼討伐について、細川邸で評定衆による評定が行われた。この評定には上原賢家・元秀父子も参加しており、細川京兆家内においても親子で評定衆の座を維持している。明応二年（一四九三）には「上原左衛門大夫《さえもんたいふ》」〔蔭凉軒日録など〕と名乗っており、元秀は官途を得たようである。

そして、明応二年四月二十二日、明応の政変が起きる。畠山基家《はたけやまもといえ》（後の義豊《よしとよ》）討伐のために河内へ出陣中だった足利義材に対し、細川政元は京都で新たな将軍として香厳院清晃《きょうごんいんせいこう》（後の十一代将軍足利義《よし》澄《ずみ》）を擁立したのである。明応の政変は、後に足利将軍家の分裂をもたらすなど、戦国期政治史上の画期となった一大事件である。その政変で、元秀は細川京兆家における推進者として重要な役割を果たす〔横尾一九八三、家永一九九六〕。

まず、政変実行前に大名たちとの交渉を進め、味方を結集している。足利義材の討伐対象となった畠山基家は、細川政元と提携する畠山政長の政敵であった。だが、細川政元は政変以前から密かに基家と通じる一方、政変では畠山政長・尚順《ひさのぶ》父子と敵対した。政変の前提として、細川京兆家と畠山家との同盟政策の転換があったが、細川京兆家で畠山基家との交渉を進めたのが、元秀であった。また、政変直前の三月には赤松政則《あかまつまさのり》と洞松院《とうしょういん》（細川政元の姉）が婚姻し、細川京兆家と赤松家が同盟を締結したが、この交渉にも元秀は関与している。さらに、政変に際して朝倉貞景《あさくらさだかげ》は援軍を派遣し、元秀率いる軍勢に朝倉勢が加わっていたが、朝倉貞景との交渉を担ったのも元秀であった。こうした元秀の動向は、畠山基家・赤松政則・朝倉貞景など政変を推進した主要勢力を結びつける役割を果たしたと評価されている〔家永一九九六、松原二〇〇一〕。

では、政変で元秀はどのような役割を果たしたのであろうか。閏四月三日、元秀と安富元家《やすとみもといえ》（細川京兆家評定衆）の軍勢が京都を出陣した。元秀は、細川方の軍勢を率いる大将の一人であった。河内では畠山基家が籠城する誉田《こんだ》城（大阪府羽曳野市）を、正覚寺《しょうかくじ》（大阪市平野区）に本陣を置く足利義材や畠山政長が包囲していたが、元秀ら細川勢は正覚寺を兵粮攻めにした。細川政元は香厳院清晃を次期将軍として擁立するだけでなく、前将軍足利義尚《よしひさ》の実母日野富子《ひのとみこ》や幕府政所執事《まんどころしつじ》の伊勢貞宗《いせさだむね》の支持を得ていた〔山田二〇〇〇、二〇一六〕。こうした幕府側の協力者の存在もあり、義材方からは大名や奉公衆の離反が相次いだ。大内義興《おおうちよしおき》のように様子見をしている大名も多く、細川方は決戦を急がなかったようである。

軍勢を率いて出陣した元秀だが、閏四月十八日、一度帰京している。この日は、赤松家重臣の浦上則《うらがみのり》宗《むね》も上洛した。京都では、赤松政則は義材方に通じているのではないかという風聞が流れていた。浦上則宗は弁明のために上洛しており、赤松家との同盟を主導した元秀も弁護したものと思われる。

そして、政変発生から約一月後の閏四月二十五日、正覚寺の足利義材・畠山政長との決戦が行われた。義材方は兵粮不足で窮しており、細川勢は畠山基家と呼応して総攻撃を開始したのである。正覚寺合戦は、一日で決着した。畠山家は多くの重臣が自害、もしくは討ち死にし、当主の畠山政長も自害した。また、畠山尚順（政長の嫡子）は紀伊へ落ち延びた。一方、足利義材は側近たちとともに元秀の陣に投降した。元秀は正覚寺合戦で戦功を挙げたのに加え、敵方の総大将であった義材を捕虜にするという大功を挙げたのである。

五月二日、元秀は上洛した。この日は足利義材も上洛しており、元秀はその警固を務めた。義材は龍安寺《りょうあんじ》（京都市右京区）に幽閉され、五月十八日には上原邸に移された。上原邸では急遽作事を行い、義材を幽閉するための部屋を新築している。六月には元秀の官途が「紀伊守《きいのかみ》」（蔭凉軒日録など）に変わっており、政変の功績によって新たな官途を得ている。その後、六月二十九日夜、大雨に紛れて義材が失踪するという失態を犯しているが、その責任を問われた形跡はない。

元秀は大名らとの交渉や合戦で政変を主導する役割を果たし、足利義材とその側近たちを捕虜にするという功績を挙げた。細川京兆家において、政変を成功に導いた最大の功労者といえる。元秀は、政変の成功により細川京兆家における立場をさらに強固なものにしたのである。

喧嘩の傷がもとで死去

だが、元秀の栄華も長くは続かなかった。元秀の急速な台頭は他の細川京兆家内衆の反発を招き、軋轢が生じたのである。十月四日夜、細川邸の門前で元秀と長塩《ながしお》弥六が喧嘩をするという事件が起きた。長塩弥六はその場で討たれた。一方、元秀も首を斬られ、重傷を負った。長塩弥六は、細川京兆家評定衆の長塩元親《もとちか》の一門である。細川京兆家の有力内衆同士の喧嘩であり、かつ一方が死去したため大事になったが、将軍足利義澄より派遣された伊勢貞宗が仲裁し、事なきを得た。

しかし、元秀の傷は重く、悪化する一方であった。窮した元秀は、怪我の回復を神仏に祈願した。元秀は北野《きたの》社領・八幡宮領・住吉《すみよし》社領・摂関家の鷹司《たかつかさ》家領など、寺社本所領押領の張本人として知られたが、死の間際においてこれらを返還し、病気平癒を祈ったのである。だが、明応二年（一四九三）十一月十八日の夜、祈願の甲斐なく元秀は死去した〔後法興院記、大乗院寺社雑事記〕。

元秀について、同時代の人物たちは次のように評価している。元関白近衛政家《このえまさいえ》は、元秀の死を聞き、寺社本所領押領などの日頃の悪行を後悔していたと日記に記した〔後法興院記〕。また、興福寺大乗院《こうふくじだいじょういん》（奈良市）の僧侶である尋尊《じんそん》は、元秀の死は「天罰《てんばつ》」であり、仏神・三宝（仏・法・僧）・公方の罰であると日記〔大乗院寺社雑事記〕に記した。近衛政家と尋尊は所領の押領によって権利を侵害される側だったが、そのことを差し引いても「悪行」や「天罰」とは厳しい評価である。だが、この評価は裏を返せば、既成の秩序の存続を求める彼らにとって、元秀が大きな脅威だったことを物語っている。

元秀の死後、父上原賢家が丹波守護代に就任した。だが、元秀を失った上原家に昔日の勢いはなかった。明応三年七月十四日夜、相撲場で賢家の被官と細川政元の馬廻の今井が喧嘩《けんか》となり、両方死去するという事件が起きた。今井は赤沢宗益《あかざわそうえき》（朝経《ともつね》）の寄子《よりこ》だったため、宗益は政元に喧嘩の裁定を求めた。

今回の場合、喧嘩の当事者双方が死去したので、通常であればそれで収まるはずであった。しかし、喧嘩の相手が細川政元直臣の馬廻であり、かつ、政元の寵臣赤沢宗益の寄子という悪条件が重なっていた。政元に重用された元秀が存命であれば、赤沢宗益に対抗することができたのであろうが、賢家には困難であった。政元から罪に問われることを恐れた賢家は丹波へ出奔し、政元は賢家の出仕を停止した。丹波守護代には内藤元貞が復帰し、賢家は元秀の死から約半年ほどで失脚してしまった。そして、明応四年十二月二十八日、賢家は坂本《さかもと》（大津市）で死去した。

（浜口誠至）

【主要参考文献】

家永遵嗣「明応二年の政変と伊勢宗瑞（北条早雲）の人脈」（『成城大学短期大学部紀要』二七、一九九六年）
今谷明「延徳の丹波国一揆―畿内近国に於ける国人一揆とその弾圧―」（同『室町幕府解体過程の研究』岩波書店、一九八五年、初出一九八〇年）
今谷明「室町・戦国期の丹波守護と土豪」（同『守護領国支配機構の研究』法政大学出版局、一九八六年、初出一九七八年）
梅原三郎「鎌倉時代の丹波」（『綾部市史　上巻』、一九七六年）
細見末雄「丹波守護代上原（物部）元秀について」（同『丹波史を探る』神戸新聞総合出版センター、一九八八年、初出一九八〇年）
松原信之「細川氏被官、上原氏の没落と越前朝倉氏」（『戦国史研究』四一、二〇〇一年）
山田康弘「明応の政変直後の幕府内体制」（同『戦国期室町幕府と将軍』吉川弘文館、二〇〇〇年、初出一九九三年）
山田康弘『足利義稙』（戎光祥出版、二〇一六年）
横尾國和「細川氏内衆安富氏の動向と性格」（『国史学』一一八、一九八二年）
横尾國和「明応の政変と細川氏内衆上原元秀」（『日本歴史』四二七、一九八三年）

赤沢朝経・長経
――細川政元に重用された信濃出身の側近

赤沢朝経《あかざわともつね》は、細川政元《ほそかわまさもと》の内衆《うちしゅう》である。朝経は、畠山《はたけやま》家との戦いや大和経略で活躍した、政元期を代表する内衆の一人であった。合戦での動向を中心に、朝経およびその弟長経《ながつね》の生涯について見ていくことにしたい。

赤沢沢蔵軒宗益

赤沢朝経は、信濃小笠原《おがさわら》家の一族、赤沢家の出身である。小笠原長清《ながきよ》の子孫が伊豆の赤沢（静岡県伊東市）に所領を得て、赤沢を名乗るようになるが、その後、信濃小笠原家に仕えた。だが、小笠原家の内紛により信濃を離れ、父経隆《つねたか》とともに細川政元を頼って上洛し、仕えるようになった〔鶴崎一九八八〕。

朝経は細川京兆家《けいちょうけ》では新参の内衆である。京兆家重臣の年寄衆《としよりしゅう》は、原則として守護代や過去に守護代を輩出した守護代家によって占められていた。政元期の場合、政元が幼くして家督を継いだことから評定衆《ひょうじょうしゅう》と呼ばれ、家政を担ったが、その構成員は年寄衆と同様、守護代や守護代家出身者が中心であった〔横尾一九八〇・一九八二〕。一方、政元は評定衆に対抗するために側近を積極的に登用しており〔末柄一九九二〕、朝経は新参でありながら、側近として重用されるようになっていく。

延徳四年（一四九二）二月九日、相国寺鹿苑院内《しょうこくじろくおんいん》の蔭凉軒主で蔭凉職《いんりょうしき》をつとめた亀泉集証《きせんしゅうしょう》が、「宗益鷹三昧《そうえきたかざんまい》」について話題にしている〔蔭凉軒日録〕。この宗益は、赤沢朝経のことである。江戸幕府作成の系譜集「寛政重修諸家譜《かんせいちょうしゅうしょかふ》」では、朝経は文明五年（一四七三）三月五日に出家したとしており、延徳四年時点ですでに法体であった。なお、朝経は出家後「沢蔵軒宗益《たくぞうけんそうえき》」と名乗っている。

宗益は鷹の扱いに長けており、宗益相伝と伝わる鷹書も複数現存する〔三保二〇一六〕。政元もまた鷹数寄《すき》で知られた人物であり、鷹匠としての技能の高さが宗益の評価につながったようである。また六月二十八日、政元が香川元景《かがわもとかげ》（細川京兆家評定衆）の邸宅を訪れた際には供に加わっており、政元の側近として、しばしば行動を共にしていたようである。

明応八年の大和経略

明応八年（一四九九）七月、越前にいた前将軍足利義稙《あしかがよしたね》が上洛に向けて出陣した。義稙の上洛運動は、畿内南部を勢力圏とする政長流畠山家当主の尚慶《ひさよし》（尚順、卜山）ら各地の義稙派勢力と連携したものであった〔山田二〇一六〕。そのため、将軍足利義澄《よしずみ》を擁する政元らは上洛阻止に向かい、義澄派と義稙派の間で合戦が繰り広げられた。そのなかで、宗益はめざましい働きをすることになる。

七月二十日、政元の命により延暦寺《えんりゃくじ》へ派遣された宗益と波々伯部元教《ほうかべもとのり》は、延暦寺に立て籠もる義稙派の僧侶たちを攻撃した〔後法興院記、鹿苑日録〕。その際、根本中堂《こんぽんちゅうどう》以下の堂舎が焼け落ちた。同年九月には山城・摂津の各地へ細川方の軍勢が派遣されたが、宗益は細川方の大将の一人として宇治《うじ》（京都府宇治市）へ出陣した。山城衆を率いる宗益は槇島城《まきのしま》（同宇治市）などを攻め落とし、畠山尚慶方の山城国衆を敗走させた。さらに、十月五日には京都で土一揆《つちいっき》を平定し、その勢いは「破竹の如し」と称された。

十一月十二日、再び出陣した宗益は狛《こま》（京都府精華町）に陣所を置き、今度は大和へ侵攻する構えを見せる。大和国衆のなかに畠山尚慶へ味方するものがいたためである。大和国衆は長年二派に分かれて対立を続けており、この頃も畠山尚慶方の筒井順賢《つついじゅんけん》・成身院順盛《じょうしんいんじゅんせい》（順賢の叔父）・十市遠治《とおちとおはる》らと、畠山義英《よしひで》方の越智家栄《おちいえひで》・古市澄胤《ふるいちちょういん》らに分かれて争っていた。だが、宗益の動向に危機感を覚えた大和国衆は、河内で対立を続ける両畠山家への加勢をいったん止め、和睦することにより共同で宗益に対抗する動きを見せた。この和睦は多武峰寺《とうのみね》（妙楽寺、現在の談山神社、奈良県桜井市）の反対により失敗するが、長年対立を続けてきた大和国衆に和睦を模索させるほど、宗益の動きは脅威となっていた〔永島一九九四〕。

そして十二月十八日、宗益は大和侵攻を開始した。この頃、足利義稙は六角高頼《ろっかくたかより》に敗北して周防へ落ち延び、義稙と連携した畠山尚慶は紀伊へ退却していた。義稙派の敗北をうけ、宗益は大和の義稙派への追撃を行ったのである。

宗益と大和国衆は、秋篠城《あきしの》（奈良市）で合戦となった〔大乗院寺社雑事記〕。激戦となったが、古市澄胤が宗益に味方するなど、大和国衆が一致団結できなかったこともあって合戦は宗益の勝利に終わり、成身院順盛・筒井順賢・十市遠治らは敗走した。さらに、宗益の軍勢は奈良に乱入し、法華寺《ほっけじ》や西《さい》大寺《だいじ》では荷物の強奪や堂塔・僧坊の破壊、菅原寺《すがわらでら》を焼き討ちにするなど、各地で乱暴狼藉を繰り広げた。十二月末、ようやく宗益は山城へ引き上げた。大和は隣接する河内を本国とする畠山家の影響が強い国だった。しかし、宗益の大和経略により、細川京兆家の影響力が強まることになった。

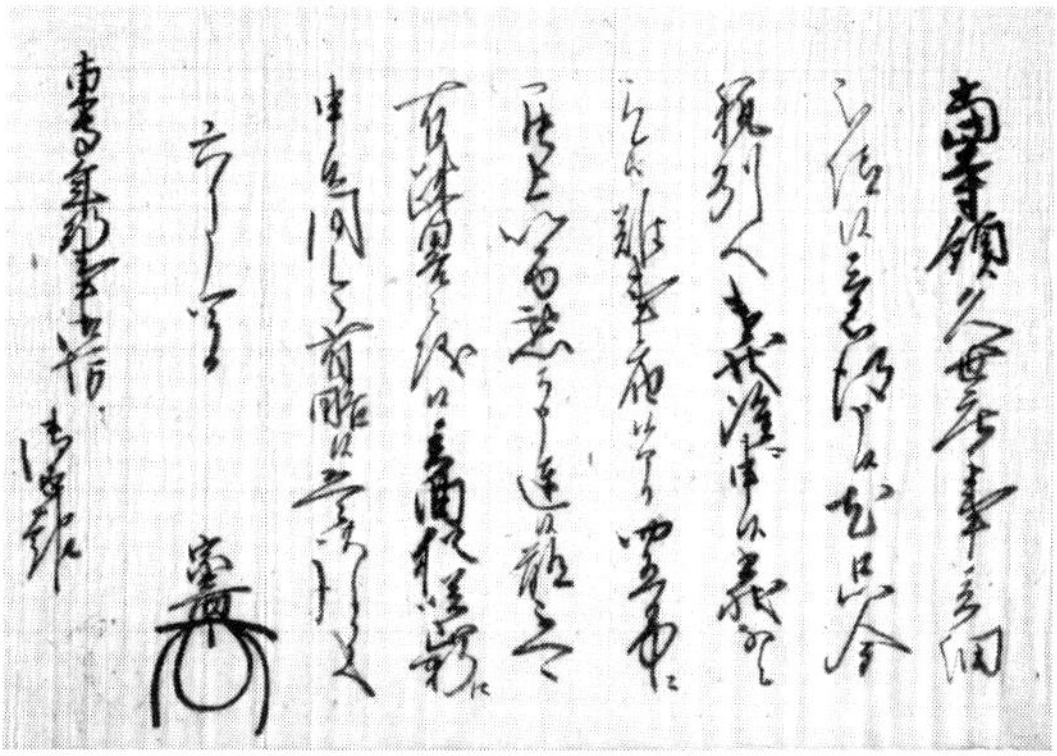

（文亀２年）６月４日付赤沢宗益書状 「東寺百合文書」 京都府立京都学・歴彩館蔵

薬師寺元一の乱

義稙派との戦いで功績を挙げた宗益は、槙島城を拠点として山城・大和支配に携わることになった。奈良には代官を置いて公事《くじ》の賦課や礼銭の徴収などを行い、支配を継続した。また、敵方の所領を闕所《けっしょ》として知行するなど荘園の押領も進めたため、文亀元年（一五〇一）には興福寺《こうふくじ》によって訴訟を提起されている〔森田一九九二〕。宗益は山城でも寺社本所領へ半済《はんぜい》を賦課するなど、公家や寺社の権益を侵害した。一方、細川政元との関係は良好であり、政元はしばしば槙島城に滞在して宗益の饗応を受けている。

ところが、永正元年（一五〇四）三月になると、宗益の立場が暗転する。宗益は政元の機嫌を損ねてしまい、出奔に追い込まれたのである。どのような確執があったかは定かではない。しかし、摂津守護代薬師寺元一《やくしじもとかず》が宗益討伐を命じられて出陣しており、かなり深刻な状況であったのは確かである。

槇島城を出奔した宗益の居場所については、さまざまな情報が流れている。出奔後は箸尾《はしお》城（奈良県広陵町）へ向かい、その後は河内にいたという。紀伊の高野山《こうやさん》にいたとする史料もあり、いずれにしても、追討の及ばない細川分国外で身を潜めていたようである。その間、宗益は政元に繰り返し赦免を求め、いったんは許された。ところが永正元年九月四日、薬師寺元一が謀叛を起こすと宗益も反乱に加わった。だが、反乱はすぐに鎮圧され、宗益は謀叛人の一味として再び追われる身となってしまった。

河内・大和経略

しかし、永正二年（一五〇五）六月九日、宗益は上洛し細川政元から赦免された。そして、前年和睦した両畠山家（政長《まさなが》流の畠山尚慶と義就《よしひろ》流の畠山義英《よしひで》）との戦いに起用された。宗益は軍事的才覚が評価され、復権を果たしたのである。

十一月二十七日、宗益は摂津勢を率いて河内へ侵攻し、畠山尚慶の拠点である高屋《たかや》城（大阪府羽曳野市）を包囲した〔和田一九八三、弓倉二〇一四〕。翌永正三年正月二十六日に高屋城、二十八日には畠山義英の誉田《こんだ》城（大阪府羽曳野市）を攻略し〔多聞院日記〕、尚慶と義英を大和へ没落させた。その後も両畠山家の抵抗が続くが、宗益の河内経略により、京兆家は河内にも勢力を広げることとなった。

二月七日、河内経略を終えた宗益は京都へと戻った。だが七月二十四日、政元の命により宇治へ下向し、再び大和へ入国する構えを見せる。細川政元が宗益に大和侵攻を命じたのは、大和国衆が畠山家との戦いに加勢せず、さらに、敵方を匿うなど畠山家への内通が明らかになったためである。ただし、筒井順賢・成身院順盛は討伐対象から除外した。成身院順盛は政元と和睦交渉を進めたが、後に国衆との協調を優先した筒井順賢が大和国衆の一揆に加わったことから交渉は頓挫した。また、興福寺・東大寺《とうだいじ》へは乱入狼藉や陣取を禁止する禁制《きんぜい》を発給しており、討伐対象を畠山家に味方する勢力に限定している。

七月二十八日、宗益は大和へ向けて出陣した。一方、大和国衆は国一揆を結成して宗益に対抗した。初戦は大和国衆方が善戦し、細川勢を打ち破った。宗益の弟である福王寺《ふくおうじ》が討ち死にし、高田《たかだ》城（奈良県大和高田市）が落城している。だが、細川勢の大軍には抗せず、八月二日、宗益は大和への入国を果たした。宗益は木津《きづ》（京都府木津川市）から侵攻し、二日は吐師《はぜ》・相楽《さがなか》・山田《やまだ》（いずれも同木津川市）、三日は西大寺・宝来《ほうらい》（ともに奈良市）、四日は郡山《こおりやま》（奈良県大和郡山市）と陣を進めた。そして八月十一日、戒重《かいじゅう》城（同桜井市）が落城し、大和の大半は宗益によって制圧された。敗れた大和国衆は、筒井順賢・成身院順盛は大和北東部の東山内《ひがしさんない》、越智家令《いえのり》は大窪《おおくぼ》（同橿原市）、十市遠治・箸尾為国《ためくに》は多武峰寺と大和各地へ没落した。他方、明応八年とは異なり、礼銭四百貫を宗益に納入することで奈良は被害を免れた。宗益の侵攻は今回も寺社に大きな被害をもたらしたものの、敵対せず礼物を支払った寺社は安堵されている。

八月になると、一揆に加わらなかった古市澄胤も加勢し、大和国衆の拠点制圧を進めた。そして八月二十四日、大和国衆との大合戦が行われた。宗益は豊井《とよい》（奈良県天理市）で筒井順賢を破り、古市澄胤は平野で敵方を破って郡山城を落城させた。さらに、京都から援軍として派遣された三好之長《みよしゆきなが》を加え、天神山《てんじんやま》（同橿原市）を本陣として多武峰寺の攻略を進めた。大和国衆の抵抗は激しく、八月二十七日、香久山《かぐやま》（同橿原市）に陣替した宗益は多武峰麓の拠点をいくつか攻め落としたものの合戦では敗北して、天神山の本陣へ帰陣し、八月二十八日の合戦では三好之長が討ち死にしたという風説が流れるほどであった。宗益は軍勢を立て直し、九月四日、多武峰寺の総攻撃を開始した。多武峰寺には越智家令・十市遠治・箸尾為国らが立て籠もり抵抗したものの、翌五日攻め落とされ、多くの堂舎が焼け落ちた。その後も筒井順賢に加勢した東山内や畠山義英を匿った龍門郷《りゅうもん》（同吉野町）へ放火するなど残敵の追討を進め、敵方の所領を闕所地として没収し、多くの寺社本所領を押領した。そのため、「大和の大半は武家が知行している」と言われるありさまであった〔多聞院日記〕。

大和経略が一段落した九月十九日、宗益は政元からの召還命令により上洛した。その後も上洛と大和下向を繰り返している。十一月三日、政元が阿波下向のために堺へ下向した際には、供に加えられている。

永正三年の大和経略では、大和国内の敵対勢力を一掃したことから、より本格的な大和経営に取り組むことになった。宗益自身は大和に在国せず、代官を置いて支配した。また、敵方の所領を闕所地として没収する際、大和に所領を持つ寺社から押領の張本人として多数の訴訟を提起されており、既存の勢力との協調も課題であった。ただし、その一方で奈良への在陣を避け、春日社に参詣するなど、寺社への歩み寄りも見られる。前回の大和侵攻は国内に大きな混乱をもたらしたことから、その教訓を生かしたようである。

宗益の最期

大和経略を終えた宗益だが、永正四年（一五〇七）になると、今度は丹後へ出陣することになった。武田元信《たけだもとのぶ》（若狭守護）の援軍として、丹後へ派遣されたのである。元信は明応の政変でいち早く政変を支持し、政変後も在京して幕政の一画を担うなど、細川政元の盟友であった。一色義有《いっしきよしあり》（丹後守護）とは長年敵対関係にあり、永正二年から政元の援軍とともに断続的に丹後へ侵攻している（中嶋一九九三、伊藤二〇〇二）。京兆家からは細川澄之《すみゆき》（細川政元の養子）らを派遣したが、一色方の守りは堅く攻めあぐねていた。

一色義有と武田元信・細川政元との戦いは永正四年も続くが、政元自身はこの戦にあまり関心がなかったようである。同年四月、細川政元は奥州下向を目論んで若狭まで下向したが、将軍足利義澄の要請を受けた後柏原《ごかしわばら》天皇の勅使により慰留されている。宗益も慰留を試みたが、政元の意向は変わらなかった。

そこで、細川政元が下向すれば丹後で敗戦しかねない武田元信が必死で慰留し、なんとか下向を思い止まらせることができた。

武田元信の説得が功を奏し、細川政元自身が出陣することになった。武田・細川勢は二手に分かれ、細川澄之・香西元秋《こうざいもとあき》（山城守護代香西元長《もとなが》の弟）・内藤元貞《ないとうもとさだ》（丹波守護代）ら細川勢は一色家重臣の石川《いしかわ》直経《なおつね》が籠城する加悦《かや》城（京都府与謝野町）を攻撃した。一方、武田元信・赤沢宗益率いる武田・細川勢は、一色義有が籠城する今熊野《いまくまの》城（同宮津市）や延永春信《のぶながはるのぶ》（丹後守護代）が籠城する阿弥陀《あみだ》ヶ峰《がみね》城（同宮津市）を攻撃した。いずれも堅城であり、一色方の奮戦もあって容易には落城しなかったものの、敵方の本拠地まで攻め寄せて戦況を優位に展開させている。この戦いで軍勢を率いた京兆家内衆は守護代や守護代の代官であり、山城・大和・河内に所領を持つ宗益は、守護代に準じる細川勢の主力として位置づけられている。なお、政元は養子の細川澄元《すみもと》とともに五月に帰京した。

武田・細川勢が攻勢を強める中、戦況を一変させる事件が起きる。六月二十三日夜、京都の細川邸で細川政元が暗殺されたのである。細川政元には実子がなく、澄元（阿波守護細川義春《よしはる》の子）と澄之《すみゆき》（元関白九条政基《くじょうまさもと》の子）の二人の養子がいたが、後継者争いで劣勢に立たされていた澄之が内衆と謀って政元暗殺に及んだのである。澄之と香西元秋は敵将の石川直経と示し合わせて密かに和睦して丹後から撤退しており、事件は周到に計画されたものであった。

政元暗殺の一報が丹後へもたらされると、武田・細川勢は大混乱に陥り、苦境に立たされた。宗益は急いで一色義有と和睦し、六月二十六日には宮津城《みやづ》（京都府宮津市）まで撤退した。だが、丹波へ撤退する途上で石川直経に襲撃された。細川勢が数百人討ち死にする激戦の末、宗益は普甲谷《ふこうだに》（同宮津市）で自害した〔多聞院日記〕。

政元および宗益の死は、大和や河内の状況を激変させた。大和では所領を奪われ牢人となっていた大和国衆が一斉に蜂起し、残っていた宗益の被官たちを滅ぼして復権した。河内では畠山義英が帰国し、大和・河内は宗益侵攻前の状況に復した。

赤沢長経の大和経略

赤沢長経は、赤沢朝経（宗益）の弟である。また、宗益の養子でもある。宗益の生前はしばしば行動を共にしており、永正三年（一五〇六）の宗益の大和経略では、八月三日、宗益に先行して郡山に着陣している。なお、長経は「赤沢新兵衛尉長経」と名乗っている〔多聞院日記〕。永正四年の一色義有との戦いにも同行していたが、長経は石川直経の追撃をくぐり抜け何とか生き延びた。

細川政元が暗殺された翌日の六月二十四日、香西元長が細川澄元を襲撃して失脚させ、細川澄之を京兆家当主の座につけた。だが、澄之が当主の座にあったのは、わずか一ヶ月弱であった。八月一日、澄之が政元暗殺の共謀者であったことを知った細川一門が蜂起し、澄之や澄之派の細川京兆家重臣たちが壊滅した。そして、新しい当主には澄元が選ばれた。

八月二日、細川澄元が上洛すると、長経はその先陣を務めている。長経は後陣を務めた三好之長とともに、澄元が頼りにした内衆であった。八月二十七日には、早速大和への入国を命じられ、九月六日、宗益の拠点だった槇島城に着陣している。そして十月十八日、大和侵攻を阻もうとした大和国衆の一揆との合戦になった。長経は般若寺口《はんにゃじぐち》から東大寺へ侵攻し、古市澄胤ら率いる別働隊と合流して十市遠治らを敗走させた。また、山城衆の別働隊も筒井順賢を敗走させており、長経は早々に大和入国を果たした。ただし、奈良には陣取らず、長経は郡山、古市澄胤は大安寺《だいあんじ》（奈良市）に陣取った。長経は奈良に禁制を掲げて物盗りを取り締まっており、軍勢の乱暴狼藉が起きないよう気を配っている。十月二十日には番条《ばんじょう》（奈良県大和郡山市）に陣所を移して大和国衆の掃討を続けたが、この頃には大和をおおむね平定している。

大和経略を終えた長経は、十月二十八日に上洛した。長経は宗益の方式を踏襲し、大和には在国せず、代官を通じて支配した。また、長経の大和入国に際して興福寺の学侶《がくりょ》・六方衆《ろっぽうしゅう》が調伏祈祷《ちょうぶくきとう》を行って呪《じゅ》詛《そ》したことから、長経はその処罰に乗り出した。当初は張本人十六人を罰するつもりだったが、古市澄胤の取り成しによって三人に限定し、礼銭千貫を支払わせることで決着した。ただし、大和国衆たちは宗益のときと同様に身を潜めて反撃の機会をうかがっており、十一月十三日に国一揆が蜂起するなど、戦いが続いた。

さて、十二月には畠山尚慶と畠山義英の和睦が決裂し、尚慶は細川澄元と提携した。尚慶は長経に嶽《だけ》山城《やま》（大阪府富田林市）の畠山義英討伐への加勢を求めてきた。澄元も細川高国《たかくに》（野州家《やしゅうけ》、細川政元の養子）らを援軍として派遣し、長経にも出陣を命じた。十二月十七日、大和にいた長経は河内へ向けて出陣した。

そして永正五年（一五〇八）正月十八日、長経らは嶽山城を落城させた。だが、畠山義英は捕らえず、あえて逃がした。長経は、ここで義英が討たれた場合、敵がいなくなった畠山尚慶は自分が知行している大和を狙うであろうと考えた。また、尚慶は細川高国の姉婿であり、高国も尚慶を支持する可能性が高いと判断した。そこで、畠山義英を逃がすという行動に至ったのである。さらに、長経は義英を討ち取らなかった理由として、高国が尚慶と結んで謀叛を企てていると澄元に讒言し、自身の行動を正当化しつつ高国の失脚を謀った。

長経の最期

ところが、この長経の行動が結果的には裏目に出る。讒言により細川澄元との関係が悪化して追い詰められた細川高国は、三月十七日、反乱を起こしたのである。澄元のもとでは、三好之長ら阿波出身の内衆が台頭するなど、新参の内衆が重用された。長経が起用されたのも、古参・新参に関わらず、澄元が実力者を優遇したためである。だが、新参内衆の台頭によって細川家一門や譜代内衆は不満を募らせており、高国が反乱を起こすと一門や譜代内衆たちは次々と離反して高国方に加わった。情勢の不利を悟った澄元は、四月九日、戦うことなく京都から甲賀（滋賀県甲賀市）へと没落した。四月十日には高国が上洛し、新たな京兆家当主となった。

さらに、足利将軍家にも異変が起きる。将軍足利義澄が失脚し、前将軍足利義稙が復権したのである。細川政元の暗殺やその後の細川京兆家の動揺を好機と捉え、足利義稙は大内義興率いる大軍とともに山口（山口市）から京都へと上洛を開始した。足利義澄は細川澄元に命じて対抗したが、京兆家は分裂し、澄元は没落してしまった。四月十六日、義澄も京都を去り、水茎岡山城（滋賀県近江八幡市）へと没落した。一方、高国は畠山尚慶とともに義稙と提携し、六月八日、義稙・大内義興らは上洛を果たした。畿内の政治情勢は一変してしまったのである。

細川澄元が失脚して孤立した長経は、大和を拠点として生き残りを図る。七月十八日、長経は細川元常や古市澄胤らとともに木津へ着陣し、奈良へ押し寄せた。そして、筒井順賢が陣を置く三条《さんじょう》（奈良市）などで合戦となった。十九日には東大寺北門から侵入した古市勢が筒井勢を破り、長経も眉間寺《みけんじ》（奈良市）から侵攻して二条大路《にじょうおおじ》の敵方を敗走させた。長経は再び大和を実力で占拠することに成功したのである。

しかし、足利義稙は長経追討のため畠山尚慶を派遣した。七月十九日、尚慶は河内へ下向した。一方、二十三日、迎え撃つ長経も出陣し、二十六日には高屋城へと攻めかかった。ところが、長経は後詰に来た尚慶と籠城衆の挟撃に遭い、大敗を喫した。そして二十八日、初瀬《はせ》（奈良県桜井市）で生け捕られると、八月二日、河内で斬首され、その生涯を終えた〔後法成寺関白記〕。

長経の訃報に接した人々は、日記に感想を残した。三条西実隆《さんじょうにしさねたか》（元内大臣）は、「悪人がすべて滅亡した。不可思議な天運である」（実隆公記）、近衛尚通《このえひさみち》（元関白）は「春日明神に対する罪によるものである」（後法成寺関白記）、興福寺の僧侶は「寺社の怨敵が一瞬で滅び去った。冥罰である」（永正元年記）と記している。二代にわたって大和への侵攻を繰り返した長経の評判は芳しくなく、特に神仏が加護する「神国」と称された大和で、寺社本所領の押領や放火、乱暴狼藉によって多くの寺社に甚大な被害をもたらしたことから、その急激な滅亡は神仏の罰と評されている。

しかし、こうした厳しい評価は、長経の活躍がそれだけ衝撃的だったことを示している。興福寺が守護職を持つ大和で武家の支配が進展するのは異例であるが、宗益・長経の後には柳本賢治《やなぎもとかたはる》や木沢長政《きさわながまさ》、松永久秀《まつながひさひで》ら他国の武家による介入が相次ぎ、常態化した。宗益・長経の大和経略は、大和に武家勢力が浸透する先例を作ったのである。

（浜口誠至）

【主要参考文献】

伊藤俊一「争乱の丹後」（『宮津市史　通史編　上巻』、二〇〇二年）
末柄豊「細川氏の同族連合体制の解体と畿内領国化」（石井進編『中世の法と政治』吉川弘文館、一九九二年）
鶴崎裕雄「『二川物語』・細川政元記」と赤沢宗益」（同『戦国の権力と寄合の文芸』和泉書院、一九八八年、初出一九七三年）
中嶋利雄「室町時代の郷土」（『舞鶴市史　通史編（上）』、一九九三年）
永島福太郎「奈良町の胎動」（『奈良市史　通史二』、一九九四年）

三保忠夫「中世武家に関わる鷹書」（同『鷹書の研究―宮内庁書陵部蔵本を中心に―（上冊）』和泉書院、二〇一六年）
森田恭二「細川政元政権と内衆赤沢朝経」（中世公家日記研究会編『戦国期公家社会の諸様相』和泉書院、一九九二年、
初出一九七九年）
山田康弘『足利義稙』（戎光祥出版、二〇一六年）
弓倉弘年「守護畠山氏と河内国人」（『大阪狭山市史　第一巻　本文編通史』、二〇一四年）
横尾國和「摂津守護代家薬師寺氏の動向と性格」（『國學院大学大学院紀要』一二、一九八〇年）
横尾國和「細川氏内衆安富氏の動向と性格」（『国史学』一一八、一九八二年）
和田英道「尊経閣文庫蔵『不問物語』翻刻」（『跡見学園女子大学紀要』一六、一九八三年）

香西元長——細川政元暗殺の黒幕と言われた男

香西氏について

香西元長《こうざいもとなが》は、細川政元《ほそかわまさもと》に仕えた讃岐国香川《かがわ》郡香西（高松市）出身の武士である。香西氏は南北朝内乱期から讃岐守護である細川顕氏《あきうじ》や頼春《よりはる》の軍事動員を受けて活動している。これは国人として動員されたもので、細川京兆家《けいちょうけ》（細川本家のこと）の被官人になったわけではないだろう。

香西氏が京兆家の被官人になったことが確認できるのは、香西豊前入道常建《ぶぜんにゅうどうじょうけん》のときである。常建は細川満元《みつもと》に仕え、応永二十一年（一四一四）には丹波守護代に就任している〔東寺百合文書〕。続いて、常建の息子香西元資《もとすけ》も丹波守護代であったが、永享三年（一四三一）に足利義教《あしかがよしのり》によって守護代を罷免された〔満済准后日記〕。その後、豊前守家は、元資の曾孫に当たる香西平五《へいご》（この人物も元資を名乗る）が讃岐に在国していることが確認できる〔醍醐寺文書〕。このように、香西氏は讃岐国人としての活動から常建の時代に京兆家被官人となり、丹波守護代まで登り詰めたことになる。しかし、義教による丹波守護代罷免により、守護代家としての家の確立は果たせなかった。

香西氏の新たな地位は、守護近習であった。その最も早くて良い例は、文安元年（一四四四）に起きた事件である。細川邸で香西の子と前田《まえだ》の子が囲碁をしていたとき、細川勝元《かつもと》が香西の子に助言したため、前田の子が立腹して帰宅した後に細川邸に抜刀乱入した事件を起こす。これによって前田の親は国元で切腹となった。このとき勝元は十五歳、前田の子も十五歳だという。彼ら三人は同世代で同じ環境に育った若者だろう〔建内記〕。前田の親が国元で切腹していることから、前田の場合は親元を離れて京兆家周辺に宿所を持ち、勝元に奉公していたようである。

次に、細川政元の近習で香西元長登場以前に名前が挙がる香西氏を見ておこう。文明十六年(一四八四)三月の犬追物《いぬおうもの》の参加者に香西孫五郎《まごごろう》・又五郎《またごろう》や、文明十七・十八年の北野《きたの》社法楽《しゃほうらく》和歌会の香西彦二郎《ひこじろう》がいる。また、伴衆として香西又五郎・五郎左衛門尉《ごろうさえもんのじょう》がいる。おそらく、又五郎が五郎左衛門尉になったものだろう。このように、香西一族は細川京兆家近習として仕え、後に元長もその列に加わったと理解できる。

香西氏の近習取り立ては、初代丹波守護代であった小笠原成明《おがさわらなりあき》の一族で多紀《たき》郡奉行であった一宮《いちのみや》氏の事例と同じである。一宮氏は没落して丹波国人となり、後に細川勝元・政元の近習となった。香西氏も惣領家の失敗により在国を余儀なくされたが、その庶流が近習に取り立てられたのであろう。香西氏が取り立てられたのは、次にみるように突出した軍事力によってである。

軍事力にみる香西氏の実力

まず、香西氏の讃岐での位置について見ておこう。『蔭凉軒日録《いんりょうけんにちろく》』に「香西党は人数が多く、「藤家七千人」と言われ、牟礼《むれ》、鴨井《かもい》、行吉《ゆきよし》等は皆同族であり、現在三百人が上洛している」と書かれている。これは足利義尚《よしひさ》が鈎《まがり》の陣《じん》（滋賀県栗東市）で病没した長享三年（一四八九）三月から数か月後の記事である。後記するように、香西元長の初見史料が登場する時期に近く、彼はこのころ、多くの一族に囲まれながら歴史に登場したことになる。

また、同史料には「讃岐国は東西に分かれ、西方六郡は香川氏が守護代となり、経営規模の小さい国人（「寄子衆《よりこしゅう》」）を統治していたため、彼らは従順だった。ところが東方七郡は安富《やすとみ》氏が守護代であったが、経営規模の大きい国人（「国衆大分限者」）が多く、その中でも香西党は中心となっていて各々が結束していて守護代に従わないものが多い」とある。この記事は明応二年（一四九三）六月のもので、讃岐における香西氏の力を示していると言えよう。

以上から、香西氏は細川京兆家のなかでも他家に比べて軍事力では突出した存在だった。後に京兆家は阿波の三好《みよし》氏の軍事力を頼るようになるが、それ以前では、讃岐の香西氏が重きをなしていたと評価したい。

細川政元の近習時代

香西元長の生年も、彼の父親が誰なのかもわからない。元長は終生にわたって「又六」と呼ばれ、官途受領を持たなかった。豊前守家の直系ではないようだ。

元長の初見史料は、長享三年（一四八九）正月に近江大津の園城寺《おんじょうじ》の別所《べっしょ》近松寺《ごんしょうじ》で実施した犬追物である。この付近に本願寺《ほんがんじ》蓮如《れんにょ》が吉崎（福井県あわら市）に下向する前に親鸞《しんらん》像を安置した近松顕証寺《ちかまつけんしょうじ》があったことで有名である。この時期は足利義尚の六角征伐の最終段階に当たり、政元は大津に陣を敷いていた。この犬追物に香西又六と一族牟礼次郎の名がある。彼らの装束は特に美しかった〔小野均氏所蔵文書〕。政元に近侍して美しく着飾った青年が元長の最初の姿である。これ以後、政元の犬追物や詩歌会など、政元に従う姿が散見される。また、政元は延徳三年（一四九一）に越後に赴く。これに同行した九人の「被官衆」のなかに、元長をはじめ計四人の香西一党が参加しており、また、一族の牟礼の寄子として堺の玉井《たまい》修理亮もいた〔為広越後下向日記〕。これで政元の近臣集団の中心に香西一党がいた様子がわかるだろう。このほか、元長は丹波国人一揆の鎮圧などにも加わるなど、武闘派としての性格もみえる〔蓮成院記録〕。

元長が政元に近侍していた時期の下限は、明応二年八月二十三日の犬追物である〔蔭凉軒日録〕。元長がいつ、政元の許を離れたかはわからないが、再び元長が登場するのは、明応六年（一四九七）四月に堺で地下人《じげにん》と闘争した「香西舎兄」が元長と考えられる。前記したように香西氏は多くの一族が在京しており、誰と確定できないが、堺は畠山尚順《はたけやまひさのぶ》との関係を持っていた。尚順は、北陸にいた前将軍足利義尹《よしただ》と呼応して挙兵しようとしており、細川政元にとって堺攻めは急務であったのである。この後、元長は下山城五郡守護代に就任するために上洛することから、元長はそれまで在京していないことは明らかである。おそらく、堺防衛のために滞在するが、政元によって呼び戻され、上洛したものであろう。したがって、これ以前に元長が近習の役割を終えたことは明らかである。元長は新しいステージに入った。

山城守護代に就任

明応六年（一四九七）九月、香西元長が愛宕《あたご》・宇治《うじ》・紀伊《きい》・葛野《かどの》・乙訓《おとくに》郡など下山城五郡守護代職に補任された。この月、畠山尚順は紀伊から和泉・河内・大和を攻め、畠山義豊《よしとよ》は窮地に立った。元長の守護代職就任はこれらの事情による。なお、赤沢朝経宗益《あかざわともつねそうえき》の上三郡守護代就任の時期は明確ではないが、おそらく同じ時期に就任したのであろう。

元長の山城支配で注目されたのが、年貢の半分を武家方が兵粮米として徴収する半済《はんぜい》徴収である。元長は就任早々に実施した。このとき、荘園領主は後土御門天皇《ごつちみかどてんのう》の勅使を以て将軍足利義澄《よしずみ》・山城守護伊《い》勢貞陸《せさだみち》、細川政元に働きかけて守護不入を了解するが、政元だけは取り合わなかった。これによって元長は荘園に入り、半済を催促した。荘園領主側は仕方なく所領目録を提出して守護不入の安堵を直接元長に求めた。本来、天皇・将軍を頂点とする身分秩序のなかで、荘園領主が身分の低い守護代に対して礼直接交渉を行い、守護代から文書を得ることはあり得ないことだった。元長は、荘園領主と交渉して礼

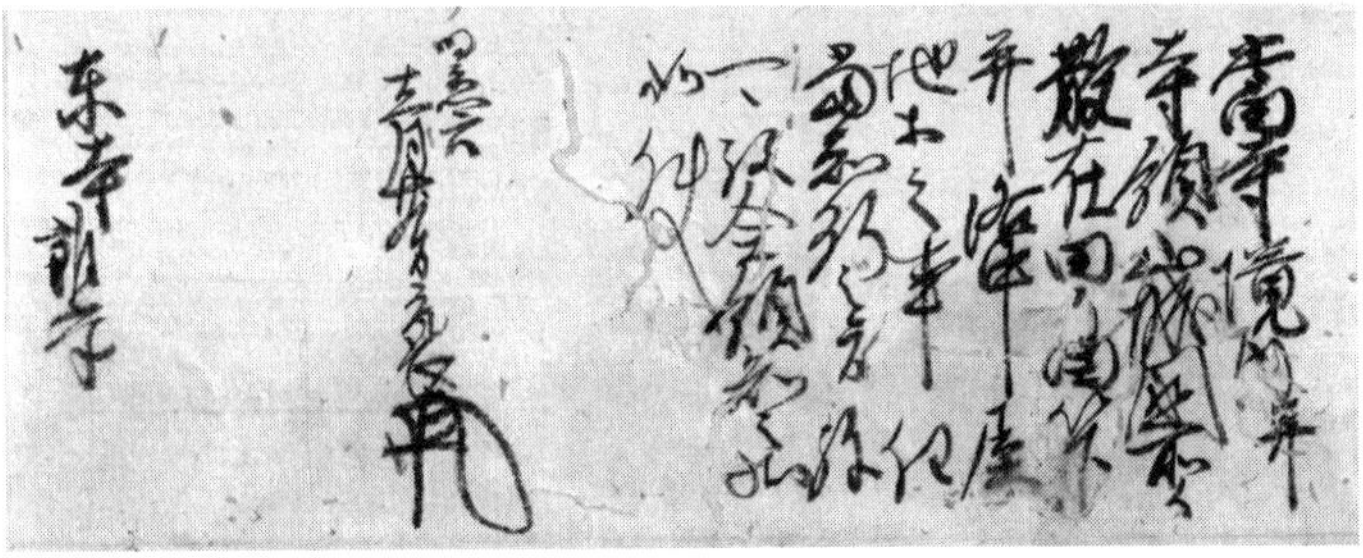

明応６年12月29日付香西元長一行　「東寺百合文書」　京都府立京都学・歴彩館蔵

銭といった形で軍資金を集めることに成功したのである。さらに明応七年二月には、下五郡の寺社本所領等の年貢五分の一及び人夫役が元長の知行分とすることが細川政元奉行人奉書によって触れられている。

同年五月には安富元家《もといえ》との喧嘩により元長は守護代を解任され、山城支配はいったん頓挫する。しかし、十一月には守護代に再任され、年貢のうち五分の一が徴収されている。

山科《やましな》七郷（京都市山科区）では、荘園領主の山科家が天皇の女房奉書を得て、幕府奉行人奉書を出させ、守護不入を交渉している。しかし、元長は鷹狩りの帰途で山科郷民を召し取ったことから、郷民が蜂起して元長を包囲した。このため、元長の軍勢や政元の援軍と郷民が戦争となっている。鷹狩りは領域支配を表す行為と言われるから、山科七郷の守護不入権と必然的に衝突したものだろう。乙訓郡の場合は、国衆による寄合によって礼銭を支払うことで決着する。

明応八年になると、畠山尚順の南近畿での活動が活発となり、九月には政元も尚順を攻撃する。このとき、政元は河内攻めのため、西岡《にしのおか》地域（京都市西京区、京都府日向市、長岡京市）の一部の寺社本所領と香西元長被官人の知行分を除いて半済を懸け、その兵粮料は上三郡守護代の赤沢朝経に与えることを命じている。西岡地域は多くの細川被官がおり、細川氏にとっては重要な武力供給源である。赤沢朝経は南山城の守護代であり、直接的に畠山尚順と争う地域の守護代であったから、このような措置がされたのだろう。

薬師寺元一の乱

香西元長の山城支配の次の段階の特徴は、元長や与力が発給する文書が永正元年（一五〇四）七月ごろまでみられなくなることである。これに関わると思われるのが、同年九月に起きた摂津上守護代薬《やく》師《し》寺《じ》元一《もとかず》の乱である。この乱は、細川政元の後継の問題が絡んでいるので、簡単に説明したい。

延徳三年（一四九一）二月、細川政元は越前に向かったことは前記したが、この旅のため、政元後継が必要となり、九条政基《くじょうまさもと》の子が養子（後の細川澄之《すみゆき》）となった。澄之を迎えに行ったのは、上原賢家《うえはらかたいえ》と薬師寺長忠《ながただ》である。ところが文亀三年（一五〇三）五月、澄之が廃嫡され、阿波守護である細川成之《しげゆき》の孫（後の澄元《すみもと》）に決まり、上野政益《まさます》、薬師寺元一、波々伯部盛郷《ほおかべもりさと》が使者となった。使者となった者がそれぞれの後見となったのであろう。

薬師寺元一の乱は、元一が細川政元と対立して摂津守護代を罷免されそうになったことが契機となり、挙兵したと言われる。また、明応元年（一四九二）には讃岐で反乱が起きるが、これは阿波細川氏勢力の関与が疑われている。元一の乱には、赤沢朝経や河内の畠山尚順、阿波の三好之長《ゆきなが》も同調していた。

北陸の足利義尹（義材、義尹、義稙）や細川澄元を盟主に阿波・河内・紀伊・大和の勢力が結集して細川政元を滅ぼそうとしたのである。

元一は淀《よど》城（京都市伏見区）に籠城するが、三好勢や畠山勢の挙兵が間に合わず、弟で摂津下郡守護代の薬師寺長忠に討ち取られた。澄之の使者となっていた長忠は、澄之との関係が深かったのであろう。

香西元長の立場も、讃岐国人としては阿波細川氏の侵攻を止める立場であり、永正四年（一五〇七）八月に澄之とともに亡くなった讃岐守護代香川満景《みつかげ》、同じく安富元顕《もとあき》など讃岐勢は澄之方だった。また、淀城は山城下五郡守護代の居城のはずだが、元一に入城された。香西元長は、近郷土民に半済給付を約束し、下京の都市民に地子免除を約束して淀城を攻めたという（宣胤卿記）。

乱後、政元は阿波細川氏が侵攻した讃岐を奪回するため、永正二年五月に軍勢を讃岐に出すが、敗北して阿波細川氏と和睦した。さらに永正二年六月に赤沢朝経も赦し、八月には山城守護代に還任させた。これは、永正元年十二月に畠山尚順・同義英《よしひで》が和睦したためであろう。

赤沢朝経が山城守護代に還任された後、香西元長は暴走しはじめる。永正二年九月には半済のことで一乗《いちじょう》村、高野《たかの》村（京都市左京区）に発向し、ことごとく村を焼き払った。さらに翌日には、山科郷に発向している。細川政元は丹波から帰陣して、元長を追罰し、半済を停止することが宣言され、山科に向かっている。このとき、山科の本願寺実如《じつにょ》は政元から河内攻めを依頼され、たびたび断っている時期にあたる。政元は本願寺による一向一揆の活用を考えているときに、元長が山科攻めをしたことは許せなかったのであろう。

元長は、政元の出陣により嵯峨の居城嵐山城《あらしやま》（京都市右京区）に退いている〔二水記〕。嵐山城の初見である。洛中洛外に城郭のなかった京都で、元長は、初めて洛外に嵐山城を築城したのである。

政元暗殺と元長の死

永正三年（一五〇六）正月、河内攻めが行われ、両畠山氏は没落した。四月には阿波から細川澄元と三好之長ら阿波勢が上洛してくる。このとき、澄之は丹波守護に任じられるとともに若狭武田元信《たけだもとのぶ》と丹後一色義有《いっしきよしあり》の対立に派遣された。九月に入ると、元長が謀叛を起こすとの風聞が流れ、政元は奈良にいた三好之長を上洛させた。澄元派と澄之派の対立は、澄元が上洛したことで深刻となっていく。一方、澄之が丹波守護となったことで、丹波口に当たる嵐山城は重要な拠点となった。

永正四年四月、政元は細川澄元・三好之長・赤沢朝経らの一軍と細川澄之・香西元秋《もとあき》らの一軍を率いて丹後攻めを開始した。元長は嵐山城にいた〔不問物語〕。五月、政元は京都に戻る。このとき、赤沢朝経らの軍勢は丹後府中（京都府宮津市）に留まっていた。六月二十四日、細川政元は竹田孫七《たけたまごしち》らに暗殺された。黒幕は、香西元長と薬師寺長忠とされる〔小笠原家文書〕。しかし、『不問物語《とわずものがたり》』では、元長はこのことを知らず、弟二人が仕組んだとされる。元長はこの時期、輿を使って移動するなど、病に侵されていたようで、嵐山城にいたのもこのためかもしれない。しかし翌日、元長は細川澄元を二万の兵で攻め、澄元は五百の兵で防いだが近江甲賀《こうか》（滋賀県甲賀市）の山中氏の許に逃れた。この合戦で元長弟の元秋・元能《もとよし》が戦死している〔小笠原家文書〕。さらに翌日には、元長が三好之長の居所であった仏《ぶっ》陀寺《だじ》（京都市上京区）を焼いている。

七月、細川澄之は丹波から上洛し、細川京兆家の家督となる。このとき、香川満景・内藤貞正《ないとうさだまさ》・安富元顕・寺町通隆《てらまちみちたか》・薬師寺長忠・香西元長・真珠院宗純《しんじゅいんそうじゅん》（元長弟）・長塩元親《ながしおもとちか》・秋葉元実《あきばもとざね》らが出仕した。一方、澄之派による政元暗殺によって、淡路守護細川尚春《ひさはる》も澄元派になるなど、細川一門対各守護代家の対立へと情勢が変化した。摂津では薬師寺長忠方の茨木《いばらぎ》城（大阪府茨木市）が澄元方国衆に攻められ、同じく西岡衆（山城国葛野郡・乙訓郡の桂川《かつらがわ》右岸地域）が元長の嵐山城を攻めるなど、澄元派の攻勢が始まる〔後法成寺関白記〕。

八月一日、細川政賢《まさかた》・細川高国《たかくに》・細川尚春らは澄之を攻め、澄之や香西元長をはじめとする澄之派が全滅した。五日、首実検が行われ、細川澄元に代わり細川政賢が香西元長をはじめとする諸将の首を実検した。澄之については行われず、ただちに紫野《むらさきの》（京都市北区）に埋葬された〔後法成寺関白記〕。

香西元長は、細川京兆家で初めて山城守護代となった人物であり、この時代の権力だった細川政元を滅ぼした一人として名が挙げられるなど、さまざまな意味で重要な人物であった。ここでは京兆家近習から山城守護代、さらに政元から離脱して独自の活動をはじめる元長の姿を紹介した。（小谷利明）

【主要参考文献】

今谷明『守護領国支配機構の研究』(法政大学出版局、一九八六年)
香川県『香川県史』第二巻(野中寛文氏執筆分、一九八九年)
小谷利明「山城守護代香西元長の文書発給と山城支配」(『十六世紀史論叢』八、二〇一七年)
末柄豊「細川氏の同族連合体制の解体と畿内領国化」(石井進編『中世の法と政治』吉川弘文館、一九九二年)
田中健二・大藪典子「細川氏内衆香西氏の年譜―香西又六の山城守護代就任まで―」(『香川史学』一七、一九八八年)
福島克彦「戦国前期の防御施設と年代観―山科本願寺と嵐山城―」(『城館史料学』七、二〇〇九年)

薬師寺元一——細川政元に叛いた摂津守護代

薬師寺氏の摂津守護代就任

薬師寺元一《やくしじもとかず》は、永正元年（一五〇四）九月の主君細川政元《ほそかわまさもと》に対する反乱で知られる。二十九歳で切腹したため〔宣胤卿記〕、生まれは文明八年（一四七六）であり、文正元年（一四六六）生まれの政元よりも十歳若かったことになる。摂津の守護代・薬師寺元長《もとなが》の養子で、実父はその弟長盛《ながもり》であった（図1）。この守護代家は通称「与一《よいち》」と「備後守《びんごのかみ》」を称したが、現時点で元一が備後守を名乗った事例は確認できていない。

先の反乱以外、元一の事跡は広く知られていない。守護代から戦国大名へと勢力を拡大した越前朝倉《あさくら》氏や越後長尾《ながお》氏（上杉《うえすぎ》氏）、出雲尼子《あまご》氏に比べると、摂津薬師寺氏は影が薄い。しかし戦国の権力らしく、薬師寺氏は摂津で勢力を拡大し、守護細川氏（京兆家《けいちょうけ》）の権力に抵触していた。また、政元が成人する以前の京兆家は有力家臣が合議で支える体制にあり、薬師寺一族が力を振るった。元一という武将を知るために、まずは薬師寺氏が守護代になるまでの歴史を取り上げ、養父の元長と摂津の動向を確認した後、元一の働きを取り上げていきたい。

薬師寺氏のルーツは下野国小山《おやま》氏の支族にあり、鎌倉幕府に仕えた歴史を持つ。『見聞諸家紋《けんぶんしょかもん》』によれば、姓は橘《たちばな》氏である（図２）。鎌倉時代末期に摂津との接点がみられるが、南北朝時代には武蔵守護の高師直《こうのもろなお》の守護代に薬師寺三郎左衛門尉がいた。室町時代になると、細川氏の下で文安元年（一四四四）からの活動がみえる薬師寺元吉《もとよし》が摂津守護代をつとめるが、その職を薬師寺氏が独占するのは応仁の乱で東軍を率いた細川勝元《かつもと》の時代以降である〔横尾一九八一〕。勝元は細川氏本宗家である京兆家の当主で多くの一族を率い、幕府の管領、摂津・丹波等の守護でもあった。

応仁元年（一四六七）五月、京都で二十数万という東西陣営が衝突し、応仁の乱が始まる。この際、勝元は将軍邸を本陣に、薬師寺元長と長盛が率いる摂津の軍勢を正面に据え、吹田《すいた》氏や芥川《あくたがわ》氏らの多くの摂津国人が戦いの火ぶたを切った。七月になると西軍の大内《おおうち》氏の軍勢が摂津に上陸し、摂津守護代秋《あき》庭《ば》元明《もとあき》らの軍勢が敗れると、同氏を恨む国人三宅《みやけ》氏らが離反して大内勢は入京、東軍は不利な状況に追

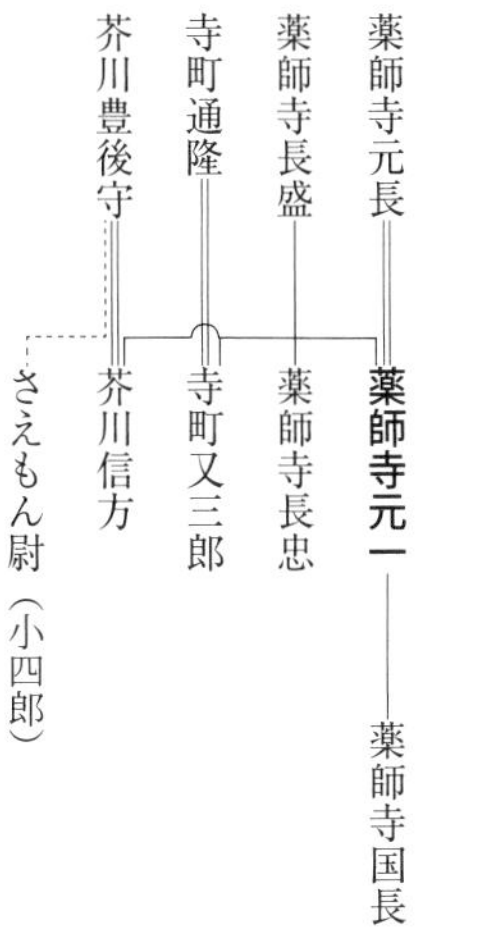

図１　薬師寺元一の周辺系図
（二重線は養子、点線は不明）

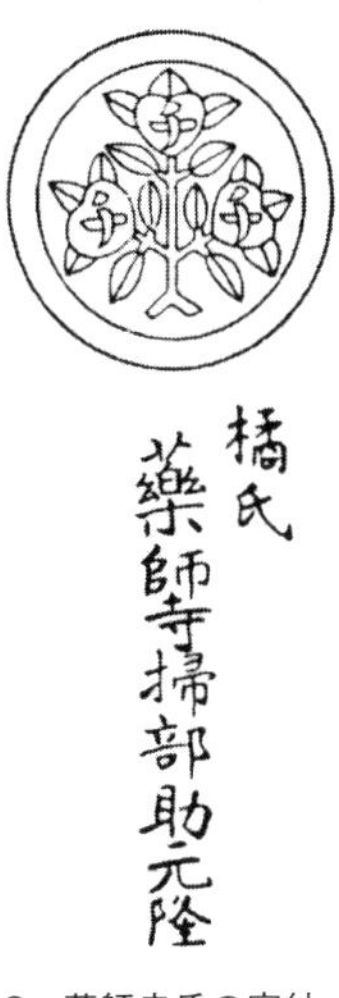

図２　薬師寺氏の家紋
『見聞諸家紋』より

い込まれる。

摂津は東西に長く、戦国時代には千里《せんり》丘陵を境に東を「上郡」、西を「下郡」、南の一部を「欠郡《かけのこおり》」と呼び、勢力の様相も異なった。この後、下郡では地元の国人池田氏が西軍への抵抗を続け、京都に近い上郡では薬師寺長盛と四宮宗能《しのみやむねよし》が転戦を重ねる。やがて戦況は好転して三宅氏を降し、文明二年五月に長盛らが茨木《いばらき》城（大阪府茨木市）を攻略した。勝元は、一連の薬師寺氏による戦功を評価し、文明三年に元長が守護代に就任する。

上郡で国人に代わる勢力を築く

文明五年（一四七三）に勝元は死去し、わずか数えで八歳の政元が京兆家の当主になった。この幼い当主を支えるため、京兆家では、安富《やすとみ》氏や薬師寺氏らの有力家臣（内衆《うちしゅう》）が実権を握り、評定衆《ひょうじょうしゅう》として政策を左右する体制をとった〔横尾一九八二〕。

応仁の乱が収束の兆しをみせはじめた文明九年、河内に下った西軍の畠山義就《はたけやまよしひろ》に摂津の三宅氏が与すると、政元は翌十年に三宅城（大阪府茨木市）を攻撃した。このとき、奈良の興福寺《こうふくじ》は摂津国人による半済《はんぜい》（軍費に伴う年貢の差し押え）の動きを察知し、早々に政元から所領での半済中止と奉書を獲得した〔多聞院日記〕。奉書には内衆筆頭の安富元家《もといえ》が摂津へ下向し処罰するとあり、その宛先は下郡の伊丹《いたみ》・池田《いけだ》の両国人と守護代の元長であった。

この安富氏の登場は元長が半済に対応できなかったためとも評価されるが、伊丹・池田氏と同じく元長が半済を課ける側にいたとも想定できる。また、国人らが元家の守護代就任を承認するとの情報が流れるが、元長は守護代の活動を続けた。元長と国人らの間に何らかの溝があった可能性がある。

文明十四年三月、再び政元は畠山義就に与した摂津の三宅氏を攻め、義就との和議成立後の閏七月、突如元長に家臣茨木氏への攻撃を命じた。その原因は、応仁の乱後に茨木氏は一部の所領を没収されたが、それを政元から得た元長を守護代に認めなかったことだという〔大乗院寺社雑事記〕。続いて十月、今度は元長が吹田（大阪府吹田市）を攻め、吹田氏を没落させた。この後、吹田は政元の支配地となり、政元被官で元長の与力であった四宮長能が奉行に就任した。

三宅・茨木・吹田の各氏の背後には、いずれも畠山義就の存在がちらつくが、上郡に近接した拠点を持つ国人という点も共通し、一方で薬師寺氏は茨木近隣の石井荘《いしい》（大阪府茨木市）に進出していく〔北野社家日記〕。また、上郡の国人で永正五年（一五〇八）に地元寺院への寄進が確認される芥川信方《のぶかた》（彦太郎）は、芥川氏の養子となった長盛の末子（元一の末弟）であった（図1）。

薬師寺氏は、応仁の乱後も在京を続ける政元の有力内衆として京都で活動するが、やがて家督を元一に譲った後の元長は茨木で在国した。一方で元長は下郡の支配を弟の長盛に任せ、文明十八年には下郡の守護代と呼ばれている〔大乗院寺社雑事記〕。この兄弟の家が摂津を分割支配する枠組みは以降に引き継がれ、長盛の家は代々通称「与次」と「安芸守」を称した〔天野二〇一〇〕。茨木氏の所領を元長が得たのも、年齢的には政元よりも薬師寺氏らの有力内衆の意思が想像される。元長は上郡を重視し、そこで国人に代わる勢力を築こうとしたのである〔中西二〇一二〕。

上郡をめぐる元長と政元

ところが、茨木氏や吹田氏は元長の攻撃直前まで政元に従っていた被官であり、ほどなくして政元は茨木氏を吹田で登用、これに四宮氏が反発している〔大乗院寺社雑事記〕。やがて延徳二年（一四九〇）以降、政元は上郡の太田《おおだ》氏、安威《あい》氏、芥川氏の拠点に下向し、もしくは拠点化を図る噂が流れるも、最終的に在国時の拠点を茨木に固定した。また、京兆家の実権を握る薬師寺氏らの有力内衆に対抗するため、政元は近習の整備を進めて摂津・丹波の国人・土豪を登用するようになり〔末柄一九九二〕、翌延徳三年の伴衆には「牟礼《むれ》」「中条《ちゅうじょう》」「福井《ふくい》」という上郡の地名（茨木市域）を名字とする人物が確認できる。政元は、元長が勢力を伸ばす摂津上郡を自らも基盤にしようとしたのである。

上郡の山間部にあたる高山《たかやま》（大阪府豊能郡）では、荘園代官の高山氏と有力百姓が対立し、永正元年（一五〇四）の元一の敗北以降に百姓衆が領主の勝尾寺《かつおうじ》へ代官の解任を求める事件が起こった〔勝尾寺文書〕。高山氏は、政元被官で京兆家有力内衆の長塩《ながしお》氏の与力かと思われる。一方、百姓衆は守護代薬師寺氏と結んでおり、永正元年以降は高山氏が攻勢を強めたものの、同四年に政元が暗殺されたことで形勢が逆転したとみられる。そして事件は、高山氏の代官解任という結果を迎えた。上郡では、山間部の村にまで政元と薬師寺氏の対立が持ち込まれるようになっていた〔中西二〇一二〕。

しかし対立の要素を内包したまま、しばらく両者は共存の姿勢をとり、互いの拠点となった茨木は守護所・守護代所の様相を示していたと思われる。なお、下郡では、長盛の下郡代家が拠点とする西宮《にしのみや》（兵庫県西宮市）が半国守護代所のように機能していた〔天野二〇一〇〕。

さて延徳三年二月、子がない政元は前関白・摂政の九条政基《くじょうまさもと》から数えで三歳の末子を養子に迎えた（後の細川澄之《すみゆき》）。そして明応二年（一四九三）に将軍足利義材《よしき》（後の義稙《よしたね》）を追放し、新たな将軍に足利義澄《よしずみ》を擁立するクーデターの主役となって力を振るう。義澄は関東の堀越公方《ほりごえくぼう》家出身で、澄之は従兄弟であった。一連の動きは、政元が幕府と関東・東国方面との連携強化を意図したものとされる。

明応七〜八年頃、元長は家督を養子の元一に譲り、茨木での在国を始める〔馬部二〇一七〕。そして文亀元年（一五〇一）十二月に元長は死去、長盛も中風《ちゅうふう》を理由に引退し、元一弟の長忠《ながただ》（与次、三郎左衛門、安芸守）に立場を譲った〔不問物語〕。政元の威勢が強まる中での、世代交代であった。

対立する元一と政元

元一には、長忠と末弟の芥川信方の間にもう一人の弟がいた。薬師寺氏と同じく京兆家の内衆・寺町《てらまち》通隆《みちたか》の養子となった又三郎《またさぶろう》（与三）である。そして文亀二年（一五〇二）頃の京兆家の評定衆九人のうちには、元一・長忠・又三郎が確認できる。文明年間の初期評定衆メンバーには元長と薬師寺元隆《もとたか》、そして又三郎を養子とする寺町通隆がいた。この流れを受け継ぎ、元一は兄弟で評定衆の一角を大きく占めることになった〔横尾一九八一、馬部二〇一七〕。

薬師寺氏は、京都と摂津との間の過書《かしょ》（関銭《せきせん》免除状）を発給するようになっていた。この関係からか、両国間の交通の大動脈である淀川《よどがわ》における京都の外港というべき山城の淀《よど》（京都市伏見区）の藤岡《ふじおか》氏が与力となった。同国では桂川《かつらがわ》以西の西岡《にしのおか》地域の物集女《もずめ》氏、神足《こうたり》氏、中小路《なかしょうじ》氏らの有力者も与力であり、先の四宮氏の他、上郡の三宅氏の一族らも与力として確認できる〔馬部二〇一七〕。

さて、元長が死去した後、政元は元一が上郡、長忠が下郡を差配したことを喜んだ。それはいずれ元一を追い詰め、長忠に一国を任せたいとの思惑からであり、評定衆の意見も聞かなくなった。そこで元一は政元を警戒し、いつか殺害せねばとの考えに至ったという〔不問物語〕。政元には公家の九条家出身の澄之という養子がいたが、元一は血脈を重視する細川一族と手を組み、政元と澄之の折り合いの悪さに乗じて阿波守護細川家から養子を迎える準備を進める。そして文亀三年（一五〇三）五月、建前上は政元の命を受けた形をとって、元一は細川一族の上野政益と政元近習の波々伯部《ほうかべ》盛郷《もりさと》らと阿波へと向かい、阿波守護細川家を統括する慈雲院道空《じうんいんどうくう》（細川成之《しげゆき》）と交渉、その孫で守護細川之持《ゆきもち》の弟の養子擁立に成功した（後の細川澄元《すみもと》）。

一方の政元は、評定衆との対決姿勢を打ち出した。まずは文亀三年（一五〇三）八月、評定衆で内衆筆頭の安富元家を失脚に追い込むため、自らの被官で元家の与力としていた高橋光正《たかはしみつまさ》を切腹させ、他にも多くの人々を誅した。この直後には、外様の内衆赤沢宗益《あかざわそうえき》(朝経《ともつね》)と元家が有していた堺南庄(堺市堺区)に赴き、これを与えている。結果、元家は遁世に追い込まれた。九月に政元は淡路で慈雲院と対面しており、元一が進める養子問題を協議したものと思われる。

そして翌永正元年閏三月、政元は元一の摂津守護代職を解任しようとした。このときは将軍義澄の制止で実現しなかったが、いよいよ元一は挙兵を決意したのではないだろうか。六月には元一の執り成しで、政元に背いたとして高野山《こうやさん》に入っていた赤沢宗益が政元から赦免されている。これは、元一による宗益の取り込み工作であろう。同月に安富元家も政元に赦されたが、翌月に死去している。この間、元一は政元が追放した足利義材と結ぶ河内の畠山尚順《ひさのぶ》、さらには阿波守護細川家との協力関係を構築した。そして反政元陣営を構築して九月、ついに挙兵へと踏み切った。

挙兵と切腹

九月三日の夜、寺町又三郎が京都から退き、元一の挙兵が明らかとなった(後法興院記、実隆公記、宣胤卿記、不問物語)。元一は与力の神足氏が拠る西岡の神足城(京都府長岡京市)に上郡の茨木から参じた四宮長能の他、額田宗朝《ぬかだむねとも》らの与力を入れた。四日に元一は山城の淀へと出陣し、京都では人々が家財道具を運び出すなど混乱に陥った。対する政元方は翌五日、兄と袂を分かった長忠が鎮圧に出陣、六日には上野玄蕃《うえのげんば》、安富、内藤らの追討軍が西岡へと進発する。元一は、与力の藤岡氏が拠る「淀藤岡城」

図３　淀藤岡城の比定地付近（写真は近世淀城）　京都市伏見区

にいた。この藤岡城は、近世の淀城付近にあったと考えられている〔馬部二〇一六〕（図３）。

七日には赤沢宗益が元一に与して挙兵し、世間は大騒ぎとなって、西岡での合戦も激しさを増す。元一らの軍勢は政元方の軍勢を迎え撃ち、西岡の中小路氏らも奮戦した。京都への交通は遮断され、多くの人々は迂回して京都の東側へと逃げてきたという。九日は西岡方面での合戦以外に大きな動きはなかったが、十日には淀で政元方の讃岐守護代の安富元治《もとはる》が討ち取られた。この元治は元家と敵対し、元家遁世後に政元が取り立てた人物である。

十九日の明け方になって、淀藤岡城は落ちた。四宮・額田以下の与力の他、余田氏や夜久《やく》氏らの元一の被官ら数百人が討ち死にした。元一は捕らわれ、京都で行われた首実検の数は百十四に及んだという。翌二十日に元一は京都において切腹し、ようやく世間は静まった。敗北の原因は、河内の畠山尚順や阿波守護細川家の出陣が遅れたためと評されている。

切腹に際し、元一は政元への恨みを述べ、「地獄にハ、よき我主のあるやとて、今日おもひたつ旅衣かな」と辞世の句を詠み、政元への披露を望んだ。その上で、政元は若衆、つまりは男色を好むので、「我主」

を「若衆」と読むようにと注文したという〔政基公旅引付〕。この句は、地獄に良い若衆がいる、と政元を誘うような意味となり、政元と元一が男色関係にあったことを示すとの解釈もある。そして、通称「与一」、実名「元一」にある「一」の文字にふさわしく、元一は腹を一文字に掻き切って果てたとされる〔細川両家記〕。享年二十九であった。

この後、政元は長忠を摂津守護代に任命し、上郡・下郡を統合した。ところが、政元は自らの軍事力増強のために変節し、阿波守護細川家に接近して澄之を廃嫡、澄元を跡継ぎとした。この結果、阿波の勢力が台頭する一方で、長忠らの有力内衆や政元の近習らがこれに反発し、永正四年六月に入浴中の政元を暗殺するに至った。しかし澄元が反撃に出て長盛はあえなく敗死し、元一の子である薬師寺国長《くになが》（万徳丸、与一、九郎左衛門、備後守）が茨木城を奪還した。この後、京兆家の家督には細川一族の支持を受けて細川高国《たかくに》が就き、高国の下で国長と弟の国盛《くにもり》（岩千代丸、与次、三郎左衛門）が上郡・下郡をそれぞれ治める守護代となっている。

（中西裕樹）

【主要参考文献】
天野忠幸「摂津における地域形成と細川京兆家」（同『戦国期三好政権の研究』清文堂出版、二〇一〇年）
末柄豊「細川氏の同族連合体制の解体と畿内領国化」（石井進編『中世の法と政治』吉川弘文館、一九九二年）
中西裕樹「摂津国上郡における守護代薬師寺氏」（天野忠幸ほか編『戦国・織豊期の西国社会』日本史史料研究会、二〇一二年）
馬部隆弘「淀城と周辺の地域秩序—新出の中世土地売券を手がかりに—」（『古文書研究』八一、二〇一六年）

馬部隆弘「摂津守護代薬師寺氏の寄子編成」（『新修 茨木市史年報』一五、二〇一七年。後に同『戦国期細川権力の研究』吉川弘文館に所収）
横尾國和「摂津守護代家薬師寺氏の動向と性格」（『國學院大學大学院紀要—文学研究科—』一二、一九八一年）
横尾國和「細川氏内衆安富氏の動向と性格」（『国史学』一一八、一九八二年）

池田貞正・信正・長正
――戦局を左右した摂津最大の国人

戦国摂津の雄

戦国大名の一覧表などを見ると、摂津は守護であった細川《ほそかわ》氏（京兆家《けいちょうけ》）、続いて三好《みよし》氏の勢力圏とされる。しかし、戦国時代を通じて彼らの動きを左右した国人に池田《いけだ》氏がおり、その動向は他の国人と比べても際立った。池田氏は戦国摂津の雄であり、その勢力は織田《おだ》政権下で荒木村重《あらきむらしげ》が継承、被官からは子孫が近世大名となった中川清秀《なかがわきよひで》を輩出する。

池田氏は「正」を名の通字に用い、惣領家が「筑後守《ちくごのかみ》」を称した。本稿では、戦国の最中を生きた惣領家の貞正《さだまさ》（?～永正五年〈一五〇八〉）、信正《のぶまさ》（?～天文十七年〈一五四八〉）、長正《ながまさ》（?～永禄六年〈一五六三〉）の三代を取り上げる。

摂津は東西に長く、戦国時代には千里《せんり》丘陵を境に東を「上郡」、西を「下郡」、南の一部を「欠郡《かけのこおり》」と呼び、後世の大名中川氏の記録では北部に広がる山間部を「北郡」と称した。上郡では守護細川氏（京兆家）、下郡は国人が力を伸ばし、欠郡は大坂本願寺《ほんがんじ》、北郡は隣接する丹波との関係が深い地域である。

このうち、池田氏の本拠は下郡の豊島《てしま》郡池田（大阪府池田市）にあった。

池田氏の歴史は鎌倉時代に遡り、戦国時代に至るまで藤原《ふじわら》姓を称した。室町時代には守護の赤松《あかまつ》氏、同じく細川京兆家に仕えた。京兆家は幕府管領や摂津・丹波等の守護をつとめて一大勢力を形成したが戦国のはじめに分裂し、その抗争に池田氏も巻き込まれる。

織田信長《のぶなが》の重臣池田恒興《つねおき》を祖とする近世大名の池田氏は、摂津の池田氏に連なる系譜を持っていた。『寛政諸家系図伝《かんせいしょかけいずでん》』によると、この池田氏は清和源氏《せいわげんじ》で、室町幕府の将軍足利義詮《あしかがよしあきら》・義満《よしみつ》の時代に武勇を示した教正《のりまさ》を楠木正行《くすのきまさつら》の子とし、将軍足利義晴《よしはる》に仕えた恒利《つねとし》（恒興の父）が尾張に移ったとする。この背景には、近世大名池田氏が天正八〜十一年（一五八〇〜八三）の恒興による摂津支配を繁栄の礎と認識したためとの指摘がある〔小林二〇〇七〕。

「富貴栄華の家」

応仁の乱以降、池田氏は勢力拡大の只中にあった〔鶴崎一九九七〕。池田と同じ豊島郡の千里丘陵の一角には、奈良の春日社《かすがしゃ》が多くを領する垂水東・西牧（大阪府豊中市ほか）という広大な荘園が広がっていた。文安四年（一四四七）、池田充正《みつまさ》（「充政」「筑後守」）は、垂水西牧の桜井《さくらい》郷（同箕面市）で代官職を手に入れようとした〔建内記〕（図1）。翌年八月には、池田の北に接する鷹司《たかつかさ》家領細川荘（同池田市）の年貢納入を充正が請け負っている〔康富記〕。

長禄三年（一四五九）には、代官職を担保とした高利貸しにより、奈良春日社と一体の興福寺《こうふくじ》が領する垂水西牧のうち原田荘《はらだ》（大阪府豊中市）の私領化を図った。興福寺はこれを取り戻そうと幕府に訴訟して境界に杭を打つが、寛正二年（一四六一）五月、池田氏に与した近隣の土豪・田能村《たのむら》大和守が杭を引き抜く事件が起こる〔大乗院寺社雑事記〕。充正は、興福寺領の桜井郷でも代官に金を貸し、私領化を進めていた。再び興福寺は幕府に訴え、田能村氏は逐電し、充正には桜井郷の返却が命じられる。

しかし、ほとぼりが冷めると、興福寺は充正から借金した代官を赦免した。これに充正の主君であった細川勝元《かつもと》は立腹し、興福寺に対して充正への負債返還か、それが不可能ならば充正を代官にすべきと申し入れた。興福寺は聞き入れなかったが、桜井郷では再び寺僧が充正から借金をし、興福寺が守護代の薬師寺元長《やくしじもとなが》に充正との交渉を依頼している〔多聞院日記〕。

文正元年（一四六六）閏二月、相国寺《しょうこくじ》の季瓊真蘂《きけいしんずい》が摂津の有馬温泉《ありまおんせん》（神戸市北区）での湯治中、充正には貸付けの利子収入が一ヶ月で一千貫（現在の約八千万円）、他に年間で米一万石の収入があると聞き、「富貴栄華《ふきえいが》の家」と評した〔蔭涼軒日録〕。この財力の源は、池田周辺の地理・交通条件にあったと想像される。

図１　池田充正の家紋
『見聞諸家紋』より

池田は北郡に源を発した猪名川《いながわ》が平野に流れ出る地点に位置し、近世には大坂から北郡を経て丹波に至る能勢《のせ》街道が通った。少し離れて、有馬道と呼ぶ京都と有馬を結ぶ基幹陸路が通る。古くから川港や伊居太《いけだ》神社（池田市）の門前などが存在したと思われ、猪名川河口の港町・尼崎《あまがさき》（兵庫県尼崎市）への水運も想定できる。このロケーションを活かし、池田氏は流通に関与して、そこから得た財力で興福寺ら権門が有する荘園の浸食を進めたのだろう。

近世の池田は、炭の集散地や酒造で知られる町として繁栄した。この町を見下ろす比高差約二〇mの台地上に、池田氏は池田城を築城、整備を進めていく。戦国末期の城郭は、台地上に外郭を発達させた摂津国内最大級の規模となり、池田の町は城下の性格を持った。文明元年（一四六九）、充正は大半の摂津国人を従えた西軍の大内《おおうち》氏の軍勢をこの池田城に迎え、三ヶ月に及ぶ攻防戦を繰り広げている。

台頭する庶流家の人々

文明十二年（一四八〇）、充正は上郡の太田保《おおだのほ》（大阪府茨木市）の一部を買得し〔桃華蘂葉〕、下郡の外にも権益を広げた。この前年、池田の南西にあたる近衛《このえ》家領の賀茂《かも》（兵庫県川西市）と同成安名《なりやすみょう》の代官を池田一族の綱正《つなまさ》（民部丞）、細川荘内中川原の代官を正種《まさたね》（若狭守）が請け負っている〔雑事要録〕。彼らは庶流家の人々であり、和歌や連歌の記録に多くの名が確認できる〔鶴崎一九八八・一九九七〕。

文明十四年、池田正種は歌人の招月庵正広《しょうげつあんしょうこう》を主催の歌合に招き〔松下集〕、宗祇《そうぎ》や肖柏《しょうはく》を招いた連歌会も主催している。なお、文明十八年には北郡（能勢郡）の木代荘（大阪府豊能町）で年貢の算用を提出した〔石清水文書〕。長享元年（一四八七）には池田綱正が招月庵正広を招くが、同年に有馬温泉から奈良へ戻る途中の大乗院門跡《だいじょういんもんぜき》の政覚《せいがく》は池田一族の館を目にし、やはりその富貴な様子に驚いている〔政覚大僧正記〕。正種や綱正の館も、その一つであったに違いない。翌年にも綱正と正種は招月庵正広を招くが、同年には一族の正誠《まさのぶ》（彦次郎）の死去が知られる。

かつて応仁元年（一四六七）、池田充正は細川勝元の被官として上京し、馬上十二騎、野武士千人の軍勢を率いた〔後法興院記〕。馬上にいたのは庶流家の人々ではないだろうか。なお、野武士とは金銭で雇われた傭兵である。明応元年（一四九二）、招月庵正広は正盛《まさもり》（兵庫助）に招かれるようになり、翌年には池田に庵を構えた。

戦国時代は連歌が流行し、コミュニケーションツールとして京兆家に仕える摂津国人の間でも盛んになった〔鶴崎一九八八〕。国人能勢氏が主催した文明十七年の連歌会には伊丹元親《いたみもとちか》、塩川秀満《しおかわひでみつ》らの国人の他、池田一族からは綱正、正種と正存（新左衛門尉）が出席し〔新住吉千句〕、長享二年の連歌会には瓦林政頼《かわらばやしまさより》の他、池田一族の正種と正兼《まさかね》・正存・正時《まさとき》・正純《まさずみ》が参加している〔摂州千句〕。他国人が惣領家（相当）の参加であるのに対し、庶流家を加えた池田一族の参加者は群を抜く。これらは庶流家の教養と下支えとなる経済力を示す。

明応四年に編纂された『新撰菟玖波集《しんせんつくばしゅう》』には、池田一族の綱正（故人）、正種、正盛、正存の他、寿正（故人）と正能《まさよし》（帯刀允）の連歌が入った。綱正と正種には京兆家被官（「細川内」）、正能には細川一族の典厩家被官（「細川右馬助内」）の注があり、庶流家も京兆家（一族）に仕えていたことがわかる。

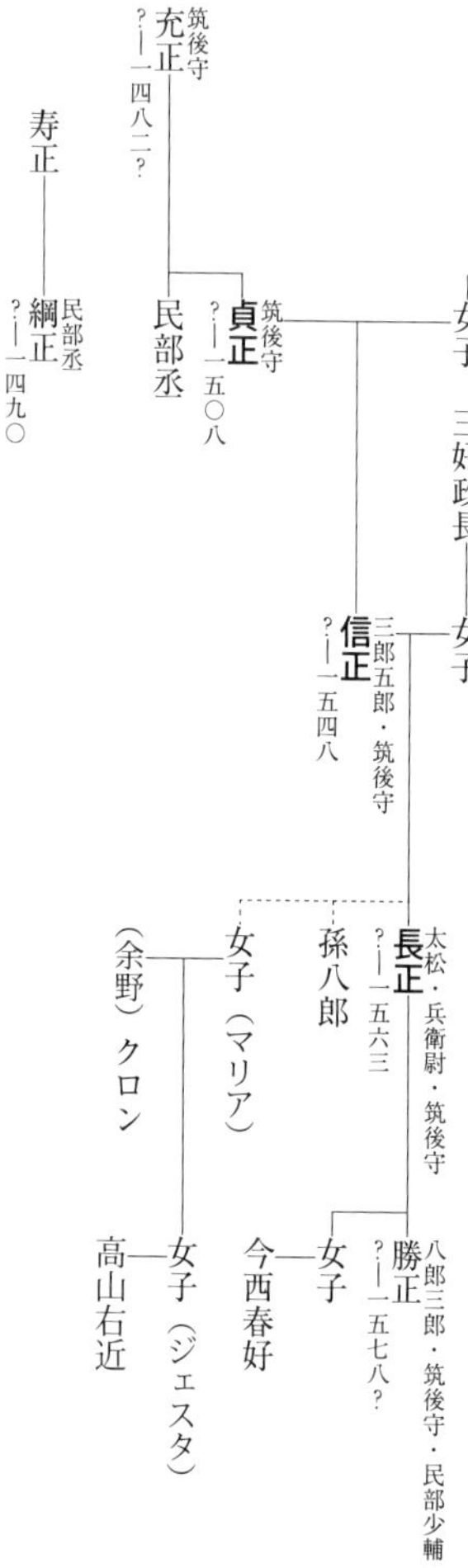

図2　池田貞正・信正・長正関連系図
推定を含む
充正と勝正の没年は『池田氏家譜集成』より

文正元年（一四六六）の『蔭凉軒日録《いんりょうけんにちろく》』は、充正の子に「富貴無双」の「民部丞」がいるとするため、時代的には綱正が惣領家の人物なのかもしれないが、『新撰菟玖波集』は寿正の子とする（図2）。充正が寿正に名を変えた可能性もあるが、綱正は惣領家が称する筑後守を用いずに延徳二年（一四九〇）に死去した。いずれにしても、この前後に惣領家が一族を束ねる動きは確認できず、摂津国人による連歌会への参加は庶流家が中心である。惣領家に代わり、庶流家が台頭する状況があったのかもしれない。

貞正の池田籠城と庶流家の離反

充正の次に「筑後守」を称し、一族を率いた惣領家当主が池田貞正であり、永正四年（一五〇七）には垂水西牧の年貢を押領している。同年に京兆家の細川政元《まさもと》が暗殺され、細川澄元《すみもと》が家督を継ぐと貞正はこれに従い、河内の嶽山《だけやま》城（大阪府富田林市）攻めに参加した〔細川大心院記〕。明応九年（一五〇〇）の宗祇の句集『宇良葉《うらば》』には池田三郎五郎邸での発句がみえるが、貞正の子・信正が「三郎五郎」を称したと考えられるため、この時点での貞正は相応の年齢だったと思われる。

同じく永正四年、貞正は守護が京兆家ではない北郡（有馬郡、能勢郡、川辺郡北部）の福嶋《ふくしま》村（兵庫県三田市）に強入部を図った〔慈聖院文書〕。また、『細川両家記《ほそかわりょうけき》』が信正を丹波国人の波多野元清《はたのもときよ》の甥とするため、貞正は元清の兄妹を妻に迎え、丹波の勢力との関係構築を図っていた可能性がある。すでに北郡の木代荘には一族の正種が関与し、永正三年の相論では「遠江守」へと改称した正盛が関係した〔石清水文書〕。本拠地・池田のロケーションを活かし、一族も北郡に進出していた。

翌永正五年になり、京兆家の家督をめぐる細川澄元と細川高国《たかくに》の争いが始まった。澄元は将軍足利義《よし》澄《ずみ》を擁したが、高国は西国の大内氏が没落していた足利義稙《よしたね》（義材《よしき》、義尹《よしただ》）を入京させようとする動きと結ぶ。摂津では下郡の伊丹氏、丹波では内藤《ないとう》氏らが味方し、高国は入京した。四月に高国は摂津に出陣し、池田城への攻撃をはじめる。貞正は澄元に多くの助けを受けたとして高国にはつかず、一族数十人が同心の上で猛勢を率いて池田城に籠もった。対する高国方は、細川典厩家《てんきゅうけ》の尹賢《ただかた》が伊丹氏や瓦林氏らの摂津国人を率いて攻め寄せ、五月三日に合戦が始まった。そして七日に雌雄を決する攻防戦が行

信正の挙兵と惣領家の復権

図３　池田城の主郭と五月山方面

われた結果、池田正盛と一族の「与七」「弥三郎」ら数百人が高国方に降った。十日には大手が落とされ、城から軍勢が打ち出すも敗北。貞正の他、池田一族や被官三百人が討死、自害を遂げた〔不問物語〕。

　また、貞正は奮戦したが、正盛の離反を機に攻撃の激しさは増し、城から出撃した後に一族二十人余りで腹を切った。国内に味方もいない中、このような振る舞いは大豪の人物だと人々は感じ入ったという〔細川両家記〕。池田城近くの五月山《さつきやま》山麓の池田氏の菩提寺・大広寺《だいこうじ》には、貞正切腹時の血痕が残るという天井板が伝わる（図３）。

　貞正の敗因の一つは庶流家の離反であり、惣領家が突出した力を持ちえなかったことを想像させる。この後、高国の下では正盛が一族の中心となり、翌年に連歌師の肖柏らを招く「池田千句」を主催した。一族からは正棟《まさむね》（民部丞）、道泉《どうせん》（佐渡入道）らが参加している。連歌には宗教・信仰的要素があり、この催しは落城の翌年にあたる。戦死した一族、被官らへの鎮魂も意図されたのかもしれない。なお、大広寺蔵の池田氏系図は、貞正の事跡を正棟のものとして記す〔池田氏家譜集成〕。

永正十五年（一五一八）に大内氏が帰国すると、翌年十一月に澄元の軍勢が阿波から摂津に上陸する。この直前に貞正の子「三郎五郎」が摂津での先陣を切るとして呼応、北郡の田中《たなか》（兵庫県三田市）で挙兵した。貞正の北郡進出が有馬郡での挙兵を可能にしたのだろう。高国方の瓦林氏と塩川氏、そして池田正棟による夜討ちも失敗し、戦果を受けた阿波の澄元は豊島郡一円と「弾正忠」の称を与えたという（細川両家記）。この三郎五郎が、まもなく文書等で確認できる「信正」（「筑後守」）だと考えられる。

翌十二月に高国は池田城へ入るも、澄元方が優勢であったが、翌年に至って勝利し、まもなく澄元は病死した（細川両家記）。この後の池田一族の動きは判然としないが、大永六年（一五二六）の波多野元清らによる反高国の挙兵時、信正は元清が籠もる丹波の八上城《やかみ》（兵庫県丹波篠山市）攻撃に出陣しており、再び惣領家が一族をまとめていた様子がうかがえる。しかし高国方の軍勢が敗れると、元清の甥とされる信正は高国方から離反し、池田城に籠もった（細川両家記）。この背後には阿波の細川晴元《はるもと》（澄元の子）の勢力がおり、翌年の桂川《かつらがわ》の戦いで晴元は高国の軍勢を破った。

晴元は堺を拠点とし、享禄四年（一五三一）に高国を滅ぼす。この間、下郡では伊丹氏は高国を支持し続け、高国が取り立てた瓦林氏と北郡の能勢氏、塩川氏も同調したが、池田惣領家は澄元―晴元派支持を基本とした。この対立の構図は本拠が近い池田氏と伊丹氏の反目に加え、他国人が池田惣領家の勢力拡大を警戒したことも一因ではないだろうか。

垂水西牧周辺において、信正は天文九年（一五四〇）に配下の芝原《しばはら》氏による桜井郷の押領停止を晴元から命じられたが、天文十五年に至って外部の国人・土豪が垂水西牧（南郷）に得ていた名田《みょうでん》や配下の知行の年貢未進への成敗を春日社の目代（代官）今西《いまにし》氏と契約した〔今西家文書〕。信正は事実上の管理者となり、その下で正行（勘介・紀伊守）や正詮（周防守）の一族に加え、新参の荒木村重一族と池田近隣の土豪が活動し、清秀に続くだろう中川氏も登場するようになった。

北郡の木代荘では、信正が晴元側近に公事を確かに納めさせると伝えている〔石清水文書〕。隣接する余野《よの》（大阪府豊能町）の土豪（「クロン殿」）は、後に娘がキリシタン大名の高山右近《たかやまうこん》の妻となるが、その母は池田氏の一人娘であったという〔日本史（フロイス著）〕。右近が天文二十一年（一五五二）頃の生まれであるため、年齢的にこの母には信正の娘の可能性が想定できる。

信正の切腹と家中の分裂

信正は、貞正没後の惣領家を立て直した。惣領家による本拠周辺（豊島郡）の支配を実現し、北郡でも着実に勢力を浸透させていった。また、明確な出自が不明な荒木氏や中川氏を取り立てた点も注目できるだろう。

やがて細川晴元の下、摂津では上郡の芥川《あくたがわ》氏と三宅《みやけ》氏、下郡の池田氏と伊丹氏、北郡の塩川氏が有力国人として出揃い、晴元重臣の木沢《きざわ》氏、三好氏らと婚姻を結んだ。伊丹氏と塩川氏、三宅氏が木沢氏に近い関係となったのに対し、信正は三好政長《まさなが》の娘を妻に迎えており、これは先の構図と同じである。

将軍足利義晴も摂津国人を重視して、天文八年(一五三九)には信正に守護や幕府直臣への栄典「毛氈《もうせん》鞍覆《くらおおい》」「白傘袋《しろかさぶくろ》」の使用を許可し〔大館常興日記〕、一方で晴元重臣の三好長慶の挙兵に際しては牽制を命じている。

天文十五年に細川高国の後継として細川氏綱《うじつな》が挙兵すると、今回の信正は久しく惣領家が支持してきた澄元―晴元方を離れ、氏綱方に与した。反対に伊丹氏は晴元方にとどまり、九月には三好勢が池田を攻撃する。『細川両家記』によれば、「西の口」から三好加助、続いて伊丹氏の軍勢が入り「市庭《いちば》」、つまり池田の町を放火した後に合戦となった。町には池田一族や家臣の屋敷が伝承され、池田(大西《おおにし》)氏が真宗寺院の弘誓寺《ぐぜいじ》を開基するなど町場の振興を図った〔天野二〇一〇〕。この頃には、池田城の城下的な場になっていたのだろう。翌年五月、信正は舅の三好政長を通じて晴元に詫びを入れ帰参した。

ところが天文十七年五月、晴元は京都で信正に腹を切らせた。京童は、信正が代々の澄元―晴元方への忠節を無駄にしたので仕方ないと口にしたという。一方で信正の子「長正」は三好政長の孫であったので咎めはなかった〔細川両家記〕。

この後の池田家中では、政長の勢力が伸長し、分裂状態となった。三好長慶によれば、政長こそ信正殺害の張本と考える一派が政長派を一掃し、一族や与力、被官らが城を固めたという。他にも長慶は政長の行為を断罪し、晴元に訴えた〔後鑑所収古文書〕。結果、政長を支持する晴元との対立が深まるが、摂津国人の三宅氏や芥川氏、そして池田氏らが長慶を支持した。天文十八年正月に政長は塩川氏を率いて池田の町を放火するが、六月の江口《えぐち》の戦いで敗死、晴元は没落した〔細川両家記〕。

長正と池田四人衆

長正（「太松」「兵衛尉」「筑後守」）は、天文二十年（一五五一）に箕面寺《みのおでら》（滝安寺《りゅうあんじ》。大阪府箕面市）に禁制《きんぜい》を出した〔滝安寺文書〕。禁制とは、寺社や地域の人々の安全を保証する文書である。同年の長正は、垂水西牧に信正が設定した年貢納入に関しても目代今西氏に宛てた文書を出し、年貢の納入を国人原田氏に伝えている〔今西家文書〕。なお、長正の娘は今西氏に嫁いだとされる〔南郷今西家譜〕。長正の時代、再び惣領家は体制を立て直した。

天文二十一年に三好長慶が丹波の波多野元秀《もとひで》を攻撃すると、参陣中の長正は長慶縁者の芥川氏らと元秀に通じ、長慶を討とうとするも失敗に終わった〔細川両家記〕。長正の母は長慶の敵であった三好政長であり、祖母は波多野氏出身だと思われる。かつて長慶は池田氏の反政長派を支持したが、このときの長正の行動はわからない。長慶は将軍足利義輝《よしてる》を圧倒するまでに力をつけており、一方で晴元が巻き返しを図っていた。この段階に至って長正は長慶に敵対したが、六月には長慶重臣の松永久秀《まつながひさひで》が池田城を攻略したと述べている〔大仙院文書〕。長慶の実力を前に長正は降伏し、翌年八月には晴元方の塩川氏が池田に攻め寄せたが引き返したという。永禄二年（一五五九）と翌年に長慶が河内へ出兵した際に長正は従い、敵方を打ち破っている。

さて、池田一族では正村《まさむら》（勘右衛門尉）、正朝《まさとも》（十郎次郎）、基好《もとよし》（山城守）、正秀《まさひで》（紀伊守、後の清貪斎《せいとんさい》一狐《いっこ》）が「四人衆」と呼ばれるようになり、信正を範に年貢の催促を行った。やはり信正を範に、正朝と正秀は荒木村重と豊島郡の山林をめぐる紛争禁止の文書を出し〔今西家文書、滝安寺文書〕、永禄元年（一五五八）には四人衆の禁制に「家中之儀」という言が現れる〔大徳寺文書〕。膝下の地の豊島郡を対象に、池田氏では惣領家を核とした支配組織が垣間見られるようになった〔天野二〇一〇〕。

また、永禄四年に将軍義輝が三好義興《よしおき》（長慶の子）の邸へ御成《おなり》をした際、池田一族の「八郎三郎」が将軍に太刀を献じている。これは京兆家家督の細川氏綱、長慶らの三好一族、氏綱被官の多羅尾綱知《たらおつなとも》に続く形であった。八郎三郎とは、長正の子と思われる後の「勝正《かつまさ》」であり、綱知とともに氏綱の伴をつとめている〔永禄四年三好亭御成記〕。三好長慶の権力下、池田氏は他の摂津国人とは別格になっていた。

ただし、池田四人衆は三好之虎《ゆきとら》（長慶の弟、後の実休《じっきゅう》）から垂水西牧での「孫八郎」（長正の弟か）の押領停止を求められている〔池田助一氏文書〕。名乗りをふまえると、四人衆とかつて民部丞や遠江守を称した有力庶流家とのつながりは不明だが、彼らは長正周辺を押さえる存在で、弘治二年（一五五六）に松永久秀が滝山城《たきやまじょう》（神戸市中央区）で長慶を招いた「滝山千句」には正秀が出席している〔天野二〇一〇〕。

また、三好長慶が畠山《はたけやま》氏に劣勢となった永禄五年四月、長正は箕面寺と垂水西牧に禁制を出すが、一族の「美作守」も箕面寺に禁制を発給している。長正の時代の惣領家には、自らの勢力とそれを左右する「四人衆」のような家中とのバランスが求められたように思う。

永禄六年には長正が死去し、三月に家督を継いだばかりの勝正（筑後守、民部少輔）は四人衆の基好と正村を討った（言継卿記、細川両家記）。その継承に際して家中が割れたのだろう。勝正は新興勢力の荒木村重を重用して家中の再編を図るが、一族との不和が原因で元亀元年（一五七〇）に出奔した。この池田家中を統制したのが村重であり、信長の下で摂津支配を担当することになる。（中西裕樹）

【主要参考文献】
天野忠幸「摂津における地域形成と細川京兆家」「三好氏の摂津支配の展開」（同『戦国期三好政権の研究』清文堂出版、二〇一〇年）
小林将司「系図史料にみる大名池田家の出自と摂津―池田恒興の摂津支配についての一試論―」（『史叢』七七、二〇〇七年）
鶴崎裕雄『戦国の権力と寄合の文芸』（和泉書院、一九八八年）
鶴崎裕雄「池田氏の荘園進出」「中世和歌と招月庵正広」「『新撰菟玖波集』ほか連歌作品」（『新修 池田市史』第一巻、一九九七年）
中西裕樹『戦国摂津の下克上　高山右近と中川清秀』（戎光祥出版、二〇一九年）

波多野元清・香西元盛・柳本賢治
——戦国畿内のキーマンとなった三兄弟

兄弟の父・波多野清秀

波多野元清《はたのもときよ》・香西元盛《こうざいもともり》・柳本賢治《やなぎもとかたはる》は波多野清秀《きよひで》の子息で、兄弟である。この三氏が兄弟とされるのは、大永六年（一五二六）に香西元盛が細川尹賢《ほそかわただかた》によって誅殺された際に「元盛の兄弟波多野・柳本の両人」〔二水記〕や「兄波多野、同弟の柳本遺恨に思い」〔細川両家記〕などと記されることに基づく。ここでは、まず三氏の父とされる波多野清秀の出自を確認したい。

清秀の出自について、月舟寿桂《げっしゅうじゅけい》の著述を後代に編輯した『幻雲文集《げんうんもんじゅう》』所載の「波多野茂林居士肖像」賛には、波多野氏がもともと石見国の出身であり、応仁・文明の乱以来の戦功によって、細川政元《まさもと》から丹波の多紀《たき》郡を与えられたと記されている〔芦田一九九〇〕。

月舟寿桂は、もともと多紀郡の願勝寺《がんしょうじ》にいたとされる臨済僧であるから、清秀とも親交があったとみられ、賛の内容の信ぴょう性は高い。事実、清秀の初見史料である文明十七年（一四八五）閏三月一日付打渡状では、守護代の文書をうけて多紀郡大芋《おくも》社代官職を土佐《とさ》左近将監《さこんしょうげん》代へ引き渡すよう命じており、多紀郡代に就いていたことが確認される〔土佐家文書〕。また清秀は、多紀郡代にありながら摂津の野間《のま》荘時友名《ときともみょう》の代官職も得ており、細川京兆家《けいちょうけ》の分国内で勢力を拡大していたようだ。先述の賛によれば、永正元年（一五〇四）七月二十四日に六十二歳で死去したとされる。

波多野元清の動向

清秀の跡を継いで波多野家家督として登場するのが、波多野元清である。「清」は父清秀との通字であり、「元」は細川政元《まさもと》からの偏諱《へんき》であろう。先掲『幻雲文集』所載の「養賢寿浩居士肖像」賛には、元清がもともと僧籍にあり、十五歳のときに還俗して波多野家を継いだことが記されている。これは、元清に長兄がいて、その死後に突如家督相続に至ったことを示唆する〔馬部二〇一五b〕。

なお、元清は「稙通」とされることもあるが、「稙通」の名は一次史料で確認できず、元清とすべきであろう。

元清の活動は、永正元年（一五〇四）九月から確認できる〔後法興院記〕。家督継承後早々に細川政元の継嗣争いに巻き込まれ、当初は丹波守護代内藤貞正《ないとうさだまさ》らとともに細川澄之《すみゆき》方に属していた〔細川大心院記〕。永正四年六月二十三日、細川政元が暗殺され、澄之が自殺に追い込まれると、一時は細川澄元《すみもと》方に属したようであるが、翌五年に内藤貞正らが謀反を企てて細川野州家《やしゅうけ》政春《まさはる》の息である高国《たかくに》を立てると、高国方に与した。同年六月～七月に細川高国が発給した感状《かんじょう》には、波多野「孫四郎《まごしろう》」元清が注進をしたり、副状《そえじょう》を発給したりすることが記されており〔波々伯部文書〕、早い段階から高国の側近として動いていたようである。

　高国は永正五年に細川京兆家の家督を継承し、将軍足利義稙《あしかがよしたね》を推戴して一時期安定期を迎えるが、元清も永正八年までに「多紀郡波多野城」を構え〔瓦林政頼記〕、永正五年には、多紀郡大山《おおやま》荘一院谷の百姓らから「波多野方が代官に就いたら、この地は滅びてしまう」と訴えられており〔東寺文書〕、清秀以来の拠点である多紀郡に城を築き、勢力を拡大していたことがうかがえる。さらに、同年には禁裏御領の上村《かみむら》荘代官職をめぐって阿野季綱《あのすえつな》と争い〔実隆公記紙背文書〕、摂津にある天龍寺雲居庵《てんりゅうじうんごあん》領の杭瀬荘（兵庫県尼崎市）でも「違乱」を幕府へ訴えられている〔天龍寺文書〕。元清は父清秀と同様に、多紀郡にとどまらず、細川京兆家分国内において勢力を拡大させていたことがうかがえる。

　永正八年八月十六日、高国軍は、阿波から出陣した典厩家の細川政賢《まさかた》や赤松義村《あかまつよしむら》、義就流の畠山《はたけやま》義英《よしひで》らに攻められ、足利義稙とともに丹波の宇津《うつ》氏の拠点である宇津城（京都市右京区）へ退くが、二十四日には長坂口《ながさかぐち》（京都市北区）より攻め寄せ、船岡山《ふなおかやま》（京都市北区）の陣を破って政賢らを討ち取った〔後法成寺関白記〕。この頃までに元清は「右衛門尉《うえもんのじょう》」を名乗っていたとみられる。

　永正十六年（一五一九）十一月、三好之長《みよしゆきなが》が海部《かいふ》氏・河村《かわむら》氏らの阿波勢と香川《かがわ》氏・安富《やすとみ》氏ら讃岐勢を合わせた大軍勢で渡海し、翌正月に徳政一揆を引き起こして京に迫ると、高国軍は近江へ退去する。しかし、五月には両佐々木《ささき》氏の合力を得て、丹波からも内藤軍を上洛させると、三好軍は敗北し、同十一日には之長が処刑される。

これにより、将軍義稙を擁する高国政権は全盛期を迎える〔天野二〇二一〕。大永四年（一五二四）の将軍の細川亭御成《おなり》の際、波多野元清は寺町《てらまち》但馬守、長塩《ながしお》民部丞、安富亦次郎、そして弟の香西四郎左衛門尉（元盛）らとともに「御手長衆」に属すが、「右いずれも年寄衆なり」と付記されるように、弟の元盛とともに高国の譜代家臣として重要な位置を占めていた〔大永四年細川亭御成記〕。元盛誅殺事件が起きるのは、この二年後であった。

香西元盛の出自と動向

元盛誅殺事件を述べる前に、香西元盛の経歴をみておきたい。

香西氏は、元長《もとなが》の代に山城下五郡守護代に任じられるなど、細川政元政権下においても有力被官であったが、永正四年（一五〇七）に澄之の家督擁立を図って主君政元に対し謀反を起こし、この戦乱を通じて香西家はことごとく討ち取られてしまう。

すなわち、同年六月二十三日に香西氏は澄元の在所に押し寄せるが、澄元方の奈良《なら》修理亮などと渡り合い、彦六元能《もとよし》と孫六元秋《もとあき》が討ち死にする。八月一日には、丹波より澄元、内藤貞正らが薬師寺《やくしじ》三郎左衛門の宿所に攻め寄せると、澄之と近習の波々伯部《ほうかべ》伯耆守・一宮《いちのみや》兵庫助が自害したほか、香西元長も薬師寺三郎左衛門らと討ち死にした〔実隆公記、後法成寺関白記、多聞院日記〕。ここに香西氏は断絶することとなったのである。

その後、香西氏が確認できるのは永正十六年のことで、『細川両家記《ほそかわりょうけき》』に「高国方香西与四郎《よしろう》」がみえる。馬部隆弘氏が紹介した永正十七年頃成立とされる「十念寺念仏講衆《じゅうねんじねんぶつこうしゅう》」には「香西平左衛門元盛」が署判しており、翌十八年八月以後には、「四郎左衛門尉《しろうさえもんじょう》」を名乗っている〔馬部二〇一五b〕。与四郎と元盛の関係は不明であるが、先掲の『幻雲文集』所載「香西貞節等松居居士肖像」には、近年香西家が断絶したため高国の命で継嗣をとったとあり、主家に謀反を起こして一家断絶となった香西家は、高国の命によって、永正十六年までに波多野氏から養子を迎えることで再興されたものと考えられる。元盛は、波多野元清、柳本氏とともに高国に仕え、先述のとおり大永四年には「御手長衆」として登場することとなる。

香西元盛誅殺事件

事件が起きたのは、大永六年（一五二六）の七月十二日であった〔実隆公記、後法成寺関白記、二水記〕。『二水記』によれば、七月十二日に香西元盛が細川家の屋敷に呼ばれて殺害されたという。原因は「阿波内通事」「敵同意」「陰謀の義」などと記され、阿波にいる細川晴元《はるもと》方と内通したためと考えられるが、『細川両家記』には興味深い逸話が記される。すなわち、香西元盛は元来「文盲」であったため、文書の発給については花押だけ記した「判紙」を大量に作成し、記述等は右筆の矢野宗好《やののむねよし》に任せていた。これに目をつけたのが元盛と不仲であった典厩家の細川尹賢で、あるとき宗好と謀り、この判紙を使って晴元方へ宛てて謀反を企てる趣旨の書状を偽作し、これが高国の目に触れて誅殺されたというのである。判紙が謀反に悪用されたとする点も興味深いが、尹賢と元盛との対立がこの事件の背景にあったことをうかがわせる内容である。

兄弟の誅殺による「鬱憤《うっぷん》」〔厳助往年記〕によって、波多野元清、柳本賢治は出奔し、細川晴元と通ずることとなった。ここに「天下の大騒動」が起こり京都は騒然となった。

波多野元清は、自らの城である「丹波八上《やかみ》の城」へ立て籠もり、賢治は丹波の「神呪寺城《かんのうじ》」に立て籠もった〔細川両家記〕。八上城（兵庫県丹波篠山市）は多紀郡にある山城で、先述のように永正八年までに波多野氏の城として確認できる。「神呪寺城」は、船井《ふない》郡にある神尾山金輪寺《かんのおさんきんりんじ》（京都府亀岡市）のある山頂に位置する神尾山城のことであり、賢治は金輪寺の後背地に城を築き、そこに立て籠もったと考えられる。神尾山城跡には、現在も石塁等が残存しており、明智光秀《あけちみつひで》進攻以後の改修との説もあるが、虎《こ》口《ぐち》などの織豊系技術が採用されておらず、賢治によって築かれた可能性もある〔福島二〇〇〇〕。

細川高国は、二人の出奔を聞きつけると、すぐに籠城攻めにかかった。十一月十三日に尹賢を大将として、内藤国貞《くにさだ》・長塩民部丞・奈良修理亮・薬師寺九郎左衛門・同与次・波々伯部兵庫助・同三郎左衛門・荒木《あらき》大蔵、そのほか馬廻衆八十余騎を丹波へ指し下し、十八日には柳本賢治の立て籠もる神尾山城を取り囲んだ。しかし、二十三日には柳本方の夜討ちにあい、長塩軍の首が二十あまり捕られたという〔実隆公記、細川両家記〕。このときの夜討ちには、波多野氏一族の秀親《ひでちか》も加わっていたようで、後に細川晴元より感状を獲得している〔波多野文書〕。三十日には、赤井《あかい》氏が柳本氏の味方として後巻《うしろまき》に加わり、薬師寺九郎左衛門らが合戦して死者を出した。これによって尹賢軍は総崩れとなり、京都へ逃げかえったという〔後法成寺関白記、二水記〕。波多野元清・柳本賢治は、波多野秀親や赤井氏など一族や丹波の有力領主を味方に付けることで、尹賢軍を撃退するに至ったのである。

翌七年二月には、柳本賢治らが丹波より上洛した。賢治は老《おい》の坂《さか》（京都市西京区、京都府亀岡市）を越えて西側から進攻し、西岡《にしのおか》の野田《のだ》城を落として西院《さいいん》を焼いた。丹波からの上洛といえば、北からの長《なが》坂《さか》街道が近道であったが、あえて西から侵入したのは、大阪湾から上ってくる三好軍を想定してのことだろう。三好長尚《ながひさ》とその子の長家《ながいえ》・宗三《そうさん》兄弟は、柳本賢治と合流し、桂《かつら》川《がわ》や川勝寺《せんしょうじ》（京都市右京区）で将軍足利義晴《よしはる》や細川高国、若狭の武田《たけだ》元光《もとみつ》を破り、十六日に入洛を果たした。

このときの上洛に波多野氏も加わっているが、「波多野父は上洛せざる也」とあって、波多野元清は参加していない〔二水記〕。元清はこの頃「波多野右衛門平生所労」、「波多野孫右衛門尉　所労により板輿で来る」などとあって〔二水記〕、病に罹っていたようである。その後、同年十一月には「三好・柳本・波多野孫四郎以下長坂口を経て」と〔厳助往年記〕、ついに子息の秀忠《ひでただ》だけが史料上に出てくるようになる。大永七年中に波多野氏の家督は秀忠に継承されたと推測される。三年後の享禄三年（一五三〇）五月頃に波多野元清は亡くなったとされる〔厳助往年記〕。

元清子息の秀忠は、大永八年に判物を発給している。この段階で波多野氏は城を持ち、判物を発給する戦国領主と呼べる存在になっていたと考えられる。元清は、郡代を梃子にして多紀郡を中心に勢力を拡大し、城を築いたが、守護や守護代の文書を受けた文書しか発給できなかった。一方で、秀忠は単独で判物を発給するようになった。元清と秀忠とでは、権力の質が変化したといえる。秀忠は、その後も細川京兆家家臣として権力を強化させ、「備前守」を名乗り、丹波守護代として一国公権を行使する存在になっていくのである〔八上城研究会二〇〇〇〕。

柳本賢治の出自

柳本氏が細川京兆家に仕えたのは、又二郎長治《またじろうながはる》の代からで、その初見は明応七年（一四九八）とされる〔馬部二〇一五a〕。永正元年（一五〇四）九月には、上野《うえの》玄蕃頭や同治部少輔、香西元盛、内藤貞正、波多野氏とともに淀《よど》城（京都市伏見区）へ発向しており〔後法興院記〕、永正四年（一五〇七）三月に細川政元が奥州へ下向したときには、波々伯部源次郎とともに「柳本又次郎」が仕えている〔細川大心院記〕。柳本氏は、政元の側に仕える近習であったといえる。

澄元と高国が対立して以後は、永正八年七月に高国方として波多野元清、能勢《のせ》因幡守、荒木大蔵らとともに「柳本又二郎入道宗雄《そうゆう》子息」が軍勢を率いて入洛し〔細川両家記〕、同八月二十四日に高国軍が宇津城から京都に攻め入る際には「内藤、柳本以下今宮口へつめる」と出てくる〔後法成寺関白記〕。柳本氏は、高国のもとでも近習として仕えていたとみられる。しかし、この又二郎入道宗雄とその子息は、永正十七年（一五二〇）に高国が尼崎《あまがさき》（兵庫県尼崎市）で敗戦して京都へ逃げる過程で、西岡周辺で一揆の手にかかり討ち死にしている。賢治は、柳本宗雄父子の討ち死ににによる柳本家の断絶を避けるために、波多野氏から養子に入ったものと考えられる。ただし、波多野氏から直接に養子に入ったのではなく、一時興正寺《こうしょうじ》の岩崎《いわさき》家と関係があったとされる。馬部隆弘氏は、賢治の柳本氏継承の背景に、高国の寵愛を受けていた兄元清の仲介があった可能性を指摘している〔馬部二〇一五ａ〕。

賢治の活動の初見は大永四年（一五二四）頃で、十月二日に高国方として細川澄元軍と和泉で戦い、敗戦の後行方をくらましている〔実隆公記〕。ただ、大永五年七月十五日付宗普田地買得注文には、真《しん》珠庵《じゅあん》領大宮《おおみや》郷を「去々年十一月」以来押領する存在として「柳本」の名が見え〔真珠庵文書〕、大永三年頃から京都周辺で活動していたようだ。その後、大永七年までに「又二郎」、翌八年頃から「弾正忠《だんじょうのちゅう》」を名乗っていたことが確認できる。

柳本賢治の動向

賢治は、先述のとおり丹波国神尾山城に立て籠もった後、桂川辺で三好軍と合流して細川高国軍を破り、大永七年（一五二七）二月十六日に入京した。このときの軍列は、先頭が賢治で、ついで波多野秀忠、三好長尚の順であり、後ろには馬上七十余人、輿乗物などが続き、総数一万ばかりの堂々たる行軍であったという〔言継卿記〕。これに呼応して三好元長《もとなが》も足利義維《よしつな》を擁して阿波から渡海して堺に着くが、阿波の海部《かいふ》氏や土佐の一条氏からの攻撃に備えてなかなか動けずに、義維は結局堺において左馬頭に任ぜられる〔天野二〇二一〕。

四月三日、波多野元清・秀忠親子と賢治が、将軍謁見のため堺に下向するが、このときの軍隊は合わせて千五、六百ほどだったという〔二水記〕。十月には、近江から将軍義晴が細川高国や六角定頼《ろっかくさだより》を率いて上洛したが、これを聞きつけた三好元長と柳本賢治、波多野秀忠らはすぐに上洛し、これを追い払った。

当時の記録には、「波多野・柳本」などと出てくることが多く、一族である波多野氏と柳本氏は連携して動いていたことがうかがえる。十二月には、賢治が京中で乱暴をはたらいたことについて制止するよう伝奏を介して波多野秀忠へ仰せがあり、秀忠から、それは言語道断のことなので阿波衆と賢治にも言い含めておく、との返事があったという〔実隆公記〕。京都の人々も当初は、突如上洛してきた賢治に直接訴えるのではなく、在京歴が長く、一族である波多野氏を介してやりとりをしていたのだろう。賢治の発給文書も、初期には波多野秀忠との連署がみられ、両氏は京都支配において連携していたと考えられる。

一方、三好元長と賢治は、当初は京都支配において連携していたが、大永八年（享禄元年）に元長が高国との和談を進めたことがわかると、賢治はこれに反発して京都を去ってしまう。しかし、結局この和談はまとまらず、高国は近江へ没落して賢治が再度上洛してくるが、七月には細川晴元より元長に対し下山城五郡守護代が与えられ、京都における主導権争いに敗れた賢治は、各地を転戦することとなる。

閏九月には大和、その足で高屋城《たかや》（大阪府羽曳野市）、十二月には山崎《やまざき》（京都府大山崎町）復帰を図るも撃退されて枚方寺内町《ひらかたじないまち》（大阪府枚方市）に逃げ込んでしまう。

しかし翌享禄二年（一五二九）六月には、松井宗信《まついむねのぶ》とともに、堺の晴元のもとで将軍義晴擁立の話をまとめて翌七月に上洛する。晴元方内部でも、将軍義維を押す三好元長と義晴を推す賢治との間で対立があったようである〔馬部二〇一四〕。八月から十二月には再度伊丹城を攻めるが、義晴上洛計画は途中で挫折し、賢治は大徳寺《だいとくじ》で出家する。そして、享禄三年六月に播磨を攻めた際、浄春房《じょうしゅんぼう》によって暗殺されてしまう。

賢治は、桂川での戦に勝って上洛した後の大永七年以後に文書を発給し始める。ただし、馬部隆弘氏のまとめた発給文書一覧によれば〔馬部二〇一四〕、柳本氏の発給文書の多くは大徳寺や東寺《とうじ》、勧修寺《かじゅうじ》、あるいは九条《くじょう》家など京都周辺に知行を有する公家や寺社に対して地子銭《じしせん》等を安堵するものであり、家臣に対する知行宛行状などは確認できない。また、これらはいずれも年号を欠く文書であり、暫定的に権利を安堵する時限的なものとして見なされていたのだろう。

賢治は都市に基盤を置き、京都近郊の商人や土豪らを被官化し、荘園領主との交渉の中で権利を得る存在であった〔馬部二〇一四〕。多紀郡代を梃子に力をつけ、守護代として権力を強化していった波多野氏とは異なり、荘園領主の支持に支えられていた点に柳本賢治の限界があったといえよう。十六世紀前半の畿内近国においては、室町幕府―守護体制に拠らなければ権力の確立が困難であったことがうかがえよう。

（飛鳥井拓）

【主要参考文献】
芦田岩男「丹波波多野氏の勢力拡大過程」（『兵庫県の歴史』二六、一九九〇年）
天野忠幸『三好一族―戦国最初の「天下人」―』（中央公論新社、二〇二一年）
馬部隆弘「「堺公方」期の京都支配と柳本賢治」（同『戦国期細川権力の研究』吉川弘文館、二〇一八年、初出は二〇一四年）
馬部隆弘「細川高国の近習と内衆の再編」（同『戦国期細川権力の研究』吉川弘文館、二〇一八年、初出は二〇一五年a）
馬部隆弘「細川高国の近習とその構成―「十念寺念仏講衆」の紹介と分析―」（同『戦国期細川権力の研究』吉川弘文館、二〇一八年、初出は二〇一五年b）
福島克彦「神尾山城跡（本目城）」（『新修亀岡市史　史料編第一巻』亀岡市、二〇〇〇年）
八上城研究会編『戦国・織豊期城郭論―丹波国八上城遺跡群に関する総合研究―』（和泉書院、二〇〇〇年）
渡邊大門「波多野氏の丹波国支配をめぐって―天文・永禄年間を中心に―」（『鷹陵史学』三七、二〇一一年）

三好之長・元長――三好氏隆盛の礎を築いた猛将

三好氏の出自

三好《みよし》氏は、江戸時代に作成された軍記物や系図によると、小笠原《おがさわら》氏の末裔とされる。小笠原氏は、源義家《みなもとのよしいえ》（八幡太郎《はちまんたろう》）の弟義光《よしみつ》（新羅三郎《しんらさぶろう》）を祖先とし、源頼朝《よりとも》に従って信濃に進出した。その後、鎌倉時代から室町時代初期にかけて、阿波や石見、京都に子孫が土着していく。その内、阿波の三好郡を本貫とした者が三好氏となった。こうした由緒の真偽は定かではないが、近畿と四国に勢力を伸ばした三好長慶《ながよし》は、武田信玄《たけだしんげん》に信濃を逐われた小笠原長時《ながとき》・貞慶《さだよし》親子を保護し、居城の飯盛《いいもり》城（大阪府大東市、四條畷市）に、源義光が元服した由緒を持つ園城寺《おんじょうじ》の新羅社を勧請しているので、強い同族意識は持っていた。

三好氏の初見は寛正六年（一四六五）で、三好式部少輔は阿波守護細川成之《ほそかわしげゆき》が三郡に課した風呂銭についで触れてまわっている〔阿波国徴古雑抄所収三好松永文書〕。阿波では守護代東条《とうじょう》氏のもと、数郡ごとに小守護代や郡代が配置されていたが、三好氏はその一人として「三郡」や「上郡」と呼ばれた阿波北西部を管轄していた。ただこの三好式部少輔が、戦国時代に畿内で活動する三好之長《ゆきなが》や元長《もとなが》、長慶の直接の祖先であったかは不明である。三好氏は在国する郡代として、在京する守護に代わって、阿波を掌握したのではなく、むしろ京都で軍事的才能により守護家当主と結合し、宿老や譜代被官と対立しながら台頭した〔山下二〇〇一〕。

文明十三年（一四八一）十月、東条氏と「吉見」の間で争いが起こった〔大乗院寺社雑事記〕。文明十七年六月には、阿波守護細川政之《まさゆき》の被官「三吉某」が公家の高倉永継《たかくらながつぐ》に捕らえられた盗人を取り返そうと、その屋敷を襲撃する事件を引き起こしている〔実隆卿記、親長卿記〕。この「吉見」や「三吉」こそが新たに台頭する三好氏であった。八月に、三好氏は日照りで困窮する百姓を糾合して徳政一揆《とくせいいっき》を引き起こした挙句、侍所所司代《さむらいどころしょしだい》多賀高忠《たがたかただ》の追討を受けるが、細川政之は高忠を退けている〔後法興院記〕。三好氏は公家たちからは名前もよくわからない得体の知れない人物として、登場したのである。

そうした三好氏は、十月になると、阿波で東条氏が反乱を起こしたため、細川成之・政之親子の先鋒として下国していった。

細川澄元と上洛

三好之長は長禄二年（一四五八）に生まれた〔盲聾記〕。幼名や仮名は不明で、官途は「筑前守」、法名は「喜雲道悦《きうんどうえつ》」である〔見性寺文書〕。実名の「之長」は、細川成之か政之からの偏諱《へんき》と考えられる。別名で「長輝《ながてる》」とされるが、同時代史料には見えない。年齢的に文明年間に京都で騒動を起こしていたのは、この之長であろう。阿波に下向した之長は、東条氏がたびたび反乱を繰り返したため、守護の抑止力として在国し続けたようだ。

京都では細川一族を統べる京兆《けいちょう》家《け》の細川政元《まさもと》が、明応の政変で将軍足利義稙《あしかがよしたね》を更迭すると、足利義《よし》澄《ずみ》を将軍に擁立し、幕政を主導するようになった。これにより、阿波守護家の立場は微妙となった。細川政之の弟義春《よしはる》は足利義稙より偏諱を受けるなど、重用されていたためである。政之・義春兄弟は早世し、阿波の実権は父成之が握っていたが、義稙は北陸や西国の守護の支援を受け上洛を目論んでいた。

また、京兆家の家督問題が持ち上がる。政元は修験道に耽溺したため、実子がいなかった。庶流の野《や》州《しゅう》家《け》から細川高国《たかくに》が迎えられるが、早々に実家に帰されていた。次いで公家の九条《くじょう》家出身の細川澄之《すみゆき》が養子となる。これに対して、摂津守護代の薬師寺元一《やくしじもとかず》は前将軍義稙方の畠山尚順《はたけやまひさのぶ》や細川成之との緊

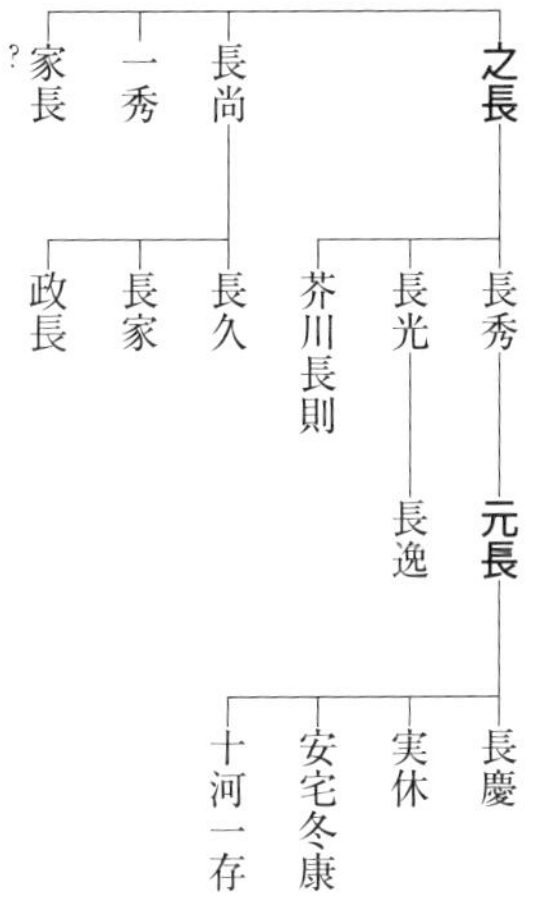

三好氏略系図

張緩和や連携を企て、細川義春の子澄元《すみもと》を政元の養子に迎えようとしたのである。永正元年（一五〇四）、薬師寺元一は政元を隠居させ、澄元を家督に立てようと挙兵したが、失敗して自害した。

ところが、畠山尚順が対立する畠山義英《よしひで》と和睦して、南近畿を押さえていき、細川成之も政元が派遣した追討軍を返り討ちにし、淡路に攻め込む事態となった。

三好之長（長輝）画像　徳島県藍住町・見性寺蔵　画像提供：藍住町教育委員会

こうなると、政元も成之と和睦せざるをえず、澄元を養子とし家督にすると決定した。永正三年二月、之長が執事の撫養《むや》掃部助《かもんのすけ》を率いて上洛し、四月に澄元も入京する。撫養氏は鳴門海峡を望む阿波随一の要港である撫養（徳島県鳴門市）の国人で、之長は対岸の淡路守護細川尚春《ひさはる》と激しく対立していた。

政元は自身が取り立てた赤沢朝経《あかざわともつね》と三好之長を直属の軍事力として編成し、八月には大和へ出兵させ、畠山氏を駆逐した。ただ、家督問題は根深く、之長と細川澄之を擁する香西元長《こうざいもとなが》が下京《しもぎょう》で喧嘩をしており、一触即発の状態となった。そこで、政元は澄之に丹波守護職を、澄元に摂津守護職を与え、宥和を図る。之長は摂津守護代及び讃岐守護代に相当する立場として、澄元の命令を執行する存在になった〔馬部二〇一八〕。また、之長は河内八箇所（大阪府大東市、門真市、大阪市鶴見区）の代官職を獲得し〔筑波大学所蔵北野神社文書〕、その妻「五位女」も摂津の木代荘（大阪府豊能町）を得るなど〔菊大路文書〕、畿内に勢力を扶植していく。

追い詰められた香西元長は、永正四年六月二十三日に政元を暗殺するクーデターを敢行した〔宣胤卿記、後法成寺関白記』)。澄元や之長は甲賀《こうか》(滋賀県甲賀市)へ敗走し、赤沢朝経は自害した。ただ、かつて政元の養子であった高国が一族をまとめあげて反撃に転じると、澄元や之長も六角《ろっかく》氏の援軍を得て京都に進軍したため、八月一日に澄之と香西元長は滅亡した。

澄元は家督を奪還したが、増長した之長の被官は寺社領を押領するなど、京都で狼藉を繰り返した。澄元が遁世《とんせい》をほのめかしたので、之長も被官の梶原《かじわら》氏を処刑し一応の解決を見たが(『宣胤卿記』)、澄元権力の不安定さを露呈したことになった。

細川氏の分裂

永正五年(一五〇八)二月、阿波で大規模な反乱が起こったため、細川成之は阿波国人に対する軍事指揮権を三好之長に委ね、鎮圧を命じている(『阿佐文書』)。之長は京都でも阿波でも軍功を重ねていったが、その分、横暴な振る舞いも目立つようになった。それを危惧した成之(道空)は、三月五日に細川高国や典厩家《てんきゅうけ》の細川政賢《まさかた》へ、之長は成之自身や細川政元に対して怠慢なところがあったが大目に見てきた。しかし、細川澄元を補佐せず、畿内の平和を乱しており、このままでは細川一族が立ち行かなくなってしまうので、之長に成敗を加え、澄元が家を守れるよう指南してほしいと頼んでいる(『細川家文書』)。

実は之長だけでなく、澄元が阿波より連れてきた高畠長信《たかばたけながのぶ》らも京都で細川一族との軋轢を深めていた。高国はすでにこのような澄元自体を見限っており、四月に挙兵した。高国は前将軍足利義稙とそれを擁する大内義興《おおうちよしおき》と通じており、彼らの上洛作戦と連携していたのである。澄元と之長、将軍足利義澄は相次いで近江へ逃れた。こうして細川氏も、畠山氏や足利将軍家のように分裂して争う時代を迎える。

将軍に再任された義稙に対して、之長は永正六年に兵を起こした。之長は自治都市として有名な大《おお》山崎《やまざき》（京都府大山崎町、大阪府島本町）を味方につけると、息子の長秀《ながひで》とともに三千の兵を率いて、六月十七日に如意岳《にょいがたけ》（京都市東山区）に陣取った〈実隆公記〉。しかし、細川高国や大内義興は二、三万の大軍であったため、戦うことなく、大雨に紛れて撤退した。之長は阿波に逃れたが、長秀は伊勢で再起を図ろうとしたのであろうか、御師《おし》の山田御炊大夫《やまだおおいたいふ》に匿われていたが、八月に高国の娘婿である北畠材《きたばたけき》親《ちか》や志摩国人に攻められ自害した〈実隆公記〉。

永正八年、近江の義澄は長男義維《よしつな》を阿波の細川澄元へ、次男義晴《よしはる》を播磨の赤松義村《あかまつよしむら》に遣わして、義稙包囲網を形成する。しかし、八月十四日に義澄自身が病死し、二十四日の船岡山《ふなおかやま》（京都市北区）の戦いで澄元らは大敗を喫した。かつて、船岡山の戦いには之長ら阿波衆も参陣していたとされていたが、細川成之は讃岐の高国方に備えて動かず、之長も出陣しなかった〈馬部二〇一八〉。また、この頃までに之長の弟長尚《ながなお》は高国に味方しており〈馬部二〇二二〉、三好氏も分裂していた。

九月には成之が、永正九年には澄元の兄で備中守護の之持《ゆきもち》が死去したため、澄元は長く阿波に逼塞を余儀なくされる。

百万遍に死す

約五年間、細川澄元と三好之長は阿波に逼塞していたが、永正十四年（一五一七）九月、反撃に転じる。之長と寒川《さむかわ》氏が淡路に攻め込み、淡路守護の細川尚春を堺に追放した。永正十六年には尚春を討ち取り、十一月に兵庫津《ひょうごのつ》（神戸市兵庫区）へ渡海する。今回は阿波衆や讃岐衆も動員した上洛戦であった。

永正十七年正月、之長の来襲に呼応するように、京都では徳政一揆が起こり、細川高国の足元を揺さぶった。二月十六日に、澄元・之長勢が尼崎《あまがさき》（兵庫県尼崎市）で高国を撃破すると、高国は坂本《さかもと》（大津市）へ逃れた。このとき、将軍義稙は高国を見限って京都に留まり、澄元に京兆家の家督を認めている。

これを見た之長は、三月十五日に下級の武士が着る「十徳《じっとく》」に身を包み、自ら上洛して内密に偵察した後、十七日に「美麗驚目」の「甲冑」を着けた馬上百余騎をはじめ、二万の軍勢を率いて堂々と入京した〔二水記〕。その過半は京都やその周辺の住民であったとされ、徳政一揆も加わっていたのであろう。

しかし、このとき、澄元は伊丹《いたみ》城（兵庫県伊丹市）で病床にあり、上洛することは叶わなかった。

五月になると、高国は六角氏・朝倉《あさくら》氏・土岐《とき》氏らの援軍を得て、四、五万の兵力を率いて、京都に攻め込んだ。四日から五日にかけて、等持寺《とうじじ》（京都市中京区）周辺で応仁の乱以来という激しい戦いとなり、之長は武勇の至りと称される働きをしたものの〔二水記〕、東条氏や河村《かわむら》氏など阿波国人が高国方に寝返ったため大敗した。彼らは主君である澄元がいない戦場で、之長と生死をともにする義理はなかったのである。

之長は曇華院《どんげいん》（京都市右京区）に潜んでいたが、高国に包囲され、之長の子の三好長光《ながみつ》・芥川長則《あくたがわながのり》兄弟が十日に、之長と長尚の子で父と袂を分かった長久が十一日に降った〔拾芥記〕。之長は肥満のため馬がないと行動できず、逃げられなかったようだ〔盲聾記〕。之長と長久は降人として剃髪したが、父尚春を討たれた細川彦四郎が処刑を主張したため、百万遍《ひゃくまんべん》（浄土宗知恩寺《ちおんじ》、中世は京都市上京区）で切腹させられた。十二日には長光・長則兄弟も腹を切っている。澄元は阿波に退却するが、六月十日に死去した。

之長の滅亡については、「大悪」の最たるもので喜ばない者はいなかったとか〔盲聾記〕、「悪逆の報逃れ難し」〔二水記〕と評された。之長は公家社会には忌避されたが、たびたび徳政一揆を主導し、または徳政免除や半済《はんぜい》を駆使して軍勢催促を行うなど、京都やその近郊の都市民・百姓らの機微に通じた人物であった。軍事的才覚にも長けており、阿波守護家当主からの信頼こそが、その権力基盤であったが、それ故に阿波国人との対立を生むことにもなった。

之長が澄元を擁して上洛した頃に描かれた寿像には、知恩寺の法誉《ほうよ》聖然《しょうねん》が「三好氏曩祖、日本無双の弓取」と評した賛が記されている〔京都大学総合博物館所蔵三好之長画像模本〕。また、阿波守護家の一族と推測され、澄元を補佐した光勝院《こうしょういん》周適《しゅうてき》は、之長の七回忌にあたる大永六年（一五二六）に作成された之長の画像に、漢《かん》の高祖《こうそ》劉邦《りゅうほう》を助けて天下を取らせた黥布《げいふ》・韓信《かんしん》・陳平《ちんぺい》・張良《ちょうりょう》に類するものと賛を加えている〔見性寺所蔵三好之長画像〕。京兆家と阿波守護家に両属する特別な立場を有した之長は、その後の三好氏発展の基礎を築いた。

堺への渡海

三好之長の死後、家督を継いだのは長秀の子の三好元長《もとなが》である。幼名は「千熊丸《せんくままる》」〔安楽寺文書〕、官途は「筑前守」、出家後は「開運《かいうん》」〔真乗院文書、兼右卿記〕といい、法名は「善室統慶《ぜんしつとうけい》」である〔見性寺文書〕。実名の「元長」であるが、主君の細川晴元《はるもと》は元長の在世中は仮名《けみょう》の「六郎」のままであるので、細川澄元よりの偏諱であろうか。別名で「長基《ながもと》」とされるが、同時代史料には見えない。

元長は之長が自害して半年後の永正十七年（一五二〇）十二月に、本願寺《ほんがんじ》教団の実力者である興正《こうしょう》寺《じ》の申し入れを受け、退転していた安楽寺《あんらくじ》を保護し、郡里《こおざと》（徳島県美馬市）への還住を命じた〔安楽寺文書〕。このとき、元長を補佐したのが、阿波守護家の内衆《うちしゅう》である篠原長政《しのはらながまさ》である。

畿内では、之長が上洛した際、細川高国を見限った足利義稙が失脚して、淡路、そして阿波へ遁走したので、高国は播磨より足利義晴を迎えて将軍に就けた。公家からの信頼も篤く、幕府再興に尽くした高国は、大永年間（一五二一〜二八）に最盛期を迎える。しかし、大永六年（一五二六）七月、高国の従兄弟の細川尹賢《ただかた》と近習の波多野元清《はたのもときよ》・香西元盛《もともり》・柳本賢治《やなぎもとかたはる》兄弟が対立し、元盛が自害させられたため、元清と賢治が離反した。

三好元長（長基）画像　徳島県藍住町・見性寺蔵
画像提供：藍住町教育委員会

これを見た元長や細川晴元・氏之《うじゆき》兄弟は、足利義維を大永三年に撫養で没した足利義稙の養嗣子として擁立し、上洛に向けて動き始める。十一月には、元長と晴元の側近の可竹軒周聡《かちくけんしゅうそう》が、波多野氏との交渉にあたった〔波多野家文書〕。大永七年二月、元長は井隈庄（徳島県藍住町）や淡路の柿寺を、祖父元長の菩提を弔う勝瑞《しょうずい》（藍住町）の見《けん》性寺《しょうじ》に寄進し、高国討伐の成就を祈願する。義維方は和泉守護代の松浦守《まつらまもる》や義就流の畠山義堯《よしたか》、因幡守護の山名《やまな》誠通《のぶみち》、伊勢国人の長野《ながの》氏と連携し、義晴包囲網を形成していた〔南行雑録〕。

高国から離反し晴元に味方した之長の弟長尚とその子の長家《ながいえ》・政長《まさなが》兄弟は〔馬部二〇二二〕、丹波の柳本賢治とともに、二月十三日には桂川《かつらがわ》や川勝寺《せんしょうじ》（京都市右京区）で義晴や高国、若狭の武田元光《たけだもとみつ》などの連合軍を破り、公家の日野内光《ひのうちみつ》を討ちとって、十六日に入京を果たした。元長も義維や晴元とともに三月二十二日に堺へ入り、翌日には元長と可竹軒周聡が堺南庄に対して、地下宿や喧嘩、押買、盗人、濫妨狼藉を禁止する法令を発給している〔蜷川家文書〕。義維は七月には在堺のまま、代々の将軍候補者が任官する従五位下左馬頭に任じられ、「堺大樹《さかいたいじゅ》」「堺公方《さかいくぼう》」と呼ばれるようになった。

足利義維と細川晴元の対立

大永七年（一五二七）十月、細川高国と足利義晴は六角定頼《さだより》や朝倉宗滴《そうてき》の援軍を得て反撃に転じたが、三好元長と柳本賢治がこれを退けたのを契機に、和睦の気運が高まった。元長は大永八年正月に定頼の仲介で高国と和睦交渉を行うが、賢治や三好政長は反対して京都から退去した。三月には元長が細川晴元の説得に失敗して四国に退去するとの噂が流れたが、これは淡路の安宅《あたぎ》氏が背いたので、鎮圧に向かっただけのようだ。五月になると、晴元は高国との和睦を拒んだだけで、義晴を将軍として認める方針だと判明する〔二水記〕。しかし、義晴は晴元が足利義維の在堺を容認していることから、不信感を募らせ近江に退去すると、晴元も七月に元長を山城下五郡（乙訓《おとくに》、葛野《かどの》、愛宕《あたご》、紀伊《きい》、宇治《うじ》）守護代に任じた〔東寺百合文書〕。

元長は阿波北部（吉野川《よしのがわ》流域）より連れてきた一族や直臣に組み込んだ国人、すなわち三好家長を乙訓郡代に、市原胤吉《いちはらたねよし》（徳島県吉野川市）を葛野郡代に、塩田胤光《しおたたねみつ》・胤貞《たねさだ》（同美馬市）を愛宕郡代と洛中支配に、森長秀《もりながひで》（同阿波市）を紀伊郡代に、逸見政盛《へんみまさもり》（同三好市）を宇治郡代に任命する。また、乙訓郡の竹内為信《たけうちためのぶ》に所領を安堵する際に、祖父之長の文書を由緒とし判物《はんもつ》を発給している点で〔東寺百合文書〕、細川政元・澄元の命令を承るのみであった之長段階から大きく変質していた。

享徳二年（一五二九）六月、柳本賢治と六角定頼が交渉を行い、足利義晴の直轄領の安堵や細川高国の排除を議題とするなど、義晴の上洛に向けて諸条件が整えられていった〔馬部二〇一八〕。また、賢治が京都近郊の土豪の庶流家や商人を被官に組み込み、京都に大きな権益を持っていたことから、足利義維の擁立にこだわり、山城下五郡守護代となった元長とは和睦方針が異なるだけでなく、利害も競合することから対立は激化した。それはまた、三好一族の分裂を招いた。元長は失脚し、八月に阿波に退去したが、三好政長は可竹軒周聡や畠山義尭の被官であった木沢長政《きざわながまさ》とともに晴元の側近衆を形成していく。

さらに柳本賢治が可竹軒周聡らの反対にあい、享禄三年五月に怒って出家している。和睦が頓挫した背景には、六角定頼に排除された細川高国が尼子経久《あまごつねひさ》や赤松氏の宿老である浦上村宗《うらがみむらむね》の支援を受け、西国で勢力を盛り返していたためで、足利義晴や定頼も日和ったのである。賢治は高国を討つため播磨へ出陣したが、六月に山伏に暗殺された。

八月になると、高国と浦上村宗の連合軍が摂津に攻め入った。こうなっては、晴元も元長に畿内への出陣を懇願せざるをえなかった。元長は和睦の証として、嫡子の長慶を十二月までに堺に渡海させると、享禄四年二月に自身も堺へ着陣し、後陣の阿波守護細川氏之の到着を待った。高国は三月六日に池田《いけだ》城（大阪府池田市）を攻略して、東条氏ら「四国衆名誉侍共」をことごとく討ち取り、堺に迫った〔二水記〕。元長は十日にこれを撃退し、天王寺《てんのうじ》周辺（大阪市天王寺区）にまで押し返している。そして、六月四日に天王寺で高国を打ち破った。元長の勝因は、浦上村宗に父義村を殺された赤松晴政《はるまさ》を寝返らせたことであった〔二水記〕。元長の追い討ちにより、敗走する高国勢は旧淀川《よどがわ》下流の乱流域で多くの水死者を出した。高国は尼崎まで逃れたが、追手の三好一秀《かずひで》に捕らえられ、大物《だいもつ》（兵庫県尼崎市）で六月八日に自害させられた。このため、この戦いは「大物崩れ」とも呼ばれる。

顕本寺に死す

細川高国を滅ぼす大功を挙げた三好元長は、享禄四年（一五三一）七月に之長と同じく河内八箇所代官職に補任された〔筑波大学所蔵北野神社文書〕。しかし、これが新たな紛争の火種となる。河内八箇所が所在する河内北部は飯盛城主である木沢長政の勢力圏であったためである。八月には堺で細川晴元と細川氏之が衝突し、畿内では、足利義維―細川氏之―三好元長―畠山義堯と、足利義晴―細川晴元―三好政長―木沢長政という対立軸が形成されていった。

享禄五年正月には、三好一秀らが遺恨を晴らすとして、柳本賢治の息子の代理を務めていた柳本甚次郎を殺害する事件を引き起こした。これに激怒した晴元が元長を成敗しようとしたため、細川氏之が仲裁に入り、元長とその家臣八十余人を出家させることで、その場を収めた〔二水記〕。元長は「開運」と名を改め恭順の意を示したが、なおも南禅寺真乗院《なんぜんじしんじょういん》に独自に領地を安堵するなどしている。

このため、晴元は元長を成敗する決意を固め、三月五日には摂津国人の瓦林《かわらばやし》帯刀左衛門尉に軍勢催促を行った。十三日には、氏之が怒って晴元と義絶し阿波に下国したため、元長と晴元の衝突は避けられない状況となった。そうしたところ、五月に畠山義堯は元長より援軍を得て、木沢長政を攻めた。長政を救援するため、晴元は本願寺証如《しょうにょ》に一揆を要請した。証如は加賀の一向一揆以来、教団を保護してくれた細川氏の依頼を断れず、門徒《もんと》に一揆を命じた。一揆勢は義堯を自害に追い込むと、元長のいる堺に攻め寄せた。

敗北を悟った元長は、六月十九日夜に妻と子の長慶を阿波に退去させた。二十日、元長は開口《あぐち》神社の神宮寺である念仏寺《ねんぶつじ》で切腹しようとしたが拒否されたので、法華宗日隆《にちりゅう》門流の顕本寺《けんぽんじ》に移り、三好一秀や塩田氏、加地《かじ》氏など二十余名とともに切腹した。この際、足利義維も元長を見捨てず顕本寺にやってきたが、晴元の兵によって刀を奪い取られ、捕虜となった。義維は七月に実行坊日近《じつぎょうぼうにちきん》は顕本寺において奮戦したと、顕本寺の本山である本能寺《ほんのうじ》にその功績を賞しているので、元長との絆がうかがい知れる〔本能寺文書〕。天文元年（一五三二）十月、軟禁されていた義維が淡路に遁走したのを契機に、十一月に晴元と義晴の間で和睦が成立した。

天文二年、元長の画像が作成され、祖父之長の画像と同様に光勝院周適が賛を加えた。それによると、和やかな気配がみなぎっており、「天下英雄」であることは並ぶものがない、優れた品格は「鶚《みさご》〔鷹のような猛禽、有能な人物〕」に等しく、軍功が世を覆うほど大きいことは「麒麟《きりん》」のようであったとしている〔見性寺所蔵三好元長画像〕。

元長は畿内に「四国衆強性」〔二水記〕という武名や、「度々の忠節をいたづらになさ」れたと同情を残した(細川両家記)。それは三好長慶が畿内で復権する際に大いに役立つとともに、細川晴元は主君ではなく、父の仇であると位置付けることになったのである。

(天野忠幸)

【主要参考文献】

天野忠幸『三好長慶』(ミネルヴァ書房、二〇一四年)

天野忠幸『増補版　戦国期三好政権の研究』(清文堂出版、二〇一五年)

天野忠幸『三好一族』(中央公論新社、二〇二一年)

今谷明『戦国三好一族』(新人物往来社、一九八五年、二〇〇七年に洋泉社から再刊)

木下昌規『足利義輝と三好一族』(戎光祥出版、二〇二一年)

長江正一『三好長慶』(吉川弘文館、一九六八年)

馬部隆弘『戦国期細川権力の研究』(吉川弘文館、二〇一八年)

馬部隆弘「丹波山国荘の代官設置と三好長尚」(『大阪大谷大学歴史文化研究』二二、二〇二二年)

山下知之「阿波国守護細川氏の動向と守護権力」(『四国中世史研究』六、二〇〇一年)

若松和三郎『中世阿波細川氏考』(原田印刷出版、二〇〇〇年、二〇一三年に戎光祥出版から『阿波細川氏の研究』として再刊)

三好政長——細川晴元の信頼厚い長慶のライバル

長尚流三好氏の動向と三好政長の登場

三好政長《みよしまさなが》は三好長尚《ながひさ》の子で、通称を「神五郎《じんごろう》」、後に出家し、「宗三《そうさん》」と名乗った。兄弟には長久《ながひさ》、長家《ながいえ》がおり、子には政勝《まさかつ》（政生《まさなり》、宗渭《そうい》）、為三《いさん》、池田信正《いけだのぶまさ》室がいる。

政長の話に入る前に、彼が登場するまでの細川京兆家《けいちょうけ》の内紛について軽く触れておきたい。永正四年（一五〇七）、細川政元《まさもと》が猶子《ゆうし》の澄之《すみゆき》派の内衆《うちしゅう》である香西元長《こうざいもとなが》・薬師寺長忠《やくしじながただ》等に殺害された後、細川京兆家の家督をめぐって、同じく養子である高国《たかくに》・澄元《すみもと》・澄之の間で争いが起こった。このうち澄元は、阿波守護を担う細川讃州家《さんしゅうけ》の出身である。讃州家に仕えていた三好本宗家の之長《ゆきなが》は、澄元が京兆家の養子に迎えられると、その補佐役として澄元に付き従った。

ところで、この之長には長尚という弟がいる。彼は三好越後を名乗り細川高国《たかくに》方に属して、丹波の山《やま》国《ぐに》荘（京都市右京区・左京区）の代官を担っていた〔守光公記〕。三好政長はこの長尚の子に当たる。政長の兄・長久も永正年間に京都賀茂《かも》社の御結鎮銭を支払う姿が見られ、政長も同様に京都に居を構えていたと考えられる。

永正八年の第二次澄元上洛戦の折、三好之長は阿波細川家の知行がある備前児島《こじま》（岡山県倉敷市）方面に攻撃を仕掛けた。これは長尚が香川元綱《かがわもとつな》とともに高国方として、之長を手引きしたとみられている〔馬部二〇二二〕。

しかし、一度寝返った之長は再び澄元の下へと帰参する。その後、之長は永正十七年五月に等持院《とうじいん》（京都市北区）の戦いで高国勢に敗れた。ただし、長尚は澄元・之長と同調することはなかったとされる。ただ長久は之長に同調したようである。彼は之長とともに百万遍《ひゃくまんべん》の知恩寺《ちおんじ》（京都市左京区）で自刃した。之長の後を追うように澄元も病を得て、そのまま同年六月に阿波勝瑞《しょうずい》城（徳島県藍住町）で歿した。

それから六年後の大永六年（一五二六）、阿波に残された澄元の子・晴元《はるもと》のもとに転機が訪れた。細川高国が香西元盛《もともり》を殺害すると、波多野元清《はたのもときよ》・柳本賢治《やなぎもとかたはる》兄弟が離反したのである。この内紛に乗じて、阿波に滞在していた細川典厩家《てんきゅうけ》の晴賢《はるかた》が晴元方の先陣として堺に着陣した。その晴賢の軍勢には長尚の子である長家、政長の姿もあったという〔実隆公記、二水記、細川両家記〕。これを転機として、政長とその兄弟は晴元方に与することを決意したのである。

晴元の「御前衆」・三好政長

翌年の二月には、桂川原《かつらがわら》において細川高国方を大敗に追いやると、細川晴元は三好之長の孫にあたる三好元長《もとなが》と阿波を出て、足利義稙《あしかがよしたね》の養子・義維《よしつな》を擁し、堺に拠点を移した。

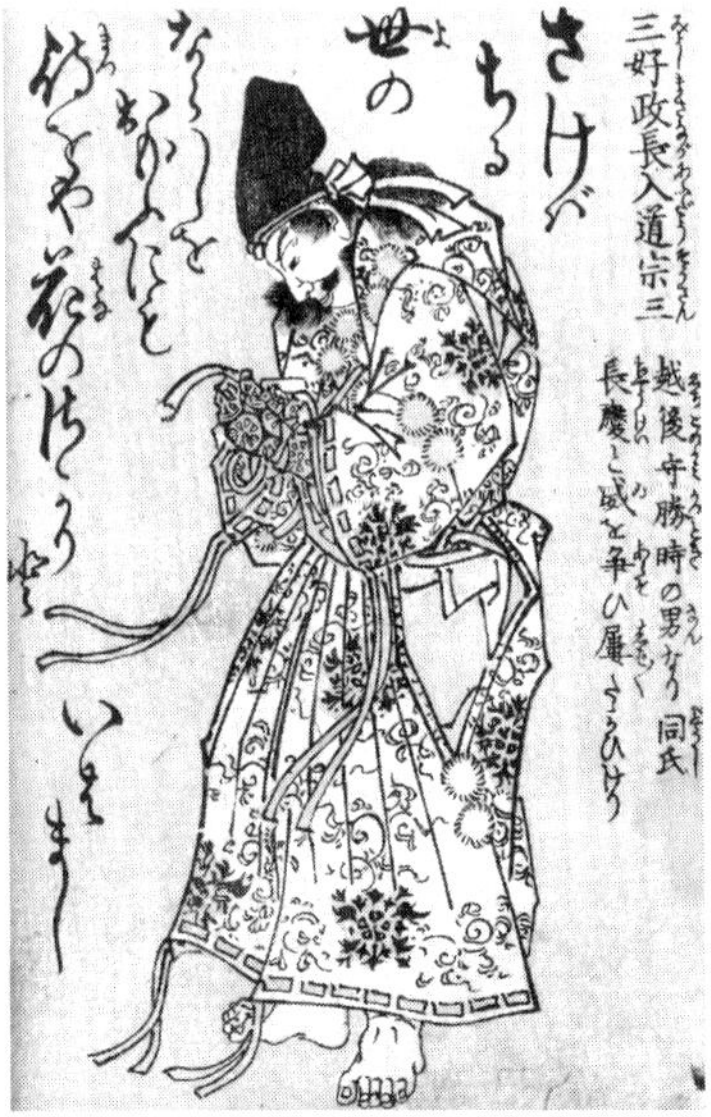

「英雄三十六歌仙」に描かれた三好政長
当社蔵

享禄四年（一五三一）、細川高国は大物《だいもつ》（兵庫県尼崎市）において晴元に敗れ、そのまま自害する。高国との抗争の中で、晴元のもとには従来付き従っていた三好氏のような家臣のみならず、波多野元清や柳本賢治といった高国の旧臣、または畠山《はたけやま》家を出自とする者などが集まるようになった。当然、さまざまな立場の家臣が混在する状況で意見の食い違いや利権争いが起こるのは常であるが、晴元麾下も例に洩れなかった。柳本賢治の没後、その子・虎満丸《とらみつまる》が幼いため柳本甚次郎《じんじろう》が代を務めたが、対立していた三好元長の手によって甚次郎は殺害される。さらにはこの殺害によって三好元長自身も、晴元麾下の家臣たち、ならびに晴元本人からも疎まれるようになった。その家臣の中には三好政長の姿もあった。『細川両家《ほそかわりょうけ》記《き》』には、木沢長政《きざわながまさ》・可竹軒周聡《かちくけんしゅうそう》・三好政長の三人の「御前衆《ごぜんしゅう》」が晴元へ三好元長の讒言をしたとある。本宗家の三好元長の信頼が失墜していく一方で、分家であった三好政長は「御前衆」という立場を得るまでに細川晴元の信頼を獲得していった。

そして同年六月二十日、晴元は本願寺《ほんがんじ》の助力を得て、堺顕本寺《けんぽんじ》（堺市堺区）に立て籠もる元長を攻め、自害へと追いやった。元長が敗死した後、元長の子供たちはもちろん、堺公方であった義維も阿波へと逃れた。一方、政長は本宗家と袂を分かち阿波へと戻らず、晴元にそのまま付き従った。

やがて、晴元は足利義晴《よしはる》を将軍に迎えた。しかし、元長討伐に援助した本願寺一向衆が勢いを強め、今度は本願寺と対立することとなった。三好政長も木沢長政とともに晴元勢の一角として、一向宗門徒の拠点である谷城を攻めている〔言継卿記ほか〕。

この戦いは、晴元対本願寺の機に乗じた細川高国の弟晴国《はるくに》や摂津国衆も本願寺側として参陣している。その中には、三好元長の息長慶《ながよし》の一派である三好連盛《つらもり》・久助《ひさすけ》の姿もあった。しかし、三好連盛等は木沢長政の仲介の下、晴元方に降っている。これを機に三好本宗家は、晴元の麾下へと戻った〔細川両家記、本満寺文書〕。

晴元被官人たちとの確執

こうして三好本宗家は細川晴元の下へと戻ったが、三好政長は晴元の側近として着々と力をつけ、信頼を勝ち取っていった。九州の伊東義祐《いとうよしすけ》は天文六年（一五三七）六月、義晴から偏諱《へんき》を受けるために細川晴元を頼った。伊東義祐は無事偏諱を受けることとなるが、そのとき晴元と義祐の間を取り次いだのが政長である。どうやら政長は、対外交渉の取次役として役割を担っていたようである〔伊東家古文状〕。

しかし天文八年閏六月になると、晴元被官人たちの間で政長をめぐる争いが起こった。当時の争いを、京都の人々は本宗家の三好長慶と政長を基軸とした対立であるという見解を示している（厳助往年記）。対立の理由としてあげられるのが、本宗家の三好長慶が幕府御料所《ごりょうしょ》である河内十七箇所の代官職を望んだことであったといわれる（大館常興日記）。長慶の競望が争いの直前にあったため、政長との間で河内十七箇所をめぐる衝突があったと見られていた。従来はこれが原因であるとする見方が有力であった。

しかし一方で、この十七箇所自体は政長と無関係であるとし、単純な三好長慶と政長の対立構造でなかったとする見方がある。この頃、政長は山城下五郡の支配に乗り出している。これを快く思わなかった三好長慶や高畠長信《たかはたながのぶ》などの晴元被官人たちが存在した。長慶の父・元長がかつて行使していた山城下五郡守護代を意識し、政長がそれを引き継ごうとする目論みがあったとする（馬部二〇一二）。何の名分も持たず、下五郡へ介入しようとした政長の行動は一部の晴元被官人たちの反感を買い、やがて争いへと発展したのである。

幕府は閏六月にはこの争いを止めようとして、長慶へ御内書《ごないしょ》を発給する。さらには晴元方である池田信正等他六名の晴元方の被官に仲立ちを頼んだ。長慶はそれらの仲立ちに対し「義晴に反旗を翻す者ではない」と返答し、あくまで兵を挙げたのは政長が原因であることを伝えている（大館常興日記、蜷川親俊日記）。翌月の十四日に政長は対長慶のため、高雄《たかお》（京都市右京区）に陣を調えた。このとき陣の中には、細川晴元をはじめ、同元常《もとつね》、古津《ふるつ》左衛門尉、田井《たい》源介、波々伯部《ほうかべ》元継《もとつぐ》の姿があり（天文日記）、また波多野衆の姿もあった〔親俊日記〕。幕府が長慶に筋があると判断した河内十七箇所の争いに際しても、細川晴元は政長に味方したのである。政長は晴元にとって本宗家を凌ぐ重要な人物であった。

その後、七月二十八日、晴元の舅である六角定頼《ろっかくさだより》が仲立ちしたことで、三好長慶は山崎《やまざき》（京都府大山崎町）に陣していた兵を退けた〔大舘常興日記〕。そのまま、長慶は八月十四日に摂津の越水城《こしみず》（兵庫県西宮市）へと入った〔天文日記〕。

晴元下の政長の動向

越水城へ入った長慶は、その後摂津を基盤に勢力を拡大する。前述のように、政長はその一方で山城下五郡への支配に干渉を始めていた。当時の山城国は、木沢長政が山城上三郡の守護代を務める一方、下五郡の差配は細川晴元を頂点として複数の被官人たちが関与していた。政長はその中でもとりわけ京都寺社との関係を強めている。天文七年には、京都諸寺社へ段銭《たんせん》徴収を行ったことを契機に晴元の窓口として認識されはじめた〔東寺百合文書〕。さらには京都の諸寺社は晴元の保証を得るため、とりわけ政長を窓口として頼みとする場面も多く見られるようになっていく〔大徳寺文書〕。このような政長の動向は、実情は守護代ではないものの、下五郡の守護代を意識していたとする見方があったことは前に述べた通りである〔馬部二〇二二〕。

天文十一年（一五四二）三月、木沢長政は細川晴元に背き、太平寺《たいへいじ》（大阪府柏原市）で歿している。長政が死没した直後、政長は身を法体に改め、「宗三」と名乗った〔天文日記〕。出家をした理由は定かではないが、タイミングを考えれば、木沢長政に関与しているといえよう。木沢長政の后室が三好政長の親類であったことも一因であったかもしれない〔法隆寺文書〕。

ちなみに、晴元の被官同士、および畿内近国の国衆の結束が強くなるよう、被官の親類を使って姻戚関係を結ぶことはままあった。とりわけ、晴元は三好政長の縁者を使うことが多かったようである。右の木沢長政の后室はもちろんのこと、池田長正の室として政長の娘が嫁いでいる。政長は晴元の被官人たちをつなぐ要でもあった〔天野二〇一三〕。

法体へと身を新たにした三好政長は、京都の寺社から所領問題の解決のために頼られることが多くあった。それは守護代や奉行のような役割を担っているというわけではなく、所領への影響力があったためである。

例えば東寺八幡宮領《とうじはちまんぐう》の「公用之儀《こうようのぎ》」について、晴元の「御下知」が滞っている問題があった。晴元の被官である高畠長直が東寺の寺奉行として対処に当たっていたが、東寺側は問題解決に政長を頼みにしたのである。政長は高畠長直に対し、東寺側の状況や相談内容を説明している。政長がこのように取りはからう姿に長直は、「そもそもなぜ東寺八幡宮領の問題をあなたが知っているのか」と驚きつつ、政長へ返答している〔東寺百合文書〕。

政長は守護代といった名分がなくとも、在地の問題を解決できる存在として期待されていた〔山下二〇一七〕。このような立場を有していた政長という存在は、晴元にとって必要不可欠の存在となったのである。

細川氏綱の戦いと政長の軍勢規模

天文十二年（一五四三）七月二十五日、細川高国の後継を称する細川氏綱《うじつな》は細川晴元と対峙するため堺を攻撃している〔多聞院日記〕。氏綱は、畠山稙長方の遊佐長教《ゆざながのり》や、細川玄蕃《げんば》家の細川国慶《くによし》、摂津国衆の長塩《ながしお》氏などを味方に引き入れ、軍勢を拡大させていた。このときは和泉守護代松浦守《まつらまもる》の活躍によって撃退されたが、これを皮切りに山城・摂津・和泉の各地で戦乱が勃発した。当然、細川晴元方の臣として、政長もその戦列に加わっている。

『言継卿記《ときつぐきょうき》』天文十四年五月二十四日条によれば、山城の宇治表《うじおもて》（京都府宇治市）に着陣したおおよその晴元の軍勢数が記される。晴元陣営にいた政長は三〇〇〇の兵を伴っていたという。このとき三好長慶は一五〇〇〇の兵を動員していた。長慶に比べれば五分の一の勢力ではあるが、同じく摂津国衆の伊丹《いたみ》親興《ちかおき》も三〇〇〇を動員していることから、一国衆と遜色のない軍事勢力を保有していたことがわかる。

その後、氏綱方との戦いは年数を経るごとに激化する。天文十五年九月十三日には細川国慶に京都を奪取されるものの、阿波からの援軍により晴元方は形勢を持ちなおす。天文十六年十月六日には、京都大将軍《たいしょうぐん》（京都市北区）において国慶を敗死に追い込んだ。そして翌天文十七年四月二十二日、遊佐長教は六角定頼と談合し、晴元方との和睦を受け入れる。この和睦で一気に晴元方の優勢に傾いたと思われた。しかし、晴元麾下の内紛によりその状況は崩されることになる。

長慶、政長を訴える

その内紛が始まったきっかけは、摂津国衆池田信正が一時氏綱に味方したことを晴元に咎められ、結果自害に追い込まれた事件である。信正には太松（後の池田長正《ながまさ》）という嫡男がいた。太松は長正と政長の娘の子にあたり、政長にとっては孫にあたる。この太松が池田家の跡目を相続することになる。しかし、そこからが問題であった。

天文十七年八月に、その実情を把握していた三好長慶は、細川晴元麾下の側近五人へ訴状を認めた。長慶の言い分は、三好政長が池田家の内部に干渉して城内に取り入り、池田家中に黙って家財・蔵物を接収したというものであった。加えて、池田の知行まで口を出して、池田家を我が物のように扱っていると訴え出た。すでに、政長に同調する一味は城から追い払われ、池田家の者が堅固に守っているという。

さらには、政長の子・政勝が自陣に火を放って勝手に退いた行為に対し、長慶自身に危害を加えようとしたことを述べている。政長父子に対しどうか御成敗を加えるよう六角定頼へ相談し、意見を預かってほしいと頼みこんだ。晴元でなく六角定頼へと相談を入れたのは、おそらく定頼が晴元の義父であり、幕府においても管領代という立場にあったためであろう。六角定頼を介して、晴元の説得を試みたと考えられる〔尊経閣文庫所蔵文書、後鑑所収古文書〕。

右のような長慶の言い分が確かであれば、外戚《がいせき》である政長がその立場を利用し、池田家を掌握しようとしていたことになる。また、政生は長慶を害そうとしていたのである。

これらの政長父子の所業は長慶の言い分のみで語られているため、脚色が入っている可能性もあるだろうが、長慶はこれを大義名分に、念願であった政長排除に乗り出したのである。

江口の戦いで討ち死に

しかし、長慶の訴状を介した晴元への説得は実を結ばなかった。晴元は榎並《えなみ》城（大阪市城東区）に立て籠もる政勝に向けて、河原林《かわらばやし》対馬守の軍勢を援兵として差し遣わしたのである。晴元のこの行為に対して、とうとう長慶は晴元を見限ることを決意し、今後京兆家の家督として氏綱を盛り立てることを決めた〔細川両家記〕。

年が明けた天文十八年（一五四九）正月十一日、長慶が越水より出兵し、伊丹（兵庫県伊丹市）に火をかけたことで争いの火ぶたが切って落とされた。長慶は遊佐長教との共同戦線の下、長慶の兄弟たちはもちろん、彼らの本拠である阿波・淡路・讃岐、そして池田氏、芥川《あくたがわ》氏などの摂津国衆の一部、長教に付き従う河内国衆や畿内の一部の国衆が長慶に加勢した。

一方、政長に味方したのは晴元をはじめ、伊丹氏・塩川《しおかわ》氏・多田《ただ》氏などの摂津国衆の一部、晴元の義父である六角定頼、定頼の呼びかけに応じた伊賀衆・和泉の岸和田《きしわだ》衆などであったという〔足利季世記、細川両家記〕。軍勢の大部分が六角定頼・晴元に依拠するものといえよう。

政長は長慶の謀反に対し、同年同月二十六日、多田衆を率いて池田の市場を焼いた。その後、三月には柴島《くにじま》城（大阪市東淀川区）に身を寄せた。しかし、柴島城は長慶・遊佐長教方の猛攻に遭い、落城する。長慶はそのまま榎並を攻めているので、政長は榎並城へ落ち延びたのであろう。だがこのとき、政生が守る榎並城は落城しなかった。

四月二十九日には、伊丹親興とともに尼崎《あまがさき》（兵庫県尼崎市）を焼き、五月一日に東《ひがし》冨松《とまつ》城（尼崎市）を攻めた。同月五日には三宅城（大阪府茨木市）に入る。そして六月十七日、中島《なかじま》城（大阪市淀川区）を奪取するため、江口《えぐち》（大阪市東淀川区）に陣を構えた。しかし、長慶は兄弟の十河一存《そごうかずまさ》、安宅冬康《あたぎふゆやす》等を差し向ける。彼らが別府川《べっぷがわ》に陣を構えたことで、江口と三宅城を結ぶ陸上・水上の通路を制圧した。補給線を絶たれた政長は、六月二十四日、六角義賢《よしかた》等の近江勢が山崎まで援兵を寄せるも、長慶・長教方の総攻撃によって討ち死にしたのである〔細川両家記ほか〕。

織豊期に引き継がれる政長の遺物

三好政長は細川晴元の寵臣である立場を存分に利用し、その身を確立させた。摂津下郡を主体として権力基盤を自力で調えた三好長慶とは真逆の生き方ではあるだろう。ただ、本宗家と違って畿内へと進出しながらも、阿波などの下地が得られない政長にとっては、晴元の存在は重要な生命線であった。

一方で政長は、茶の湯に傾倒している。『宗及茶湯日記《そうぎゅうちゃゆにっき》』によれば、天文十八年（一五四九）二月十一日に茶会を催している。津田宗及《つだそうぎゅう》をはじめ、武野紹鴎《たけのじょうおう》、近江の源六《げんろく》というものを招き、東山《ひがしやま》御物《ごもつ》の松嶋壺《まつしまのつぼ》、曜変天目《ようへんてんもく》などを用いて三人を接待した。政長は茶器蒐集にも心血を注いでいたようで、後に織田信長《おだのぶなが》が蒐集した多数の茶器のうち、政長旧蔵のものが十点あった〔竹本二〇〇六、天野二〇一三〕。『宗及茶湯日記』は天文十七年十二月から始まるので、政長が茶会へ参加した記事は二件しか見られないが、自身で開いた茶会の二日後には紹鴎の茶会へも参加している。戦時中にもかかわらず、少しの余暇さえあれば茶会に参加していたことから、よほど茶の湯に没頭していたのであろう。政長は後々の織田信長や豊臣秀吉《とよとみひでよし》が傾倒した茶の湯文化の先駆者であった。

また、政長が後世残したのは茶の湯だけでなかった。京都・建勲《けんくん》神社（京都市北区）には、政長がかつて所有していたと伝わる刀剣の宗三《そうさん》（義元《よしもと》）左文字《さもんじ》が残る（現在は京都国立博物館に寄託）。この刀剣の伝来は、徳川吉宗《とくがわよしむね》の時期の名物を記した「享保名物帳《きょうほうめいぶつちょう》」に記載される。そこには、三好宗三（政長）が武田信虎《たけだのぶとら》に遣わし、それが後に今川義元《いまがわよしもと》に伝わった。そして桶狭間《おけはざま》の戦いの後、信長の手に渡るとしばらく紛失し、やがて豊臣秀頼《ひでより》、そして徳川家へと伝わったとする。ただし、政長と信虎との関係を示す材料がないことはもとより、紛失したという経緯があることから、「享保名物帳」が示す伝来過程は確証を得ない。後々豊臣の時代に紛失した信長愛用の「義元左文字」という箔をつけるため、同じ信長旧蔵の「宗三左文字」に「享保名物帳」のような伝来を付加したとする説もある〔馬部二〇一九〕。一次史料がほぼないため、「宗三左文字」については真偽を得ない。しかし、宗三が所持していた刀剣は伝承として信長・秀吉・家康、そして現代へと引き継がれた。

晴元の寵臣であると同時に、その後の美術工芸や文化史に多大な影響を及ぼした人物だったといえよう。

（山下真理子）

【主要参考文献】

天野忠幸「長尚流三好氏の動向」（同『増補版　戦国期三好政権の研究』清文堂出版、二〇一五年、初出二〇一三年）

竹本千鶴「名物茶器の史的変遷」（同『織豊期の茶会と政治』所収、吉川弘文館、二〇〇六年）

馬部隆弘「名物刀剣『義元（宗三）左文字』の虚実」（『大阪大谷大学研究紀要』五三、二〇一九年）

馬部隆弘「丹波山国荘代官設置と三好長尚」（『大阪大谷大学歴史文化研究』二一、二〇二一年）

馬部隆弘「細川晴元内衆の内訌と山城下郡支配」（『大阪大谷大学研究紀要』五六、二〇二二年）

山下真理子「天文期山城国をめぐる三好宗三の動向　―山城守護代的立場の木沢長政と比較して―」（『戦国史研究』六七、二〇一七年）

細川元常——細川澄元・晴元を支えた和泉上守護

和泉上守護の系譜と元常

細川元常《ほそかわもとつね》は、和泉両守護（以下、両守護とする）のうち上守護（下守護は細川基之《もとゆき》の子孫）の六代目元《もと》有《あり》の子として誕生した。そもそも上守護とは、細川頼之《よりゆき》を支え右腕とも称された弟頼有《よりあり》を祖とする細川庶流一族で、子の頼長《よりなが》が応永十五年（一四〇八）八月に上守護を拝命したことにはじまる〔細川家文書〕。頼有は建仁寺《けんにんじ》塔頭永源庵《えいげんあん》（現在の正伝永源院）を菩提寺とし、以来上守護は一族を庵主として送り込み菩提を弔わせた。その永源庵が近世に編纂した「永源師檀紀年録《えいげんしだんきねんろく》」によれば、元常は文明十四年（一四八二）八月に誕生したとするが確証はない。

当該期は、隣国河内には驍勇畠山義就《はたけやまよしひろ》がおり、細川一族の領国である和泉は何度も義就からの侵略の危機にさらされていた。このことから、両守護は、義就と家督を争っていた紀伊守護畠山政長《まさなが》に与して対抗する。このような戦乱の最中に元常は誕生したとされ、成長後は京兆家《けいちょうけ》の家督争いに身を投じ、澄元《すみもと》派の中心人物として亡くなるまでの間に多くの合戦を経験した。最終的には、領国である和泉と子息晴貞《はるさだ》を失い、失意のうちに天文二十三年（一五五四）に死去したという。

細川家略系図

元常の通称は、父元有と同様に「五郎《ごろう》」で、のちに上守護代々の官途である「刑部大輔《ぎょうぶのだゆう》（少輔《しょう》）」を経て、祖父常有《つねあり》の受領《ずりょう》である「播磨守《はりまのかみ》」へと転じる。

父細川元有の自害と元常の動向

延徳二年（一四九〇）十二月、畠山義就が病死すると子の基家《もといえ》（後の義豊《よしとよ》）を細川政元《まさもと》が支持したことから、両守護も畠山政長・尚順《ひさのぶ》父子と対立するようになる。明応九年（一五〇〇）、根来寺《ねごろでら》の代官請負による泉南地域の侵略に業を煮やした両守護は、実力行使に及ぶも尚順と根来寺に攻められ、南郡の神於寺《こうのじ》（大阪府岸和田市）に立て籠もった。ところが、神於寺牢人衆が裏切ったため、元有は下守護の基経《もとつね》とともに自害した〔九条家歴世記録〕。このとき、元常は四国におり難を逃れた〔九条家文書〕。

元常の母は、阿波守護細川成之《しげゆき》の娘であり、かつ同国麻植《おえ》郡高越寺《こうつじ》荘（徳島県吉野川市）付近を中心に頼有以来の上守護領が形成されているので、元常はそこにいた可能性がある。後年、細川政元の暗殺により京兆家が高国《たかくに》派と澄元派に分裂した際、元常は従兄弟である澄元に荷担し、高国との戦いに破れて畿内を逐われたとき、ここに遁れていることが確認できる。

元常は、父元有の自害という状況下、すぐには和泉に移ったわけではなく、遅くとも文亀元年（一五〇一）六月までには入国し、上守護を継ぐこととなる。

さて、文亀元年に和泉に入国した元常は、さまざまな問題に直面する。領国では、根来寺勢力が代官請負を通じて、泉南地域に勢力を誇っていたし、その泉南に家領である日根《ひね》荘（大阪府泉佐野市）を領有していた前関白九条政基《くじょうまさもと》が直務《じきむ》支配を行うため下向していた。政基は、日根荘の代官請負をしている根来寺と、一貫して国拝領以来当知行を主張する両守護を排除し、安定的な荘園支配を行うことを目論んでいたのである。無論、両守護は政基の直務支配を認めずにいたので、日根荘は両守護、政基、根来寺勢力が三つ巴の様相を呈していた〔政基公旅引付〕。

このような状況は、三勢力による小競り合いを誘発させたが、永正元年（一五〇四）七月に日根郡を半済《はんぜい》という条件で両守護と根来寺との間で和議が結ばれた。ところが、九月四日には細川政元に対して摂津守護代薬師寺元一《やくしじもとかず》が叛旗を翻す。これは、政元の後継者を選ぶことに端を発したものであり、和泉においてもその影響を受けることとなる。

政元は女性を嫌っており、跡継ぎの誕生は望むべくもなった。そこで政元は、摂関家から養子をとることを模索したようで、近衛政家《このえまさいえ》と九条政基に声をかけた。政家は断ったが、政基はこの呼びかけに応じて、末子である男子を政元の養子にした。細川京兆家代々の幼名である聡明丸《そうめいまる》を与えられ、政元の通称である九郎を名乗った澄之《すみゆき》である。これに対して細川一族や政元の内衆《うちしゅう》たちは、細川一族から養子を迎えることを評定したという。今回反乱を起こした摂津守護代薬師寺元一は、阿波守護細川成之の孫六郎澄元を養子とする際、阿波に下向して、成之と交渉した人物である。政元は、元一を更迭しようとしたが、将軍足利義澄《あしかがよしずみ》が政元に意見をしたことによりこの件は沙汰止みとなった。

だが、政元の後継者をめぐる争いは、元一の反乱という形となって現れ、畠山尚順と阿波守護の細川成之が与同した。元一の反乱は、短期間で鎮圧されたが、これに関わって、尚順に与する根来寺衆が和泉に乱入してくる。不思議なことに元常と下守護の政久《まさひさ》は、尚順や根来寺の侵攻に大した抵抗もせず堺に引き上げている。九条政基はこの両守護の動きに対して、「両守護の動きは万一の子細があるのであろうか」と訝しがっている〔政基公旅引付〕。両守護は、政元の後継者たる澄之が九条政基の子であること、元一などが推す六郎澄元は元常とは従兄弟に当たること、西国にいる足利義稙《よしたね》と連携し澄元を政元の後継者に推すことなどの動きに関係していたようである。

細川政元の暗殺と京兆家（高国派・澄元派）の争い

永正四年（一五〇七）六月二十三日の夜に、細川政元が澄之一派により暗殺されると、澄元は細川一族を結集して澄之を滅ぼした。この際の元常の動向は明らかでないが、澄元に協力していたと思われる。同年十二月に尚順との和議が破れた畠山基家の籠もる嶽山城《だけやま》（大阪府富田林市）を攻めるため、元常は尚順と行動を共にしている〔不問物語〕。ところが翌五年三月十九日、高国が澄元に対して叛旗を翻し、四月九日には澄元を没落させることに成功する。高国は足利義稙の上洛に与して、自らが京兆家の家督となることを望んだのである。また、尚順も高国に同調した。

元常は澄元を支えていたため、没落を余儀なくされた。こののち、下守護と血縁を有するとされる典厩家《てんきゅうけ》の細川政賢《まさかた》も合流する。四月下旬には、義稙が堺に到着し、六月には上洛の途に着く。これにより、元常と政久に代わって高国の従兄弟高基《たかもと》と畠山尚順の両人が両守護となる。七月六日、高国が京兆家の家督となるが、政賢が丹波から京都を窺い、元常は赤沢長経《あかざわながつね》らとともに大和に発向するも共に敗れている〔春日社司祐弥記〕。

永正六年閏八月、共に京都を逐われ近江に没落した足利義澄の意を受けた澄元は、近江から淡路を経て阿波へ入国し、四国の軍勢を率いて来ることを命じられた。さらに同年十月に義澄は、義稙の暗殺を謀るも失敗する。

永正七年二月、義澄とそれに味方して閉籠する園城寺《おんじょうじ》（大津市）を攻めんがため、高国は軍勢を近江に向けて進めるも大内義興《おおうちよしおき》の協力が得られずに大敗を喫する。同年十一月には、元常が下守護被官であった和田《みきた》氏や上守護被官であった田代《たしろ》氏に軍勢催促状を出しており、着々と上洛する機会を窺っていた〔天竜寺真乗院文書、田代文書〕。

阿波からの上洛と没落

永正八年（一五一一）三月、ようやく元常と政賢は阿波から軍勢を率いて淡路に渡海する〔大友文書〕。七月に澄元は、畠山義英《よしひで》と結び、和泉・摂津・河内各国で高国に対して蜂起し利を得た。八月になると元常と政賢は離宮八幡宮《りきゅうはちまんぐう》（京都府大山崎町）に対して禁制を出し、上洛する構えをみせる〔疋田家本離宮八幡宮文書、離宮八幡宮文書〕。これに対して義稙や高国および義興は、近江にいる義澄勢に挟撃される恐れがあることを悟り丹波へ没落する。かわって元常と政賢が軍勢を率いて入京する。元常と政賢は連名で賀茂別雷神社《かもわけいかづちじんじゃ》（京都市北区）に対し忠節を要求しており、両人は澄元派の中心的な役割を担っていた〔賀茂別雷神社文書〕。

ところが上洛も束の間、八月二十三日には高国・義興連合軍が大軍を率いて丹波から上洛してくる。船岡山《ふなおかやま》や今宮林《いまみやばやし》（ともに京都市北区）付近に陣取りをした政賢率いる澄元軍は、翌日には大敗を喫し、大将である政賢は敗走する途中で落命してしまう。ちなみに、政賢は高国の岳父であり、嫡子稙国《たねくに》にとっては祖父に当たる。元常を含めた多くの諸将が、この合戦で討ち取られたとの噂も流れたが、元常は無事に戦場を脱出することに成功した〔拾介記、瓦林政頼記〕。元常が落ち着いた先は、上守護由緒の地、阿波国麻植郡高越寺荘であった。

この船岡山の戦いにおける敗因として、足利義澄が近江にて死去していたことがあげられよう。義澄死去の影響は、兵力の差を生み士気にも大きく関わったのである。

阿波に落ち着いた元常は、遅くとも永正十一年四月までに花押を改めている〔高越寺所蔵棟札〕。高国派との戦いに敗れ、澄元派が没落を余儀なくされたことで、元常の花押は大きく変わったのである。

澄元派の再起をかけて

永正十五年(一五一八)八月、大内義興が周防・長門へ帰国して以降、澄元派の活動が活発化する。永正十七年二月中旬には、高国を摂津に破った三好之長《みよしゆきなが》が三月下旬に上洛を果たす。近江に没落した高国を見限った義稙により、澄元が京兆家の家督に復した。ところが、五月十一日に高国との戦いに敗れた之長は自害し、澄元も六月十日に病没する。

元常が之長の上洛に際して、どのように関わったのかは不明であるが、こののち義稙が高国の専横に対して、堺を経て淡路に逃れてくると、元常は政賢の子澄賢《すみかた》と共に澄元の遺児聡明丸(晴元《はるもと》)を擁して上洛を志す。細川政賢や三好之長亡き後、元常が中心となって晴元を盛り立てて行くこととなる。

足利義稙は、永正十八年に畠山尚順や晴元派を糾合して、高国に対して軍事行動を起こす。元常は義稙を介してではあるが、再び尚順を味方とする。尚順が紀州において敗北したことや澄賢の死去などがあってのち、義稙は堺南庄まで動座して畠山義英と尚順の和睦を実現させるも頽勢は如何ともしがたく、義稙に味方する大名が一人もいないと噂されるほどの有様であった〔春日社司祐維記〕。さらに、大永二年(一五二二)四月に畠山義英が、八月に畠山尚順が死去し、翌年四月に義稙も失意の内に病没する。

しばらくなりを潜めていた元常ではあったが、大永四年十月一日に和泉国大鳥《おおとり》郡菱木《ひしき》（堺市西区）において、高国派和泉守護細川晴宣《はるのぶ》と合戦に及んで勝利した〔和田文書、日根文書〕。この戦いは、晴元と結ぶ畠山義英の遺児義堯《よしたか》が同年九月に河内にて蜂起するなど、高国派に対する共同作戦であった。対して高国は、子息六郎稙国を出陣させ、戦わずして義堯を高野山に没落させることに成功する。これにより、元常も阿波に戻ったようである。

高国派の内部分裂と元常

大永六年（一五二六）七月に高国派の典厩家である尹賢《ただかた》は、敵（晴元派）と同意した咎により内衆の香西元盛《こうざいもともり》を殺害したことから、元盛の兄弟であった柳本賢治《やなぎもとかたはる》・波多野元清《はたのもときよ》が高国から離反する。両氏が丹波において高国に反旗を翻したのは、十月下旬のことである。十二月中旬には、晴元派の四国衆や畠山順光《のぶみつ》・義堯が堺に上陸しはじめ、元常は日根野《ひねの》氏を率いて、堺南において合戦に及んだ〔日根文書〕。

大永七年二月には桂川《かつらがわ》の合戦に敗北した高国が、足利義晴《よしはる》を擁して近江に退く。翌三月、三好元長《もとなが》が細川晴元と足利義維《よしつな》を推戴して阿波より堺に着岸する。十月になると高国は、尹賢や朝倉教景《あさくらのりかげ》、武田《たけだ》元光《もとみつ》、六角定頼《ろっかくさだより》を味方とし上洛する。十一月には、元常の子息である「五郎」晴貞《はるさだ》が晴元派の総大将として晴元に味方する大山崎《おおやまざき》（京都府大山崎町）に本陣を置く〔座中天文日記、離宮八幡宮文書〕。翌正月には和睦の話し合いがもたれるが決裂し、五月に高国は再び没落を余儀なくされる。

高国は、京都を没落してからは振るわず、尼子《あまご》氏や赤松《あかまつ》氏などを頼り晴元に対する反撃の機会を窺っていたが、享禄四年（一五三一）六月に大物《だいもつ》崩れにより敗死する。高国亡き後は、弟の晴国《はるくに》が晴元との戦いを継続するが、天文五年（一五三六）八月に晴国も自害する。

天文二年二月十二日、阿波国麻植郡に所在する川田《かわた》八幡神社（徳島県吉野川市）に「八幡宮殿一宇」を再興した棟札があり、元常は「播磨守」となっていた〔川田八幡宮所蔵棟札〕。翌三年十二月までには、元常は上洛し三条西実隆《さんじょうにしさねたか》邸にて閑談しつつ連歌を嗜み、天文四年二月や六月にも実隆邸に参会している〔再昌草〕。天文五年九月、晴国の自害により晴元は、元常が居住していた大山崎から共に上洛している〔厳助往年記〕。以後、相対的に晴元政権が安定すると、元常は晴元派の最長老として晴元と共に在京してゆくこととなる。

細川元常・晴貞父子の最後と肥後藩主細川家との関わり

天文十年（一五四一）七月下旬に木沢長政《きざわながまさ》が晴元に対して反乱の準備を進めると、和泉においても牢人乱入の企てがあり、元常が根来寺に対して将軍の下知を出すよう依頼している〔大館常興日記〕。同十一年二月、和泉国内で不穏な動きが起こると、元常自身が下向し事態の収拾を図るとの噂がたったが、この頃までには守護として晴貞と守護代松浦守《まつらまもる》が在国していた〔大館常興日記〕。元常は今度の和泉における争乱について、伊勢神宮《いせじんぐう》に願文《がんもん》を捧げて領国が静謐となり本意に属すようにと祈願をしている〔輯古帖〕。

ところが、和泉の動揺は治まらず、畠山稙長による松浦退治や細川氏綱《うじつな》が和泉において蜂起するなどして、一向に終息する気配はなかった〔青甑文庫所蔵文書〕。特に氏綱の乱は、和泉国内を混乱させ続けることとなり、晴貞はその対処に追われていたと思われる。天文十五年八月に再び氏綱の乱が起こると、十一月には晴貞と松浦守が堺に在陣する事態となる〔音信御日記〕。同十六年三月、氏綱方の三宅《みやけ》城（大阪府茨木市）を攻めるため三好長慶《ながよし》と共に元常父子も出陣した〔音信御日記〕。晴貞は、同十七年六月の本願寺《ほんがんじ》証如《しょうにょ》からの音信を最後に見えなくなる〔天文日記〕。おそらくは、同十八年正月、晴元に対して三好長慶が反旗を翻し、松浦が長慶に味方したことと無関係ではなかろう。六月の江口《えぐち》合戦において、長慶と氏綱に敗れた晴元は、足利義晴や元常と共に近江坂本《さかもと》（大津市）に没落する〔鹿苑日録、私心記、厳助往年記ほか〕。そこに晴貞の名はみえないばかりか、これ以後消息がつかめなくなる。おそらく晴貞は、死去したのであろう。

江口合戦以後、和泉は三好方の松浦氏が支配するようになり、元常は天文二十三年六月七日付の譲《ゆずり》状《じょう》を最後に程なく病没したという〔細川家文書〕。「佛恩院殿實翁通真大禅定門」と諡《おくりな》された。

元常は病を得て重篤となったとき、上守護歴代の什物である錦旗や感状などをことごとく菩提寺である永源庵に預けて、子孫の興隆を期したと伝わっている〔賛辞・御代々御牌名・永源菴由来略記〕。この什物は、延宝元年（一六七三）に宇土《うと》藩主細川行孝《ゆきたか》が参勤交代の途次永源庵を訪れ発見する。ことの子細を、江戸において熊本藩主細川綱利《つなとし》に話した結果、綱利の懇望に応じて永源庵主顕令通憲《けんれいつうけん》長老が什物を献上したというのである。上守護と熊本藩主細川家とはまったく血縁の繋がらない家ではあるが、元常が永源庵に納めた什物は、永書文庫に今日まで大切に守り継がれている。

（岡田謙一）

【主要参考文献】
今谷明「和泉半国守護考」（同『守護領国支配機構の研究』法政大学出版局、一九八六年、初出は一九七八年）
岡田謙一「室町後期の和泉下守護細川民部大輔基経」（『日本歴史』五六六、一九九五年）
岡田謙一「細川高国派の和泉守護について」（『ヒストリア』一八二、二〇〇二年）
岡田謙一「細川澄元（晴元）派の和泉守護細川元常父子について」（小山靖憲編『戦国期畿内の政治社会構造』和泉書院、二〇〇六年）
岡田謙一「高越寺所蔵「蔵王権現永正十一年四月再興棟札」―細川元常奉納棟札について―」（寺院史研究会『寺院史研究』一〇、二〇〇六年）
岡田謙一「肥後熊本藩主細川家と「細川家文書」」（『日本歴史』七三七、二〇〇九年）
岡田謙一「細川右馬頭尹賢小考」（阿部猛編『中世政治史の研究』日本史史料研究会編、二〇一〇年）
岡田謙一「和泉上守護細川氏の書状に関する一考察―細川常有父子の私信を中心に―」（川岡勉編『中世後期の守護と文書システム』思文閣出版、二〇二二年）
小谷利明「河内国守護畠山氏の領国支配と都市」（『畿内戦国期守護と地域社会』（清文堂出版、二〇〇三年、初出は一九九九年）
末柄豊「細川氏の同族連合体制の解体と畿内領国化」（石井進編『中世の法と政治』吉川弘文館、一九九二年）
馬部隆弘「摂津守護代薬師寺氏の寄子編成」（『戦国期細川権力の研究』（吉川弘文館、二〇一八年、初出は二〇一七年）
弓倉弘年「畠山義就の子孫達」（『中世後期畿内近国守護の研究』（清文堂出版、二〇〇六年、初出は一九九一年）

松浦守——守護代から和泉最大の武家権力へ

最近ようやく知られるようになった武将

松浦守は戦国時代の初期から後期にかけて長期間活躍し、和泉で最大の武家権力にのし上がった。しかし、長らく知られることがなかった武将でもある。本書の読者諸氏や歴史ファンの方々でもおそらくその名を見知っている方々はまずいないであろう。

もとより江戸時代の和泉の地誌や史書には、戦国時代の岸和田《きしわだ》城主の一人松浦肥前守として記載されていた。近代にも岸和田の郷土史のなかではその名は知られていた。しかしながら和泉の戦国武将の実証研究が進まず、また松浦氏についての史料もそう多くはないため、その実像は知られないままであった。この二十年ほどの間に和泉守護細川《ほそかわ》氏や三好《みよし》政権の研究が進み、それに触発されながら、松浦守がどのような武将であるかが学界でようやく知られるようになってきた。一般の方々にとっては新顔の戦国武将である。

松浦氏の家系と守

松浦守は戦国の和泉で最も重要な武将であるが、経歴に不明な点が多い。名字の読みは「まつら」である〔田代文書〕。松浦という武家はもともと和泉にはいない。松浦氏は他国出身とみられ、十五世紀末に和泉上守護細川氏の被官に現れる。この時期の上守護細川元有《もとあり》の被官に松浦五郎左衛門尉、松浦五郎次郎（松浦盛）がいる〔永源師檀紀年録、御代々寄附状写、佐藤行信氏所蔵文書、岡田二〇〇〇、永松二〇〇七〕。なお、和泉は上守護・下守護がおり、ともに半国守護とよび、合わせて両守護という。

守が史料に登場するのは文亀元年（一五〇一）四月で、上守護細川元常《もとつね》の上守護代として和泉守護所の都市堺に滞在している。このときは「年少」で「五郎次郎」を称している。文亀二年十月には実名の「守」がわかる〔政基公旅引付〕。松浦五郎次郎こと守は、その名乗りから松浦五郎左衛門尉または松浦五郎次郎（盛）の後継者と考えられる。ただし、松浦五郎次郎（盛）は後の松浦守その人の可能性が高い。そうであれば、守の実名の読みは「守」「盛」に共通する読みであり、「もり」「もる」である可能性がある〔岡田二〇〇〇〕。

なお、松浦氏は世襲の守護代家ではなく、松浦五郎左衛門尉も上守護代かどうかわからない。守が松浦五郎左衛門尉から上守護代を継承したとは考えにくい。

守の出自と上守護細川氏・根来寺

上守護細川氏の系図に、上守護細川元有の子の有盛《ありもり》を「五郎次郎、泉州守護代松浦肥前守の嗣となる」

とするものがある〔永源師檀紀年録〕。この有盛を松浦守とし、上守護の細川元常と守を兄弟とする説がある〔岡田二〇〇〇〕。文亀元年（一五〇一）には元常はまだ二十歳で守との年齢は近い。元有・元常の通称は五郎、守の通称は五郎次郎で、親族関係の可能性をうかがわせる。元常と守が兄弟という確証はないが、世襲の守護代家でない守が若年で上守護代となった背景には、上守護との特別な関係があったのではないか。

一方で、松浦氏は最大の宿敵である紀伊の根来寺《ねごろでら》（和歌山県岩出市）とも関係があった。時期は不明だが和泉で「不慮」の事態が起こり、「松浦五郎次郎盛」こと守が一時、根来寺にいた。それがわかるのは根来寺の岩室坊勢誉《いわむろぼうせいよ》から京都の建仁寺永源庵《けんにんじえいげんあん》（上守護の菩提寺）に出した書状写である〔御代々寄附状写〕。守は上守護のもとを退去し、宿敵の根来寺に滞在していた。

上守護細川氏の系図には、岩室坊勢誉を細川元有の兄弟、元常・有盛の伯父とするものがある〔細川家譜、永源師檀紀年録〕。こうした系図は近世の編纂物であり、上守護・松浦守と岩室坊の血縁関係の確証には直ちにはならない。しかし、松浦五郎次郎こと守または盛が上守護や永源庵と特別な関係にあるのは確かである〔廣田二〇一七〕。

両守護時代の上守護代として

両守護（上守護・下守護）が共同で和泉を支配したのは、永正四年（一五〇七）ごろまでである。この時期の松浦守は両守護代の一人であった。守の配下には奏者《そうじゃ》を勤める武士（村田《むらた》氏・森本《もりもと》氏・安松《やすまつ》氏・山《やま》本《もと》氏）がいた〔政基公旅引付〕。安松氏は和泉南部の日根《ひね》郡安松（大阪府泉佐野市）の国人である。このように、当時から守は在地武士を組織していた。

文亀二年八月には両守護と根来寺の合戦が起こり、両守護方の松浦氏の「惣領之代」と「い子井」（「いね井」）氏が合戦で戦死した〔政基公旅引付〕。このときの松浦氏の惣領は守でなく別人の可能性が高い。守は松浦氏惣領でないにもかかわらず、上守護代となっている。ここにも守の特別な地位、上守護から抜擢された立場がうかがえる。なお、後に守の弟が「い子井」（＝「いね井」）の家を継いでいる〔証如上人日記〕。

ただし、先にみた守の根来寺（岩室坊）への退去は、後世の編纂物によれば永正元年（一五〇四）とされている〔永源師檀紀年録〕。ちょうど文亀三年後半から永正元年の間は、守護代としての守の活動が見えなくなる時期である。

ちなみにしばしば引用した『政基公旅引付』は、戦国時代の日根《ひね》荘（大阪府泉佐野市）に在荘して直《じき》務《む》支配を行った五摂家の前関白九条《くじょう》政基《まさもと》が書いた日記である。「旅引付」は戦国期の荘園村落と民衆の一級史料として名高いが、松浦守の実像解明にも欠かせない。

細川両家・両守護の争乱のなかで

永正四年（一五〇七）に京兆細川政元《まさもと》が暗殺され、細川京兆家は二家（高国《たかくに》流と澄元《すみもと》流）に分かれて争乱を繰り返す。和泉両守護も上守護の元常が澄元方、下守護が高国方となった。大永七年（一五二七）六月の年紀がある高野山金剛峯寺《こうやさんこんごうぶじ》（和歌山県高野町）の修理勧進帳に、松浦守は細川高国や河内畠山《はたけやま》氏内衆《うちしゅう》らとともに署判している。この修理勧進帳は永正年間（一五〇四〜二一）後半の作成とされ、守が永正期に元常から離反していたとする見方がある〔馬部二〇一八〕。ただし、永正年間の守の動向や所在地はほとんどわからない。

大永四年、澄元の子の細川晴元《はるもと》方として阿波に滞在する元常配下の「松浦左衛門大夫」こと守の軍勢が、和泉北部の菱木《ひしき》（堺市西区）で高国方と戦った〔日根文書〕。この頃から守は左衛門大夫を称し、軍勢を率いて和泉にいたらしい。晴元方が高国方を破った大永七年二月の桂川《かつらがわ》合戦のときにも、守は晴元方である。ただ、同年十月には守は高国の子の細川清（氏綱《うじつな》）に通じている〔和田文書、馬部二〇一八〕。守は和泉での勢力維持のため、元常（晴元派）と高国派に二股をかけていたとも考えられる。

守の和泉制圧と村落支配

大永年間から享禄期（一五二八〜三二）に、武士・寺社・村落に対する守の発給文書が増える。守の和泉の制圧が進んだことがわかる〔廣田二〇〇五〕。特に元常の被官の軍事行動を指揮し、被官への所領の保障を行った〔田代文書、日根文書、矢田一九九八〕。元常が和泉にいない状況下で、守は高国方とも関係を持ちつつ和泉支配を担った。

大永・享禄期の守の支配では、村落あての文書発給が特筆される。高国方との境目に近い和泉北部の村を味方につけている〔田代文書〕。また、和泉の久米田池《くめだいけ》（大阪府岸和田市）をめぐる村落間の用水相論の裁定を下している〔廣田二〇〇五〕。享禄期には、和泉の特産品である酒麹を製造する麹室を在地の生産者に保障している〔中家文書〕。

大永七年十二月には、守は「肥前守」を称している〔離宮八幡宮文書〕。このため守は古文書には「松肥」として現れることがある。これ以後、戦国期から織田政権期までの松浦氏当主は肥前守の官職を受け継いでいる。享禄四年（一五三一）に高国が敗亡、高国方の和泉守護も姿を消した。天文年間（一五三二～五五）の初期には細川元常、次いで子の晴貞《はるさだ》が単独で守護となる体制が復活し、これに貢献した守は単独の守護代となった。

単独守護代としての和泉支配

天文年間の松浦守は和泉に在国して守護所の堺にあり、分国支配を担った。その一方で奉行や小郡代を編成し、守護被官の日根野《ひねの》氏や高槻《たかつき》氏を自身の内衆に組織した。また、和泉南部の山間部の野田山《のだやま》城（後の根福寺《こんぷくじ》城《じょう》、大阪府貝塚市）を、宿敵である根来寺への押さえとした〔廣田二〇一三〕。さらに、摂津大坂を寺内町とする大坂本願寺《ほんがんじ》とも独自に交渉した（天文日記　証如上人書札案）。こうしたなかに守の自立化がうかがえる。なお、本願寺の記録に松浦守の「誕生」が五月二十二日との記事がある（御音信日記）。

天文十一年（一五四二）、和泉の有力国人玉井《たまい》氏が細川氏綱や河内の畠山稙長《たねなが》と結んで反乱を起こした。守は敗れて堺に「蟄居」した（御音信日記）。堺での「蟄居」とは、元常・晴貞による守の解任・更迭ということかもしれない。しかし、守はすぐさま「和泉牢人」を糾合して反撃し、玉井氏の一族を破った（親俊日記）。翌十二年にも摂津・堺・和泉各地の合戦で玉井氏と細川氏綱を撃退した（多聞院日記、御音信日記、足利季世記）。

天文十六年の摂津舎利寺《しゃりじ》合戦でも、細川晴元・三好長慶《ながよし》軍は先鋒をつとめた守の活躍で細川氏綱・畠山稙長軍を打ち破っている。この時期までは守は晴元方を支える有力な武将であった。

守護から自立、和泉最大の武家権力へ

松浦守が晴元派と決別するのは、細川氏の軍記『細川両家記《ほそかわりょうけき》』によれば天文十七年（一五四八）十月である。それによれば、細川晴元と実力者三好長慶が対立するなか、守は長慶に属した。確実な史料では、守は天文十八年正月には長慶方につき、細川晴元と元常・晴貞から離反したことがわかる（足利季世記所収文書）。長慶は同年六月の摂津江口《えぐち》合戦で晴元軍を破り、晴元は没落した。これにより元常・

晴貞の和泉守護家も没落し、守は三好政権の下で和泉最大の武家権力となった。

江口合戦直後の九月、河内畠山氏と結ぶ根来寺衆が堺を攻撃した。守は堺に籠もってこれを防いだ。なおこのとき、「松肥」の「弱息」がいる。守の若年の子息であろう〔古簡雑編〕。なお、守が長年仕えた元常の死去は天文二十四年とされる。

文亀元年に「年少」で十五世紀末期の生まれと考えられる守は、天文年間後半には六十代の高齢であった。守は弘治年間（一五五五～五八）ごろには没したと考えられる。

戦国の畿内の争乱を巧みに生き抜き、守護代から地域権力へと成長した生涯であった。守の支配権は和泉の大鳥《おおとり》郡・和泉郡・南郡と、日根郡の一部に及び、日根郡に勢力を伸ばした根来寺と対峙した。守の勢力圏はいわば松浦領というべき支配領域として、織田政権に至るまでおおむね維持されていく。

守亡き後の松浦氏

守亡き後の松浦氏は幼少の松浦萬満《まんみつ》を当主とし、三好長慶の弟十河一存《そごうかずまさ》と萬満の養父松浦周防守盛が補佐する体制となった〔九条文書、山中二〇〇六〕。一存は松浦氏の本拠岸和田城に入っている〔板原家文書〕。守は長く和泉守護所の都市堺を拠点としたが、守亡き後の松浦氏は岸和田城を本拠とした。おそらく守の晩年には岸和田城が松浦氏の本城となっていたのだろう。松浦氏は以後も三好政権ついで織田政権のもとで地域権力として続いていく。

守の親族は、若年の頃に松浦氏の惣領がいたこと、弟が「い子井」（＝「いね井」）の家を継いだこと、天文十八年ごろに子息がいたことがわかるぐらいである。後継者の萬満は十河一存の子で松浦孫八郎《まごはちろう》を称したとする説が有力であるが〔馬部二〇〇七、天野二〇一五〕、守とはどのような関係にあったのかわからない。守亡き後の松浦氏は盛（周防守）・萬満こと孫八郎・孫五郎（肥前守・虎）・光（肥前守）が登場するが、守との続柄はわからない。また守の後には松浦孫太（実名は俊）、松浦安大夫（実名は「家□」）のように重臣の松浦氏がいる。松浦氏の親族関係はなお今後の課題である。

和泉の松浦氏の当主はみな実名が一字（守・盛・虎・光）で、当主は代々肥前守を称した。しかし、重臣のなかに二字名の松浦氏がいる。松浦の名字の読みは「まつら」である。こうしたことから松浦氏は肥前の松浦氏の一族である可能性が高い。だが、肥前松浦氏の一族がいかにして和泉守護の被官になったのかはわかっていない。

（廣田浩治）

【主要参考文献】
天野忠幸『増補版　戦国期三好政権の研究』清文堂出版、二〇一五年）
岡田謙一「和泉上守護代宇高氏についての基礎的考察」『日本歴史』六二二、二〇〇〇年）
永松圭子「明応六年日根荘代官職辞退問題と惣国半済」『史敏』四、二〇〇七年）
馬部隆弘「永禄九年の畿内和平と信長の上洛」（『史敏』四、二〇〇七年）
馬部隆弘「細川晴国・氏綱の出自と関係」（同『戦国期細川権力の研究』吉川弘文館、二〇一八年）

馬部隆弘「桂川合戦前夜の細川晴元方による京都包囲網」（同『戦国期細川権力の研究』吉川弘文館、二〇一八年）
廣田浩治「中世中後期の和泉国大津・府中地域」（『市大日本史』八、二〇〇五年）
廣田浩治「根福寺城」（仁木宏・福島克彦編『近畿の名城を歩く　大阪・兵庫・和歌山編』吉川弘文館、二〇一三年）
廣田浩治「中世後期の畿内・国・境目・地域社会」（川岡勉編『中世の西国と東国』戎光祥出版、二〇一四年）
廣田浩治「松浦守」（『史敏』一五号『政基公旅引付』補注、二〇一七年）
廣田浩治「岸和田城」（石井伸夫・重見高博編『三好一族と阿波の城館』戎光祥出版、二〇一八年）
村井章介編『松浦党関係資料　第五』（八木書店、二〇二〇年）
村井祐樹「三好にまつわる諸々事」（『東京大学史料編纂所研究紀要』三二、二〇二二年）
矢田俊文「戦国期の守護代家」（同『日本中世戦国期権力構造の研究』塙書房、一九九八年）
山中吾朗「和泉国松浦氏小考」（小山靖憲編『戦国期畿内の政治社会構造』和泉書院、二〇〇六年）

畠山尚順――明応の政変からの大逆転の立役者

尚順の誕生と幼少期

畠山《はたけやま》氏は足利《あしかが》一門で、斯波《しば》・細川《ほそかわ》とともに管領となり室町幕府を支える重要な家である。河内・越中・紀伊の三か国守護と、大和宇智《うち》郡の行政権を持ち、時として山城守護にもなった。しかし、畠山持国《もちくに》の後継をめぐる政長《まさなが》と義就《よしひろ》の家督争いで、家臣団が分裂し、大きく力を落とした。

ここに紹介する畠山尚順《ひさのぶ》は、政長の嫡男で、文明七年（一四七五）十二月二十日に誕生した（『長興宿禰記』）。没年は大永二年（一五二二）七月十七日である。享年四十八。初名は「次郎《じろう》」、元服して「尚順」、明応七年（一四九八）から「尚慶《ひさよし》」、永正五年（一五〇八）から入道《にゅうどう》して「卜山《ぼくざん》」と名乗った。ここでは煩雑を避けるため、尚順に統一する。

尚順の弟は、ひとりは越中で養育された後に長享三年（一四八九）五月に二尊院喝食《にそんいんかっしき》（稚児《ちご》のこと）になるため上洛した人物がいる（『実隆公記』）。また、後記するが明応七年（一四九八）四月、越中から尚順の後継として別の弟が河内に向かっている。さらに、明応九年九月には尚順弟次郎をはじめとする三人の弟が戦死している。次郎は、明応七年に尚順の後継として河内に来た人物だろう。

政長の正室は、出雲・隠岐・飛騨守護で応仁の乱中では近江守護も兼ねた京極持清《きょうごくもちきよ》の娘で、政長と持清の娘との婚姻は応仁の乱直前と見られるため〔斎藤親基日記〕、尚順生母も彼女の可能性が高いと思う。政長と京極氏との関りは深いものがあったようで、河内国渋川《しぶかわ》郡亀井《かめい》にあった真観寺（大阪府八尾市）は、尚順の曾祖父畠山満家《みついえ》が創建した臨済宗大覚派の寺院だが、政長が河内を掌握すると京極一族の僧を住持とした。また、京極持清の従兄多賀《たが》高忠《たかただ》（文明十八年没）が清書した秘伝書「就弓馬儀大概聞書」（寛正五年〈一四六四〉十一月に清書）を、高忠の没後に政長被官の遊佐《ゆざ》加賀守が近江で探し出したとあり、彼等は生前から深い繋がりがあったと見られる。

尚順の元服と足利義尚の思惑

尚順の初期の活動は、四歳で幕府に出仕し〔蜷川親元日記〕、文明十四年（一四八二）三月には、父政長と細川政元《まさもと》が畠山義就を攻める準備に入ると、幕府は京都に大名がいなくなるとして、尚順だけ京都に残すことを命じた。八歳の尚順が京都を守護する役割を与えられたのである。

尚順の元服は、文明十八年七月十九日で、足利義尚《よしひさ》の右大将《うだいしょう》拝賀《はいが》（任官の儀礼）に参加するために細川政元屋敷で行われた。それまで次郎と名乗ったが、義尚から偏諱《へんき》を賜り、尚順と名乗り、「従五位下《じゅごいのげ》尾張守《おわりのかみ》」に任じられた。しかし、義尚は尚順の右大将拝賀の参加を拒否しており、拝賀は数日の延期となる。二十八日になり、東山殿義政《ひがしやまどのよしまさ》と義尚の両御所に対面し、二十九日に拝賀が行われ、尚順も参加が許された。なぜ、義尚は尚順の参加を拒否しようとしたのだろうか。

文明十七年十二月、山城国一揆により両畠山氏が山城南部から撤退した後、文明十八年三月に足利義政・義尚親子は、敵対していた河内の畠山義就との和睦を勧める文書を出した。その理由は、問題となった義尚の右大将拝賀に義就と、同盟する諸大名を上洛させて儀式に参加させるためだった。これは応仁乱中西軍方だった正親町《おおぎまち》三条《さんじょう》公治《きんはる》という公家の申し入れによったという〔後法興院記〕。つまり、右大将拝賀を機に、幕府と敵対する勢力を許し、幕府を盤石にすることを狙ったものである。

しかし、畠山政長・細川政元も反対し、和平工作をした正親町三条公治の宿所が政元に焼かれた。さらに政元方の武士が大挙上洛するなど臨戦態勢に入ったため、義就と同盟大名を上洛させる機会は結局失われたのである。政長は、文明九年十二月七日以来管領職を務めていたが、右大将拝賀直前に辞した。そして、政元は尚順の拝賀参加を拒否された当てつけに右大将拝賀だけで管領を辞すと宣言し、実行した。政長の管領辞任以後、管領就任は儀礼のときだけの就任となり、事実上、管領政治の最後となった。従来、畠山義就の赦免に関する問題は、応仁の乱の終焉と整理されるが、管領制の終焉とも呼べる重大な事件であったと言えよう。政長はこれ以後、幕府の行事に参加せず、代わって尚順が将軍に随行するようになった。細川政元は幕府から距離を置いた。一方、義就は一時的に赦免され、京都との関係を深めた。

明応の政変で紀伊に没落

長享元年（一四八七）九月、将軍足利義尚は六角高頼《ろっかくたかより》を攻めるため出陣した。十三歳の尚順も同道している。この時期、父政長がなにをしているのか、ほとんどわからない。翌年正月、足利義尚は近江の六角高頼攻めの陣中で畠山政長に文書を出し、義就攻めを命じた〔蔭凉軒日録、大乗院寺社雑事記〕。義尚は六角征伐を機に再び武力による幕府再建に向かったのである。しかし長享三年三月、義尚は鈎《まがり》の陣（滋賀県栗東市）で没した。このため応仁の乱後に美濃に在国していた義政の弟足利義視《よしみ》とその子義材《よしき》（後に義尹《よしただ》、義稙《よしたね》。ここでは義材で統一する）が上洛し、将軍は義材となった。尚順は引き続き、将軍のもとで活動する一方、政長の活動はみえない。

延徳二年（一四九〇）七月、畠山氏の分国紀伊で、政長派の根来寺《ねごろでら》と義就派の高野山《こうやさん》で不穏な動きがあり、政長方、義就方ともに兵を出した。この戦いで義就方の大将が戦死し、政長方は和泉に進出。和泉の義就方が撤退している〔大乗院寺社雑事記〕。このような状況下で河内誉田《こんだ》（大阪府羽曳野市）にいた義就が病没したのである。

延徳三年八月、足利義材は六角征伐のために出陣した。これに尚順も大和勢を伴い従軍している。同時期、義材は畠山義就の息子基家《もといえ》（後の義豊）退治の文書を畠山政長に送っている。一方、河内誉田にいる基家は、明応元年（一四九二）正月に細川政元と接触した。政元は、将軍足利義材が尚順を寵愛したため、基家と同盟する道を選んだのである〔親長卿記〕。

明応元年（一四九二）十二月、足利義材は近江から帰洛すると、河内攻めを宣言し、翌二年二月に諸大名を率いて出陣した。畠山政長も、義材とともに河内の渋川郡正覚寺《しょうかくじ》（大阪市平野区）に陣を取った。政長が将軍の許に祗候したのは、管領辞任後はじめてのことだろう。

尚順は東隣の亀井に陣を取った。おそらく、畠山満家が創建した真観寺を本拠としたのであろう。宿老遊佐長直《ながなお》は、藤井寺《ふじいでら》（大阪府藤井寺市）に陣を取った。戦闘が始まったのは、三月二十四日からで、尚順を主力とする部隊が前線で活動している。ところが、三月二十日に細川政元や伊勢《いせ》貞宗《さだむね》らにより香厳院清晃《きょうごんいんせいこう》（初名は義遐《よしとお》、次に義高《よしたか》、義澄《よしずみ》。ここでは義澄で統一する）を新将軍に擁立する計画がたてられ、四月二十三日に京都でクーデターが起きた（明応の政変）。これによって尚順の京都屋形も焼き払われる事態となった。

閏四月二十四日、細川政元勢が正覚寺を攻める前日、尚順は正覚寺から紀伊に向った。『大乗院日記《だいじょういんにっき》目録《もくろく》』では、「兄弟共に紀伊にあり」とあるので、尚順が弟とともに没落したものと思われる。二十五日、父政長は正覚寺で主だった宿老とともに自刃し、今出川殿《いまでがわどの》義材は幽閉の身となった。尚順が二十歳のときである。誉田城の畠山基家は上洛し、正式に幕府に復帰、将軍足利義澄から偏諱を賜り、義豊《よしとよ》と名乗った。一方、義材は監視の目を逃れ、尚順の分国越中に亡命した。

紀伊在国と和泉・河内攻め

紀伊に向かった尚順は、明応二年（一四九三）七月には紀伊を平定し、隣国の和泉両守護細川元有《もとあり》、細川基経《もとつね》の有力被官七名が尚順被官となり、さらに尚順方の根来衆が堺に駐屯していた〔蔭凉軒日録〕。また、堺の北に当たる住吉《すみよし》社の権神主津守国則《つもりくにのり》は尚順方の遊佐氏とゆかりのある人物として畠山義豊から発向を受けている〔後法興院記〕。これ以前、堺南庄の代官職は畠山政長が就任していたため、この方面は明応の政変以前段階で尚順方が押さえていたようだ〔蔭凉軒日録〕。もともと、畠山義就の時代は義就が住吉・堺を押さえていたが、文明十四年（一四八二）七月に細川政元に摂津欠郡《かけのこおり》（大阪市）を返還している。しかし、義就と住吉との関係は続いており、政長・尚順がこの方面に進出できたのは義就の幕府復帰した文明十八年三月以降であろう。

尚順方が和泉国に進出したのは明応四年十月で、堺に一万貫の銭を懸け、和泉両守護は尚順方となった〔大乗院寺社雑事記〕。義就の河内下国以降、和泉は義就の領国化し、この時期は義豊方の毛穴又六《けなまたろく》が和泉を押さえていた。このため、和泉両守護は尚順方として毛穴氏と対抗したのであろう。翌年十月、尚順は和泉に武力侵攻したが、義豊方に敗れ、遊佐九郎次郎が戦死している〔実隆公記〕。九郎次郎は明応二年閏四月に尚順とともに紀伊に逃げた人物の筆頭に挙げられ、尚順を支える最も大事な人物であった。

尚順が和泉から河内、さらに大和に入れたのは、明応六年九月以降のことである。ここで尚順方が大勝利となったのは、同年六月に畠山義豊の宿老遊佐氏と誉田氏が水利権のことで対立し、両派に分かれて抗争を始めたためである。このため、義豊方の誉田・平などが尚順方に寝返っている。尚順は、紀伊・和泉・河内・大和を支配する権力となったのである。

一方、越中に逃れた前将軍足利義材も上洛する機会を窺っていた。例えば、明応七年四月段階では、義材は六月に上洛するとの噂があり、これは細川政元と尚順も同意していたという。尚順はこのとき、越中にいた弟を河内に呼び寄せ、惣領とする計画だった。尚順は隠居することになったのだろう。尚順は、自身の隠居を取引に幕府復帰と義材上洛を実現しようとしたのであった〔大乗院寺社雑事記、後法興院記〕。

義材と尚順の活動は連動していた。義材は同年九月に越中から越前に着くが、翌年十一月まで動くことができなかった。明応八年正月には、義豊が尚順の野崎《のざき》城（大阪府大東市）や嶽山《だけやま》城（同富田林市）を落とすが、その後、義豊方の甲斐庄《かいしょう》氏が和泉の槙尾寺《まきおでら》（同和泉市）で自刃し、さらに河内十七箇所で義豊自身が戦死する大敗北を喫した〔大乗院寺社雑事記〕。七月には、義材と尚順は同時に武力で京都を攻めることを決め、九月に山城南部方面と摂津中島、河内野崎で合戦するが、その

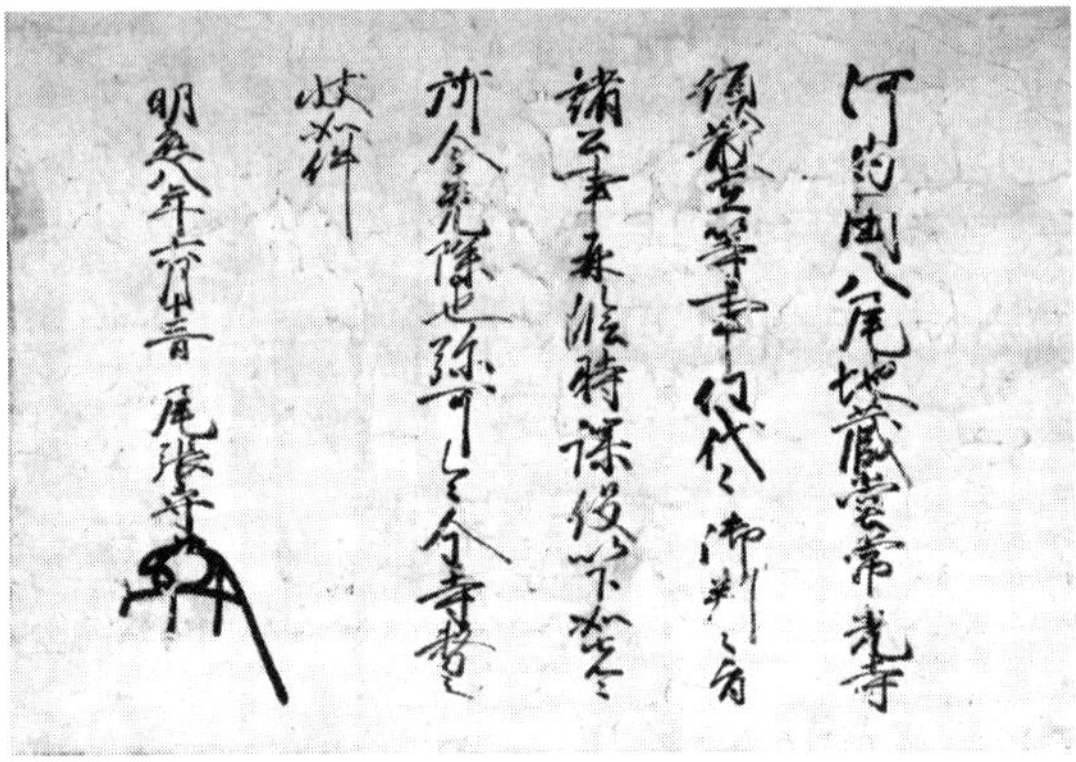
明応８年６月13日付畠山尚順判物　大阪府八尾市・常光寺蔵
画像提供：八尾市立歴史民俗資料館

なかで尚順方の土岐《とき》・朝倉《あさくら》・六角・赤松《あかまつ》・山名《やまな》・武田《たけだ》氏などの諸大名が離反した〔大乗院寺社雑事記〕。十一月、敦賀《つるが》（福井県敦賀市）を発った義材は近江坂本《さかもと》（大津市）で敗れ、山口《やまぐち》（山口市）の大内《おおうち》氏の許に落ちていった。十二月、尚順はほとんど戦うことなく河内の諸城を手放し、紀伊に帰ったのである。尚順は孤立することを恐れたのであろう。

細川政元の死により幕府復帰

義材上洛作戦が失敗した後、翌明応九年（一五〇〇）八月、尚順は早速、和泉に出陣し、和泉両守護を攻め滅ぼしている〔後法興院記、大乗院寺社雑事記〕。このとき、足利義材の文書が粉河寺《こかわでら》（和歌山県紀の川市）宛に出されているため、尚順の紀伊復帰後の体制立て直しに、義材の力も働いているようである。九月には義英《よしひで》方の河内高屋《たかや》城（大阪府羽曳野市）を攻めるが、細川政元の被官赤沢宗益《あかざわそうえき》が後詰しており、尚順は大敗北し、前記したように舎弟次郎をはじめとする三人の弟を失った〔後法興院記〕。このうち、ひとりは大和片岡《かたおか》（奈良県上牧町）で切られている〔大乗院日記目録〕。尚順は、当面軍事的活動ができなくなるほどの大敗だった。

尚順が復活するのは、永正元年（一五〇四）九月の摂津上守護代薬師寺《やくしじ》元一《もとかず》の乱である。元一は、文亀三年（一五〇三）に細川政元の使者として阿波細川成氏《しげうじ》の孫澄元《すみもと》を養子に請うたが、政元には九条《くじょう》政基《まさもと》の子で政元養子の澄之《すみゆき》がいた。政元の内衆《うちしゅう》は、すでに内部で対立しあい、二人の養子が誕生したことでさらに過激化したものと思われる。元一は政元を廃して、澄元を家督にするため挙兵したのである。この反乱には赤沢宗益も同意していた。しかし、元一の乱はあっさり終結する。尚順はこの機に乗じて和泉に出陣した。さらに十二月、河内の畠山義英と尚順は和睦し、誉田城に義英、高屋城に尚順が入る体制が成立した〔大乗院日記目録〕。義英も政元権力の崩壊を予想してのことだろう。

これに対抗すべく、細川政元は本願寺《ほんがんじ》実如《じつにょ》に対して摂津・河内の坊主門徒を動員するよう再三にわたり依頼している。永正三年正月、細川政元は河内攻めを行った。このときの主力は赤沢宗益である。宗益は元一の乱に参加したがこの危機で赦免され、河内攻めの大将となった。義英・尚順ともに敗れ、宗益は大和に入り、大和を制圧する〔多聞院日記〕。しかし、大和勢はめずらしく抵抗して宗益の支配を受け入れていない。

永正四年六月、丹後一色義有《いっしきよしあり》討伐から帰国した細川政元が、澄之派の香西元秋《こうざいもとあき》らによって暗殺された。丹後を包囲していた赤沢宗益も戦死している。細川氏は本格的な内部抗争に入った。澄元は三好之長《みよしゆきなが》とともに近江に逃れ、澄之が京兆家督となった。しかし同年八月、澄之は京都で戦死した。尚順と義英は、永正四年十二月には和が破れ、義英は嶽山城に、義英の守護代遊佐就盛《ひろもり》（印叟《いんそう》）は高野山に、尚順は紀伊国伊都郡隅田（和歌山県橋本市）に、尚順の守護代遊佐順盛《のぶもり》は誉田に入った〔多聞院日記〕。尚順は細川澄元と和睦し、和泉上守護細川元常《もとつね》、細川野州家《やしゅうけ》出身で政元養子の高国《たかくに》、淡路守護細川尚春《ひさはる》らとともに嶽山城の義英を攻め落とした。「不問物語《とわずものがたり》」では、尚順は高国の姉婿と言われており、この段階で婚姻が成立したものと思われる。後述するように尚順にはすでに数人の子供がいたようだが、高国の姉が正室として迎えられたのであろう。

永正五年四月、細川高国は京都にいた細川澄元を攻め、澄元は足利義澄とともに再び近江に逃げた。山口にいた足利義材は大内義興《よしおき》に伴われ、上洛を果たした。尚順は高国とともに堺で義材を迎えている。さらに六月には一万の大軍を率いて上洛を果たした。永正六年、畠山尚順の嫡男稙長《たねなが》が誕生する。高国の姉との間の子であろう。永正八年には公家の徳大寺公胤《とくだいじきんたね》と尚順の十三歳の娘との婚姻が成立した。また、徳大寺実淳《さねあつ》の息子で公胤の弟日野内光《ひのうちみつ》にも尚順の娘が嫁いでいる。内光との間には、日野晴光《はるみつ》や遊佐長教《ながのり》の妻となる娘などを生んでいる。日野内光は、永正五年四月に足利義澄とともに近江に落ちていたため、高国と尚順が義材に取りなしをしており、これらの縁で婚姻となったのであろう。

紀伊帰国と追放

永正七年（一五〇七）四月二十七日、幕府で猿楽があり、畠山尚順の嫡男鶴寿丸（後の稙長）が饗宴の準備をした。このとき、鶴寿丸はわずか二歳である。尚順は幕府内で重要な役割を果たしていたが、常に在京していたわけではなく、分国と京都を往復していたようだ。永正十四年、尚順は進退のことを将軍義材に申し出た。これによって尚順は紀伊在国が決定し、紀伊統一に向かう。しかし、永正十七年八月に湯河《ゆかわ》氏をはじめとする紀伊勢に離反され、紀伊広城《ひろ》（和歌山県広川町）から追い出された。

一方京都では、大永元年（一五二一）三月七日、将軍足利義材が細川高国に反発、淡路に出奔する事件が起きる。尚順もこれに加わり、五月には再び広城を攻めたが敗北し、淡路に退却している。これが尚順の最後の活動となった。大永二年七月十七日、淡路島で没した。

（小谷利明）

【主要参考文献】

呉座勇一『応仁の乱　戦国時代を生んだ大乱』（中公新書、二〇一六年）

小谷利明『畿内戦国期守護と地域社会』（清文堂出版、二〇〇三年）

小谷利明「宇智郡衆と畠山政長・尚順」（『奈良歴史研究』五九、二〇〇三年）

小谷利明「畠山稙長の動向」（矢田俊文編『戦国期の権力と文書』高志書院、二〇〇四年）

馬部隆弘『戦国期細川権力の研究』（吉川弘文館、二〇一八年）

古野貢『中世後期細川氏の権力構造』（吉川弘文館、二〇〇八年）

弓倉弘年『中世後期畿内近国守護の研究』（清文堂出版、二〇〇六年）

畠山稙長——細川氏綱擁立の仕掛け人

畠山稙長《はたけやまたねなが》についてご存知のない人も多いだろう。稙長は、細川氏綱《ほそかわうじつな》を擁立して天下を狙った人物であり、この流れが遊佐長教《ゆざながのり》・三好長慶《みよしながよし》の天下取りへと繋がっていく大変重要な人物である。

稙長の誕生と兄弟姉妹

畠山稙長の生年は長らくわからず、いま一つ実像がわからなかった。二〇二〇年に刊行された史料纂集『守光公記《もりみつこうき》』二、永正七年（一五一〇）四月二十九日条に室町殿猿楽に畠山亀寿が饗応を用意する記事がある。そこに当年二歳と記されていることで、稙長は永正六年生まれと判明した。この室町殿猿楽については、『大日本史料』の当該条で関連史料が網羅され、「畠山鶴寿丸」が初めて幕府に出仕したことは知られていたが、この部分は翻刻されていなかった。亀寿は鶴寿の間違いだろう。稙長は天文十四年（一五四五）五月十五日に没しているため、三十七年の人生だったことになる。

さて、稙長は畠山尚順《ひさのぶ》の嫡男で、尚順の正妻は細川高国《たかくに》の姉である。ふたりの婚姻は、尚順の若い時期に想定している説もあるが、高国と尚順が連携しはじめた永正五年直後の蓋然性が高くなった。稙長が二歳で幕府に出仕したのは、正妻の子供だからだろう。

稙長の兄弟姉妹については、『続群書類従《ぞくぐんしょるいじゅう》』の「両畠山系図」では、稙長を含め男子九名、女子九名の十八人が挙げられている。どこまで事実を伝えているかわからないが、確かな史料で確認できるのは、公家の徳大寺公胤《とくだいじきんたね》の妻となった女性が明応八年（一四九九）生まれであることから、稙長よりも十歳年上となる。同じく日野内光《ひのうちみつ》の妻となった女性も年長であろう。兄弟で最初に登場するのは細川晴宣《はるのぶ》で、彼は尚順の息子で和泉守護家を継いだ人物である。晴宣の和泉守護就任は永正五年以降だが、偏諱《へんき》を賜ったのが足利義晴《あしかがよしはる》であるため、稙長よりも年少だろうか。続いて、天文三年（一五三四）に稙長に代わって遊佐長教に擁立された畠山左京大夫長経《ながつね》、同時期、稙長と行動を共にした畠山中務少輔基信《もとのぶ》、さらに天文五年に惣領名代として遊佐長教に擁立された畠山播磨守晴熙《はるひろ》、天文七年に畠山家督として擁立された畠山弥九郎（晴満《はるみつ》）も弟の可能性がある。また、稙長没後の天文十四年から惣領名代を務めた畠山播磨守政国《まさくに》がいる。女子では上記以外に、細川氏綱の妻となった人物もいる。確実な史料で兄弟姉妹を挙げられるのは、以上である。

稙長の幼年期

永正八年（一五一一）七月、鶴寿丸は初めて文書を出す。わずか三歳。それは細川高国《たかくに》と対立する細川澄元《すみもと》が挙兵し、初戦で摂津・播磨・河内で戦った。父尚順は河内方面に出陣し、敗北している。その後、高国らはいったん京都を脱出。このとき、河内源氏の子孫とされる壷井《つぼい》氏宛の文書の写しが残されている〔古今採輯〕。ひとつは、八月二十二日付畠山鶴寿丸内書案と同日付の丹下盛賢副状《たんげもりかたそえじょう》であり、これには鶴寿丸が将軍足利義尹《よしただ》（後の義稙《よしたね》）とともに細川澄元の攻撃を回避するため、京都を退出したことを報じている。それから九月一日付の河内守護代遊佐順盛《のぶもり》書状が同人で出され、さらに九月二十二日付で畠山尚順内書が出される。

このように、鶴寿丸は父とは別に行動し、育ての親である丹下盛賢とともに行動していた。尚順内書が最も遅い日付なのは、紀伊にいたからであろう。このように、京都の政治は鶴寿丸・丹下盛賢が担当し、河内は遊佐順盛、最も書状の日付の遅い畠山尚順は紀伊に在国していたと見られる。遊佐順盛は河内に鶴寿丸の弟（後の畠山播磨守某）を擁していた。尚順の紀伊在国は従来、永正十四年と考えられているが、早い段階で紀伊と京都を往復していたと見られる。この時期、尚順は本国を紀伊に位置付け、京都は稙長、河内は稙長の弟播磨守、和泉上守護は尚順の息子細川晴宣と、各分国を息子たちが支配する構想を持っていたと見られる。

稙長の元服は、永正十二年十一月十九日で、足利義稙の腹心畠山順光《のぶみつ》の屋敷で行われ、「次郎《じろう》稙長」と名乗り、相伴衆《しょうばんしゅう》となった。

父との決別

稙長の父畠山尚順は、永正十四年（一五一七）に正式に隠居して京都を出た。しかし、尚順は紀伊において大和の新興武士である林堂山樹《はやしどうさんじゅ》や熊野《くまの》衆を重用し、紀伊一国を武力的に屈服させようとしていた〔祐維記抄〕。林堂の文書は、和泉や大和にも見られるため、紀伊から大和・和泉地域を含めて広域支配を考えたのだろう。

ところが、尚順は紀伊の奉公衆湯河《ゆかわ》氏らに背かれ没落した。永正十六年、阿波の細川澄元が挙兵し、澄元方に有利な戦況が続いた。翌年二月には澄元は足利義稙に対して忠誠を誓ったため、義稙は細川高国とともに近江に没落することを拒否する。河内では、稙長の籠もる高屋《たかや》城（大阪府羽曳野市）を畠山義英《よしひで》が攻め落城している。しかし、五月に澄元方の三好之長《ゆきなが》が敗北したため、義英は吉野《よしの》（奈良県吉野町）に没落し、稙長は高屋城に復帰した。この乱が終わった後、六月二十二日に畠山稙長と細川高国の斡旋で長年対立しあっていた大和国人間《こくじん》の和睦＝大和国人一揆が成立した。このタイミングで、紀伊広《ひろ》城（和歌山県広川町）にいた林堂山樹が切腹したのである。林堂の切腹を条件に大和国人一揆が成立したのだろう。これによって尚順が紀伊を逐われ、稙長を中心とした支配体制となる。まだ、わずかに十二歳のことである。尚順は淡路に没落、将軍義稙も淡路に向かうことになる。細川高国は、足利義澄《よしずみ》の遺児で播磨の赤松義村《あかまつよしむら》のもとにいた義晴《よしはる》を将軍とした。

「堺公方」との対決

大永六年（一五二六）末から始まった四国勢の堺上陸は従来と違い、足利義稙の養子となった足利義《よし》維《つな》が畿内に入り「堺公方《さかいくぼう》」と呼ばれ、細川晴元《はるもと》とともに京都の足利義晴・細川高国と対峙した。この挙兵の発端は、細川高国が細川尹賢《ただかた》の讒言によって香西元盛《こうざいもともり》を殺害したことから、元盛の兄弟である波多野元清《はたのもときよ》・柳本賢治《やなぎもとかたはる》が挙兵したのを受けてのことであった。細川京兆家《けいちょうけ》分国での内輪争いの問題だが、畠山氏の支配勢力の問題も連動していた。前記した大和国人一揆は、かろうじて秩序を保っていたが、「堺公方」方は、畠山義英の息子義堯《よしたか》が越智《おち》氏と連絡を取り、さらに義堯は摂津・河内に展開する一向一揆勢力とも連絡を取り合うなど、ほころびが見え始めた。もともと、摂津・河内の坊主・門徒は、畠山義就《よしひろ》・義豊《よしとよ》・義英など義就流畠山氏との関係が深く、政長《まさなが》系畠山氏の子孫である稙長にとっては、この動向は無視できないものであった。

大永七年四月頃、稙長は河内高屋城で「堺公方」方と戦っている。このとき、「尾張守」宛の御内書《ごないしょ》が出されており、稙長は尾張守に任官した（御内書案）。十一月、稙長は大軍を率いて上洛し、東寺《とうじ》、建仁寺《けんにんじ》、因幡堂《いなばどう》と陣を移動させた。ところが翌年正月、「堺公方」方の三好元長《もとなが》と細川高国が和睦し、決戦にならなかった。「堺公方」方では柳本賢治や三好政長がこの和睦に反対で、各部将は帰国した。幕府方の武将もそれぞれ帰国したため、高国は自らの支持基盤を失い、五月には京都を没落、和睦推進派の六角定頼《ろっかくさだより》のもとに向かった。稙長も京都の陣を引き払い帰国したが、当初動員した一万五千という兵は、それぞれの本拠に戻ったため、高屋城の兵は大変少なかった。十一月、柳本賢治の兵が高屋城を攻めた。城兵が少ないなか柳本の猛攻をしのいだが、結局和睦して高屋城を明け渡し、金胎寺城《こんたいじ》（大阪府富田林市）に退いた〔実隆公記、二水記〕。その後の稙長の動向はよくわからない。この時期は「堺公方」方が圧倒的に強いように見えるが、享禄四年（一五三一）六月の大物《だいもつ》崩れによる細川高国の自刃までの三年半に及ぶ戦いは、膠着状態が続いたと言ってよいだろう。

天文の畿内一向一揆

「堺公方」方で実力が認められた武将に、木沢長政《きざわながまさ》がいる。彼は河内飯盛城《いいもり》（大阪府大東市、四條畷市）を築いた。この城は、四條畷《しじょうなわて》の戦いなど、常に河内の戦争の舞台になった四條や野崎《のざき》を押さえることができる場所にある。享禄四年（一五三一）八月、長政の主人である畠山義堯が三好遠江守の協力を得て長政が籠もる飯盛攻めを行った。「堺公方」方の内紛である。このとき、細川晴元は姉婿の義堯よりも長政を支援した。この対立は、細川晴元が本願寺《ほんがんじ》証如《しょうにょ》に一向一揆による動員を要請し、証如は大坂御坊に出向き、大坂御坊に集う摂津・河内の坊主・門徒に挙兵を促した。

翌天文元年（一五三二）六月、一向一揆は河内誉田城《こんだ》（大阪府羽曳野市）にいた義堯を襲い、義堯は滅ぼされた。続いて堺にいた三好元長も滅ぼされ、「堺公方」足利義維は自刃を決意するが、細川晴元に捕縛され、阿波に戻された。七月、大和で一向一揆が起こり、畿内全域に広がっていく〔細川両家記〕。

畠山義堯滅亡後の河内守護はどうなったのであろうか。天文元年十二月、稙長は河内金剛寺《こんごうじ》（大阪府河内長野市）に対して寺領安堵の判物《はんもつ》を発給している。稙長が河内での行動を開始したのである。しかし、この文書に付属する河内守護代遊佐長教の遵行状《じゅんぎょうじょう》が付されていない。通常、守護と守護代がセットとなって文書が下されるが、それが見られなくなったのである。すでに、稙長と長教との関係が上手くいっていなかった可能性がある。天文三年八月、畠山長経が遊佐長教・木沢長政に擁立された。稙長は、腹臣であり、育ての親である丹下盛賢が本願寺方として十月に河内で挙兵しているため、稙長と長教の対立は本格的なものとなった。この後、稙長は細川氏綱を擁して幕府と対峙することになる。この大きなうねりが、三好長慶の畿内統一の始まりとなる。天文の畿内一向一揆以後の畿内政治史は、畠山稙長の執念によって形作られるのである。

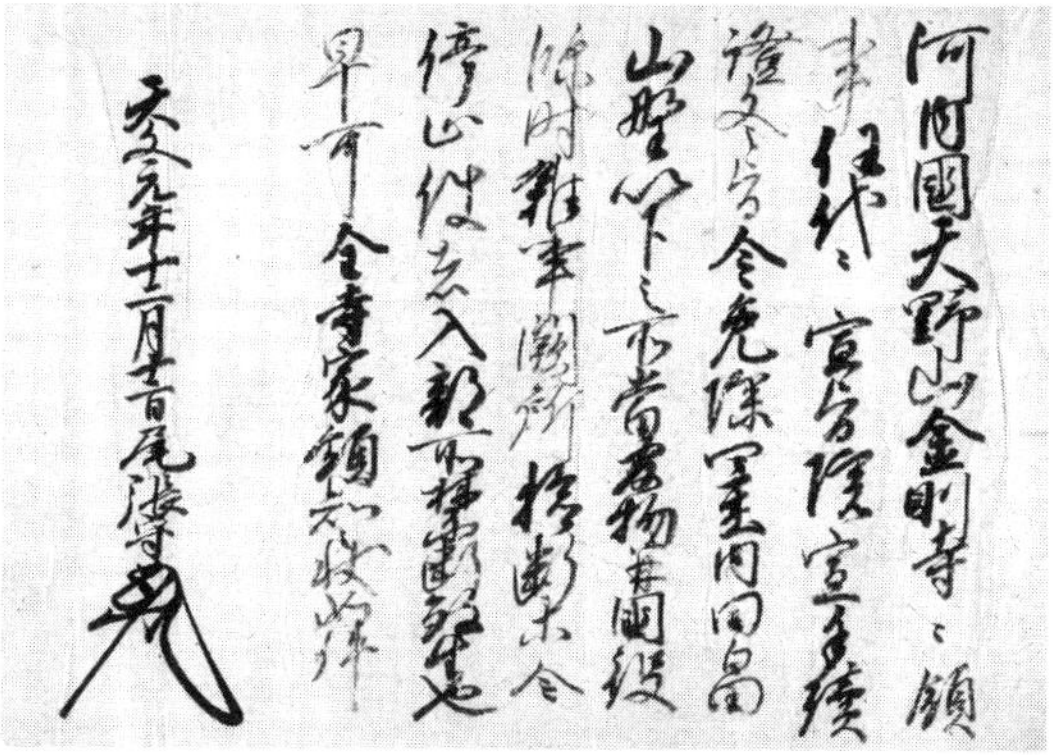

天文元年 12 月 12 日付畠山稙長判物　「金剛寺文書」　大阪府河内長野市・金剛寺文書　画像提供：河内長野市立図書館

広域軍事同盟の結成

細川高国没後の高国派を率いたのは、高国の弟であった細川晴国《はるくに》である。晴国は天文二年（一五三三）から本格的に畿内で挙兵するが、天文五年八月に自刃する。この後、晴国の活動を引き継いだのが細川国慶《くによし》である。稙長は本願寺と同盟し、国慶とも連携した。これとともに稙長が大きな期待を持ったのが、尼子経久《あまごつねひさ》の上洛戦である。尼子氏が大規模な軍勢を動かしたのは、天文五年十二月、天文六年八月、天文七年八月と十二月、天文八年十月、天文九年二月・六月・九月である。尼子氏の畿内侵攻が始まる天文五年十二月には、本願寺ははじめて経久の孫尼子詮久《あきひさ》（後の晴久）と音信をしており、その後、本願寺と尼子氏はたびたび音信を繰り返した。天文七年七月の本願寺証如《しょうにょ》の日記には、尼子氏の出張に連動して稙長が挙兵したことが書かれており、天文の畿内一向一揆時には、反本願寺方として遊佐長教と連動して活動していた紀州の奉公衆湯河光春《みつはる》が、稙長から尼子の動向を伝えられるなど、紀伊にいた多くの遊佐長教派が稙長方としてまとまっていく。

ところで、『天文日記《てんぶんにっき》』をみると、本願寺は天文の一向一揆を主導した下間頼秀《しもつまらいしゅう》・頼盛《らいせい》兄弟の処分について、稙長とともに尼子氏にしきりに同意を求めており、他の武将とはまったく違った対応をしている。稙長は一向一揆方として戦った実績があるため了解できるが、尼子氏も同じ対応をし、乱後も稙長と尼子氏が軍事同盟を結んでいるのは、なぜだろう。少なくとも天文の畿内一向一揆段階で、本願寺を含めた三者で何らかの関係があったと考えるべきではないだろうか。

天文九年二月、稙長は細川氏綱とともに泉州口に進発した。これに連動して尼子氏も上洛戦を開始し、細川国慶も京都周辺で挙兵した。細川氏綱が旗頭となったことがわかる出来事である。細川高国の時代の和泉は、稙長の弟細川晴宣と細川高国流の細川勝基《かつもと》が守護であったが、晴宣は享禄四年六月に戦死したと推定されており、勝基は天文十一年以降、稙長とともに行動している史料があることから、この方面でも活動していたのであろう〔興福院所蔵鷹山家文書〕。稙長は意外にも多くの勢力と軍事同盟を持ち、紀伊で自立した権力として成長していった。

細川氏綱の乱

天文十年（一五四一）八月、細川晴元の内衆《うちしゅう》間の対立が起こり、木沢長政もこれに加わった。十一月、細川晴元は将軍足利義晴に木沢長政を謀叛人にすることを求め、長政を攻撃するための命令が出された。十二月、義晴は稙長に対して遊佐長教が擁立した畠山弥九郎（晴満《はるみつ》）と和睦するように求めた。晴元の内衆間の分裂により、政権が瓦解しないための方策であろう。しかし、稙長は尼子氏と上洛戦まで仕掛けた男である。この申し出を拒否し挙兵する。慌てた義晴は、弥九郎を義絶して稙長と組むことを宣言した。稙長は、熊野衆・龍神《りゅうじん》・山本《やまもと》・玉置《たまき》・湯川・愛洲《あいす》などの国人衆と根来《ねごろ》・高野《こうや》・粉河《こかわ》などの寺社勢力、大和国宇智《うち》郡衆など総勢三万人で河内に入ろうとした。これらは父尚順の時代から、熊野衆と湯河氏の対立や根来と高野の対立など、地域紛争の絶えない状況だったが、初めて稙長は紀伊勢や大和宇智郡勢を統率して軍事行動ができたのである。

天文十一年三月、木沢長政は河内太平寺《たいへいじ》の戦い（大阪府柏原市）で戦死した。これを討ちとったのは、遊佐長教の軍勢である。稙長の軍勢は、この合戦に間に合わなかった。しかし、この時点で木沢長政が擁立していた畠山在氏《ありうじ》が飯盛城におり、同じく木沢派だった和泉守護代松浦守《まつらまもる》も健在だった。稙長はまず、松浦攻めを計画する。この計画は、背後に飯盛城勢がいるため、大和の筒井順昭《つついじゅんしょう》・鷹山弘頼《たかやまひろより》らを飯盛に対峙させ、稙長自身が自ら出陣する力の入れようだった。稙長の年寄たちは参陣を引き留めたが、稙長は聞かなかった。八月、本願寺は稙長のもともとの内衆で和泉国人玉井《たまい》三河守にはじめて音信する。松浦を退け、稙長は玉井を和泉守護代としたのである。しかし十一月、玉井は松浦に敗れる。

天文十二年正月に飯盛城が落城すると、いよいよ松浦攻めが本格化する。稙長は二月に和泉の和田助高《みきたすけたか》に対して出陣を伝えており、その取次をつとめたのは玉井三河守だった。三月、細川氏綱が槇尾山《まきおさん》（大阪府和泉市）から挙兵する。これに対して、細川晴元や三好長慶が出陣し、十月には氏綱の軍事行動は停止された。これは稙長の合力が停止されたからだという。稙長の氏綱擁立による畿内の大幅な権力掌握はいったん停止した。彼がこの後、どのような構想を持ったかはわからない。天文十四年五月十五日、稙長は三十七歳で突然に没した。彼を幼少から育てた丹下盛賢も同月に亡くなっている。

（小谷利明）

【主要参考文献】

天野忠幸『室町幕府分裂と畿内近国の胎動』（吉川弘文館、二〇二〇年）
生駒市教育委員会『興福院所蔵鷹山家文書調査報告書』（二〇二〇年）
岡田謙一「細川高国派の和泉守護について」（『ヒストリア』一八二、二〇〇〇年）
小谷利明「畠山稙長の動向」（矢田俊文編『戦国期の権力と文書』高志書院、二〇〇四年）
馬部隆弘『戦国期細川権力の研究』（吉川弘文館、二〇一八年）
弓倉弘年『中世後期畿内近国守護の研究』（清文堂出版、二〇〇六年）

畠山義英・義堯
——河内を地盤とする義就流畠山氏嫡流

義英の幼少時代

畠山義英《はたけやまよしひで》は、畠山義豊《よしとよ》（基家《もといえ》）の嫡子として長享二年（一四八八）に生まれたらしい。応仁の乱はすでに終結していたが、畠山氏の家督紛争は、応仁の乱では決着せず、山城・河内・大和・紀伊などで、政長《まさなが》流と義就《よしひろ》流に分かれて抗争を繰り広げていた。文明九年（一四七七）、京都から河内に下向した畠山義就は、河内を実力で支配していたことから、義就の孫に当たる義英は、河内で生まれたと推定できる。

明応二年（一四九三）閏四月、明応の政変によって、政長流畠山氏が没落したことで、畠山義豊が京都の幕府（細川政元《ほそかわまさもと》政権）から畠山氏家督を認められた。同年五月、義豊は上洛して幕府に出仕した。その際義英は、「板輿《いたごし》」（蔭涼軒日録）に乗って父義豊とともに上洛した。義豊の畠山氏家督承認は、細川政元の後ろ盾によるものであった。興福寺《こうふくじ》大乗院門跡《だいじょういんもんぜき》の尋尊《じんそん》が、その日記『大乗院寺社雑事記《だいじょういんじしゃぞうじき》』に「細川と畠山は主従の儀なり」と記したように、当時の人々は、畠山氏が細川氏に隷属したとみていた（今谷一九八五）。

畠山義豊は、河内・紀伊の状況が安定しなかったため、同年七月には河内に下向したが、義英は京都に残った。義英が京都に残ったのは、人質としての意味合いがあったとみられる。だが室町時代、守護は在京して幕府に出仕することが原則であったことから、義英は義豊の代行者として在京したのであろう。義英が単なる人質でなかったことは、義豊の重臣である遊佐《ゆざ》越中守就盛《ひろもり》らが在京して補佐していたことからも明らかであろう。

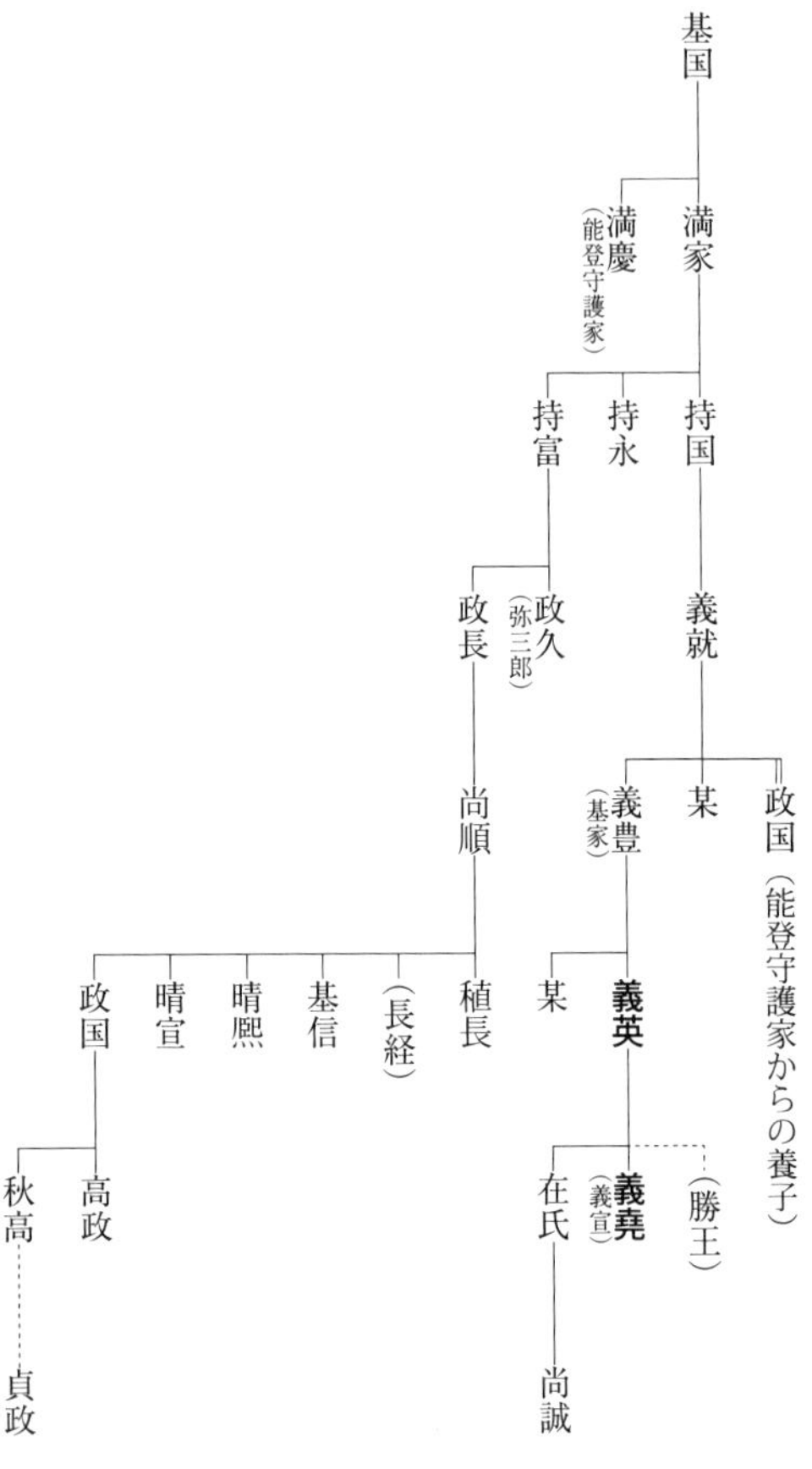

畠山氏略系図

畠山義英は初め「惣勝」と称したが〔北野社家日記〕、明応三年（一四九四）十二月に元服し、「次郎義英」と称した〔後法興院政家記〕。この時点で義英は八歳と見られ、やや早い年齢で元服している。これは、幕府に出仕するためには元服しておくことが必要であったことと、河内・紀伊の戦局が関係していたと

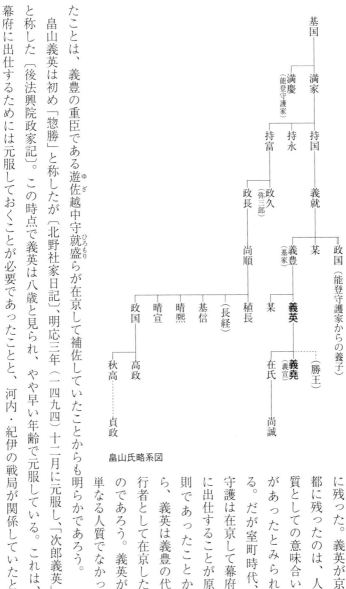

思われる。明応の政変で紀伊に逃れた畠山尚順《ひさのぶ》（政長の嫡子）が、紀伊を中心に抵抗を続けていたからである。家督を認められたとはいえ、義就流畠山氏の前途は決して明るくはなかったのである。

畠山義英の初陣は、意外に早くやってきた。明応六年、畠山義豊の内衆《うちしゅう》（有力家臣）で守護代の家格である遊佐氏と誉田《こんだ》氏の対立が武力闘争に発展した。畠山尚順はこれに乗じて河内に進攻し、その大半を平定した。劣勢に陥った父義豊を助けるため、明応七年八月、畠山義英は河内に出陣した。義英は尚順方の河内野崎《のざき》城（大阪府大東市）を攻撃したが、遊佐就盛が一時行方不明になるなどの敗北を喫し、山城八幡《やわた》（京都府八幡市）に退いた。こうして義英の初陣は、散々な結果に終わった。

畠山尚順との河内をめぐる激しい攻防戦の中で、明応八年正月に、畠山義豊が河内十七箇所城（大阪市城東区）で戦死し、義英は船で逃亡した。このような状況の下、義英は十三歳で義就流畠山氏の家督を継ぐこととなったのである。

義英の自立

畠山義豊が没した後も、畠山義英と尚順の河内争奪戦は続いた。尚順の活動は、北陸の前将軍足利《あしかが》義材《よしき》（義尹《よしただ》・義稙《よしたね》）と示し合わせたものであり、義英が河内を失うことは、足利義材の上洛を可能にし、細川政元政権の死命を制する可能性があった。そこで細川政元は、明応八年（一四九九）九月、有力内衆の赤沢朝経《あかざわともつね》を河内に派遣し、戦線の梃入れを図ったのである。

細川氏分国の摂津に逃れた畠山義英は、ここを拠点に河内に軍勢を進めた。細川政元の援軍を得た義英は、多くの犠牲を出しながらも、河内の野崎城・十七箇所城を攻略した。一方、足利義材は河内の畠山尚順と合流し、上洛をめざした。しかし、同年十二月の摂津天王寺《てんのうじ》（大阪市天王寺区）の戦いで畠山尚順方が敗北し、足利義材の目論見は潰えた。尚順は再び紀伊に没落し、義材は西国へ没落した。尚順はこの後も和泉・河内に進攻するが、細川政元が畠山義英を支援したため、両国を制圧することはできなかった。

盤石に見えた細川政元政権だが、永正元年（一五〇四）九月、政元の後継者をめぐる対立から、有力内衆薬師寺《やくしじ》元一《もとかず》らの反乱が発生した。この反乱は畠山氏を巻き込み、畠山尚順が河内に兵を進めることとなった。この事態に対して畠山義英は、同年十二月、尚順と和睦する道を選んだ。

畠山義英は永正元年七月、河内の観心寺《かんしんじ》（大阪府河内長野市）に対して、代替わりの判物《はんもつ》を発給している〔観心寺文書〕。代替わりの判物は、義就流畠山氏に特徴的なものであり、発給者が畠山氏当主として認められたことを示している。義英の家督相続が明応八年なのに、代替わりの判物発給が永正元年なのは、義英が細川政元の後見を受けていたからであろう。永正元年に義英が代替わりの判物を発給したことは、細川政元政権からの自立を図ったことを示している。また、この判物より義英が「上総介《かずさのすけ》」と称していたことがわかる〔弓倉二〇〇六〕。

畠山義英と尚順の和睦に対して細川政元は、永正二年、赤沢朝経らを河内に派遣した。翌三年正月、朝経らは河内を制圧し、義英と尚順を没落させた。義英は大和国吉野郡《よしの》龍門郷《りゅうもん》（奈良県吉野町）にまで没落した。この後、状況が落ち着くと義英は、尚順の拠点である紀伊国有田郡《ありだ》広《ひろ》（和歌山県広川町）に移ったと見られる。

河内は細川政元方に制圧されたように見えるが、細川氏による河内支配の判物は知られていない。このことから、細川政元方は高屋城《たかや》（大阪府羽曳野市）等、河内の主要部を軍事的に制圧したものの、畠山氏が根強く抵抗を続けており、支配体制を築くことはできなかったようである。

永徳二年（一三八二）に畠山基国《もとくに》が河内守護に就任して以来、代々の河内守護は畠山氏であり、これは応仁の乱でも変わらなかった。このことから、遅くとも応仁の乱の頃には、畠山氏が河内や紀伊の守護家であるとする認識が、人々の間にできあがっていたと思われる。したがって、細川氏が一時的に河内を制圧したからと言って、河内の人々から守護家として認識されることはなかったのであろう。

義英の分国支配

文亀年間（一五〇一～〇四）の河内はおおむね畠山義英方が押さえていたが、その支配は常に畠山尚順に脅かされており、細川政元の後見なしには成立しなかった。ただし義英は、政元に全面的に服属したわけではなかった。

明応九年（一五〇〇）四月、畠山義英の有力内衆遊佐元繁《もとしげ》が、通法寺《つうほうじ》（大阪府羽曳野市）の段銭《たんせん》以下の

課役を免除した判物を発給した〔壺井八幡及通法寺文書〕。文亀元年五月には、春日社が社領の河内国《こく》衙《が》・中村《なかむら》の直務《じきむ》を訴えたのに対し、守護代遊佐就盛がその返付を約束している。これら文書の発給に細川政元やその内衆は関係しておらず、河内で義就流畠山氏が独自の権力を行使していたことがわかる。また、これら文書の発給は、守護代家遊佐氏が行っている〔小谷二〇〇三〕。

文亀年間の畠山義英の河内支配において、守護代遊佐氏は、守護畠山氏とは別に「奉行所」を設置していた。よって、先に示した判物は、いずれも遊佐氏奉行所から発給されたと見られる。明応六年に対立していた有力内衆誉田氏を追い落とし、守護代の権力を掌握した遊佐氏は独自に奉行所を設置して、守護畠山氏とともに重層的な支配を行っていたのである〔小谷二〇〇三〕。

永正六年（一五〇九）十二月二十七日、畠山義英は、金剛寺《こんごうじ》（大阪府河内長野市）に寺領安堵の判物を発給した。遊佐就盛が寺領安堵等の判物を発給したのは、十二月三日であり〔金剛寺文書〕、守護代家遊佐就盛の判物を受けて守護家畠山義英の判物が発給されたと考えられる。よって河内では、守護代家遊佐氏優位の支配体制が確立されていたとみられる。

義就流畠山氏では、当主の義英が権力を発揮できなかった文亀年間においても、守護代家遊佐氏は、分国支配の判物を発給している。義英が細川政元の後見を受けていた時期も、守護代家遊佐氏が分国支配を行っていたことが、守護代家遊佐氏優位の支配体制を確立させたのであろう。

さて、永正元年の両畠山氏和睦によって、畠山義英はそれまで権力を及ぼすことが難しかった紀伊において、権力を行使するようになった。紀伊でも義英の分国支配に関する文書が見られるようになる。永正四年八月二十日、紀伊守護家畠山義英は紀伊の誓度寺《せいどじ》（和歌山県紀の川市）の寺領安堵に関する判物を発給しているが、同日付で守護代家遊佐就盛・基盛《もともり》も誓度寺の寺領安堵に関する判物を発給している。これは義就流畠山氏が、紀伊においても、守護と守護代による重層的な支配体制を行っていたことを物語っている〔矢田一九九八、弓倉二〇〇六〕。

ただし、守護代家遊佐氏の判物を発給した遊佐就盛・基盛は、畠山義英の有力内衆であり、河内支配にも守護代家としてかかわっている。義就流畠山氏の分国支配では、河内・紀伊の明確な区別は存在しなかったようである。これは、紀伊では義就流畠山氏が劣勢であり、確固とした支配体制を築くことができなかったからであろう。したがって紀伊では、河内のように守護代家遊佐氏奉行所は存在しなかったと考えられる。

細川氏の分裂抗争と畠山氏

永正四年（一五〇七）六月、細川政元が暗殺され、細川氏も家督をめぐる分裂抗争の時代に突入した。河内における細川氏の権力基盤は大きく動揺し、細川氏被官は高屋城から逃亡した。これに乗じた畠山義英は河内に入り、畠山氏は河内を回復した。

しかし、永正四年十二月には細川氏の分裂抗争の影響を受け、畠山義英と尚順の和睦は破綻して、義英は嶽山城《だけやま》（大阪府富田林市）に籠城した。このとき尚順は、細川澄元《すみもと》（政元の養子）と反りの合わなくなった細川高国《たかくに》と密かに同盟し、西国に逃れた足利義尹（義材が改名）を上洛させようとしていた。尚順らの攻撃を受けた嶽山城は、永正五年正月に陥落したが、細川澄元の有力内衆赤沢長経《ながつね》は、義英を密かに城から脱出させた。これは来るべき細川高国との抗争に備えたものであろう。

永正五年四月、大内義興《おおうちよしおき》の支援を受けて堺に到着した足利義尹は、同年六月、畠山尚順や細川高国とともに京都に入り、細川高国政権が成立すると、細川澄元・足利義澄《よしずみ》らは没落した。永正八年七月、再起した細川澄元方に与した畠山義英は、河内で畠山尚順と戦い、紀伊守護代遊佐順房《のぶふさ》を戦死させた。

勢いに乗った細川澄元方は、一時京都を占領したが、同年八月、船岡山合戦《ふなおかやま》（京都市北区）で細川高国・大内義興連合軍と戦い、細川政賢《まさかた》・遊佐就盛ら有力武将が戦死するなど大敗を喫した。その後も畠山義英は、河内・大和方面で粘り強く抗戦を続けたが、永正十年八月、河内の観心寺周辺で畠山尚順方と戦い、弟の播磨守が戦死するなど大敗して没落した。義英はこの戦いの後、一時行方がわからなくなった。

盤石に見えた細川高国政権であるが、永正十五年八月、政権の重鎮であった大内義興が帰国した。これを待っていたかのように畠山義英は、和泉に兵を出した。永正十六年十二月、金剛寺に禁制《きんぜい》を発給した義英は、大和の越智《おち》家全らとともに、畠山稙長《たねなが》（尚順の嫡子）の守る高屋城を攻撃した。翌年二月、義英らは高屋城を攻略したが、同年五月、京都で三好之長《みよしゆきなが》が細川高国に敗北したことで戦線を維持できなくなり、八尾《やお》（大阪府八尾市）から吉野《よしの》（奈良県吉野町）へ没落した。

大永元年（一五二一）十月、細川高国との不和が表面化した足利義稙（義尹が改名）は、淡路に到着した。そして、隠居地の紀伊を逐われた畠山尚順とともに再挙を図った。畠山義英も尚順と和睦し、義稙の再挙に協力した。義英が稙長の攻撃を受けて敗北したこともあって、義稙の再挙は失敗した。この一件の後、畠山義英に関する確実な史料は見られなくなる。

畠山義堯の活動

大永三年（一五二三）三月、畠山義堯《よしたか》が観心寺に代替わりの判物を発給した。この事実より、義就流畠山氏の当主の座が、義英から義堯に移っていたことがわかる。良質の史料で義堯と義英の関係を記したものはないが、系図等より義堯は義英の嫡子と考えられる。

畠山義堯の諱《いみな》について、『足利季世記《あしかがきせいき》』等の軍記物（『細川両家記《ほそかわりょうけき》』には記述なし）や、系図類では、「義宣《よしのぶ》」と記している。改名の時期を、当時の古文書や記録類からは明らかにすることはできないが、義堯と義宣の文書を検討すると、享禄年間（一五二八～三二）には改名していた可能性が高い〔小谷二〇〇五、弓倉二〇〇六〕。

畠山義堯は、鷲尾隆康《わしのおたかやす》の日記である『二水記《にすいき》』では「上総介」、『祐維記《すけつなき》』等の記録類や『細川両家記』等の軍記物では「総州」と記されており、義英に続いて上総介を称していたと見られる。後述の如く義堯は、享禄年間に一時活動が低調になる時期があるためか、『史料綜覧』等では、大永四年の義堯の活動を、義英と誤っている。

大永二年以降の畠山義英の消息で確実なものはないが、興福寺大乗院門跡経尋《きょうじん》の日記である『経尋記』大永二年四月晦日条には、「畠山濃州」が大和国吉野郡小川（奈良県十津川村）で没したと記されている〔大日本史料〕。「濃州」が「総州」の誤りとすれば、義英死没の記事になる。断定はできないが、状況的にはあり得る話である〔弓倉二〇〇六〕。

大永四年九月、畠山義堯は河内日野《ひの》（大阪府河内長野市）に着陣し、これ以降、畠山稙長と戦いを繰り広げた。義堯が活動したのは、主に河内・紀伊・大和の国境付近の山岳地帯である。この辺りには、十六世紀半ばになっても義就流畠山氏の文書が見られる。これはこの地域が、義就流畠山氏の地盤であったことを示している。

大永六年、細川高国政権に内紛が生じた。これによって足利義維《よしつな》を擁する阿波の細川晴元《はるもと》（澄元の子）や三好一族らの動きが活発化し、同年十二月、先遣の三好政長《まさなが》らが堺に上陸した。細川晴元に与する畠山義堯は、淡路に渡海して三好勢の堺上陸に加わった。その際義堯は、一向一揆勢力や大和の多武峰《とうのみね》衆徒にも参加を要請している。

勢いに乗った細川晴元方は、大永七年二月の京都桂川《かつらがわ》の戦いに勝利して、京都を制圧した。足利義維・細川晴元らによるいわゆる堺公方府《さかいくぼうふ》の成立である〔今谷一九八五〕。畠山義堯も細川晴元方に与して、京都に遊佐堯家《たかいえ》らを派遣した。軍記物では義堯の姉が細川晴元に嫁いだと記しており、これが事実であれば、両者は姻戚関係にあった。

細川高国らは越前の朝倉教景《あさくらのりかげ》（宗滴）らの加勢を得て、京都に進軍した。大永七年十月の川勝寺口（京都市右京区）の戦いでは、最終的に三好元長《もとなが》を中心とした細川晴元方が勝利したが、朝倉教景の軍勢と戦った畠山義堯の軍を指揮していた遊佐堯家が戦死した。遊佐堯家は守護代家遊佐氏の中心人物であり、就盛に続いて堯家が戦死したことが、守護代家遊佐氏権力の動揺を招いたのであろう〔弓倉二〇〇六〕。

木沢長政の台頭

守護代家遊佐氏が動揺した隙を突いて、有力内衆の木沢長政《きざわながまさ》が、遊佐堯家の後継者と見られる遊佐某を殺害した〔二水記〕。木沢長政は、守護代家遊佐氏を粛清し、守護代家の権力を掌握しようとしたのである。この事件は、義就流畠山氏内部での内衆間の対立が、義堯の時期に至っても深刻であったことを物語っている〔小谷二〇〇三、弓倉二〇〇六〕。

大永年間（一五二一～二八）、畠山義堯は活発に活動し、高屋城を中心とした畠山稙長との、熾烈な河内争奪戦を繰り広げた。しかし、享禄元年（一五二八）以降は義堯だけではなく、細川晴元被官の柳《やなぎ》本賢治《もとかたはる》が河内で稙長方と戦い、高屋城を攻略している。この時期、義堯の活動が低調なのは、木沢長政が一時細川高国の家臣に転身したことが響いているのではないだろうか。

木沢長政は、守護代家遊佐氏を粛清することで、守護代家の権力を掌握するだけでなく、自らが守護家から自立する道を選んだのである。一時木沢長政が、細川高国の被官になったのは、そのような事情を反映していたとみられる。守護代家遊佐堯家の戦死と、遊佐氏を殺害した木沢長政の行動によって、義就流畠山氏の権力が大きく動揺したのである。

細川高国から細川晴元の被官となった木沢長政は、細川尹賢《ただかた》を滅ぼすなど、晴元方の主要武将として河内・京都等で活動した。これを面白く思わない畠山義堯は、享禄四年八月、三好家長《いえなが》と結んで、木沢長政の居城である河内飯盛城《いいもり》（大阪府大東市、四條畷市）を攻撃した。木沢長政が細川晴元に帰参したことで、足利義維の堺公方府では、細川晴元・木沢長政らの派閥と、三好元長・畠山義堯らの派閥が形成されていた。両者の対立は、享禄四年六月の摂津大物《だいもつ》崩れの戦いで共通の敵細川高国が滅亡したことで、表面化したのである。木沢長政は細川晴元に救援を求め、それに応じた晴元の軍が義堯の軍を摂津中島《なかじま》（大阪市淀川区）で破ったことで、事態はひとまず小康状態となった〔天野二〇一四〕。

態勢を立て直した畠山義堯は、享禄五年五月、三好家長とともに再び飯盛城の木沢長政を攻撃した。軍事力の多くを三好氏に依存していた細川晴元に、木沢長政を救援する余力はなく、本願寺に援軍としての一向一揆蜂起を要請した。河内には浄土真宗の門徒も多く、おそらく義堯の軍勢にも少なからぬ門徒がいたとみられる。細川晴元は、本願寺の加勢による軍事的優勢を確保するだけでなく、義堯軍の内部崩壊を図ったのであろう。

一向一揆の攻撃を受けた畠山義堯方の戦線は崩壊し、義堯は河内石川道場で自刃した。この一戦で義就流畠山氏の凋落は決定的となり、義就流畠山氏は木沢長政一族に牛耳られることとなった。そればかりか、一向一揆が各地で蜂起し、畿内一帯は混乱状態となった。畠山義堯の滅亡は、堺公方府をも道連れにしたのであった。

（弓倉弘年）

【主要参考文献】

天野忠幸『三好長慶』（ミネルヴァ書房、二〇一四年）
今谷明・天野忠幸編『三好長慶』（宮帯出版社、二〇一三年）
今谷明『室町幕府解体過程の研究』（岩波書店、一九八五年）
今谷明『守護領国支配機構の研究』（法政大学出版局、一九八六年）
小谷利明『畿内戦国期守護と地域社会』（清文堂出版、二〇〇三年）
小谷利明「畿内戦国期守護と室町幕府」（『日本史研究』五一〇、二〇〇五年）
馬部隆弘『戦国期細川権力の研究』（吉川弘文館、二〇一八年）
福島克彦『畿内・近国の戦国合戦』〈戦争の日本史一一〉（吉川弘文館、二〇〇九年）
矢田俊文『日本中世戦国期権力構造の研究』（塙書房、一九九八年）
弓倉弘年『中世後期畿内近国守護の研究』（清文堂出版、二〇〇六年）
弓倉弘年「守護畠山氏と河内国人」（『大阪狭山市史』第一巻本文編通史、二〇一四年）

木沢長政
——畠山・細川に両属する畿内のジョーカー

木沢氏の系譜と長政の登場

長政《ながまさ》の一族である木沢《きざわ》氏は、管領職を担う一家の畠山《はたけやま》氏の被官であった。畠山氏の下には複数の木沢姓の被官がみられるが、中でも奉行人を担う兵庫助《ひょうごのすけ》家と左近大夫《さこんたいふ》家の系統が重用された（馬部二〇一七）。長政はこのうち左近大夫家の者として生まれた。父は木沢左近大夫浮泛《ふはん》という。弟には又《また》四郎《しろう》、中務大輔《なかつかさたいふ》、左馬允《さまのじょう》がいる。父の浮泛は、細川政元《ほそかわまさもと》の庇護下にいた畠山義英《よしひで》に付き従っていたようで、冷泉政為《れいぜいまさため》と親交を持ち、公家へも交流を広げていたようである（実隆公記）。そのような父の下に生まれた長政は「左京亮《さきょうのすけ》」を名乗り、京都、さらには畿内へと大きな影響を及ぼす人物となる。

木沢長政は、公家・鷲尾隆康《わしのおたかやす》が記した『二水記《にすいき》』享禄三年（一五三〇）十二月十八日条に初めて記される。それによると、同じ畠山被官である遊佐《ゆざ》某を殺害した後出奔し、細川高国《たかくに》の被官となった。しかし近日となって、細川晴元《はるもと》の被官となったという。隆康は、長政の鞍替えについて言語道断であり、世間はその所在のなさを笑っていると記評した。同年の十二月三十日には、隆康の言うとおり、長政は晴元方の手勢として高国方の内藤彦七《ないとうひこしち》等が立て籠もる将軍山《しょうぐんやま》の砦（京都市左京区）を攻めている。

一方で、かつて主君であった畠山義堯《よしたか》とも対峙した。『細川両家記《ほそかわりょうけき》』によれば、享禄四年八月、長政が立て籠もった河内飯盛城《いいもり》（大阪府大東市、四條畷市）を義堯が攻めると、晴元は長政を贔屓して摂津国三宝寺《さんぼうじ》（大阪市東淀川区）まで援軍を送ったという。この頃にはすでに、三好政長《みよしまさなが》・可竹軒周聡《かちくけんしゅうそう》とともに晴元の「御前衆《ごぜんしゅう》」と呼ばれるまでの立場を得ている。そして享禄五年（一五三二）六月五日、飯盛城に籠もる長政を救援するため、晴元の依頼により本願寺《ほんがんじ》から門徒衆が派兵された。『言継卿記《ときつぐきょうき》』によると、同月十五日には飯盛城を攻めていた三好家長《いえなが》以下三千人計りの兵が討ち死にしたという。畠山義堯はこの敗戦で、飯盛城から退き、石川道場において自害した。加えて、この争いの最中、細川晴元の内紛も起きていた。「御前衆」の三人は、晴元の有力な後ろ盾であった三好元長《もとなが》を讒言し、同年同月二十日には、堺の顕本寺《けんぽんじ》（堺市堺区）まで追い詰めている〔細川両家記〕。晴元や長政の軍勢に加え、一向衆の援兵に囲まれた元長も自害するに至ったのである。

天文の錯乱で法華宗門徒を率いる

畠山義堯や三好元長を追討するため、本願寺と共同戦線を敷いた細川晴元であったが、その均衡は破られた。天文元年（一五三二）七月十七日、勢いに乗じた一向宗門徒らは大和で興福寺《こうふくじ》衆徒たちと争い、興福寺の諸坊へ火をかけたのである〔後法成寺尚通公記ほか〕。晴元はこのような本願寺門徒たちの振る舞いを止めるために本願寺を攻撃することとなった。

この抗争は、天文二年六月には一度和睦がなされるものの、翌年の同三年五月二十九日にそれは破られた。同四年十二月に再び和議が結ばれるまでの約五年間争いは続いた。この最中、細川高国の弟晴国《はるくに》をはじめ、三好長慶《ながよし》方の三好連盛《つらもり》や久助《きゅうすけ》、摂津国衆三宅国村《みやけくにむら》が本願寺に加勢した。対本願寺戦の水面下では、細川京兆家《けいちょうけ》の家督争いが勃発していたのである。

長政はそのような情勢下で、引き続き晴元に加勢している。天文二年十一月十六日には、「大和衆」を率いて出陣していることが確認される〔私心記〕。さらに、晴元陣営は本願寺と対峙したことで今まで敵対をしていた法華宗門徒を味方に引き入れている。その法華宗門徒を率いていたのは木沢長政だった。同年三月二十九日には、長政は伊丹親興《いたみちかおき》の救援のために法華宗門徒を率いている。加えて、同年五月五日には大坂を攻めた細川晴元と一緒に法華宗門徒を引き連れて、一向衆の対処に当たった〔私心記、細川両家記〕。その上、敵対関係であった三好連盛と久助を説得し、味方に引き込んでいる〔細川両家記〕。長政は共同戦線を張る軍勢だけでなく、敵対勢力をも掌握する高い外交能力を持っていた。

天文四年九月十四日、本願寺の中でも好戦派であった下間頼秀《しもつまらいしゅう》・頼盛《らいせい》兄弟を追放されたことで、その後、青蓮院門跡尊鎮法親王《しょうれんいんもんぜきそんちんほっしんのう》の仲介のもと、本願寺と対立する諸勢力との間で和議がなされた〔私心記〕。晴元とも十二月一日に和議の使者が本願寺から訪れたことで和議が結ばれ、この抗争は決着した。以後、長政と本願寺は友好的な関係を築いていった。

総州畠山家の被官として

ところで、長政の古巣であった総州《そうしゅう》畠山家（義就の子孫）は、義堯が自害した後、義堯の弟である在《あり》氏《うじ》が惣領《そうりょう》となっていた。興福寺別会五師《べちえごし》が記した『蓮成院記録《れんじょういんきろく》』によると、天文二年（一五三三）正月に幕府や管領、諸大名に宛てる巻数《かんず》・書状等を送る一覧として、木沢長政の名が記されている。ここでの長政は「堺方」、すなわち晴元方の一員として記されるが、それにあわせて「畠山小次郎（在氏）方」の一員としても記されている。この頃には、義堯に替わって、在氏が総州畠山家の当主となっていた。それにともない、木沢長政は古巣へと戻ったようである。つまりは総州畠山家と細川京兆家と、二つの勢力の被官となったのであった。

総州畠山家では在氏が当主となったことで、木沢長政をはじめとする木沢氏の一族が河内北部の多く政務に関与することとなった。たとえば、天文六年十一月十三日、河内長野にある観心寺《かんしんじ》（大阪府河内長野市）は在氏の継目《つぎめ》判物《はんもつ》をもらったため、礼銭を調えている。その対象として在氏はもちろん、関与した六人の奉行や被官たちへも礼銭が送られた。そこには「木沢中務」、「木沢左近大夫」、「木沢長政」の名前がみられる。さらには、木沢氏の与力である「窪田《くぼた》豊前入道」の名もみられ、半数が木沢氏の関係者で占められていた〔観心寺文書〕。

在氏が当主として立った背景には、木沢長政が擁立したことが大きな一因だったとみられる。

細川京兆家の被官として

一方、細川京兆家下においては、特定の地域において支配を許されていた。

天文九年（一五四〇）十一月十二日には、山城国久世《くぜ》郡伊勢田《いせだ》（京都府宇治市）にある大徳寺《だいとくじ》塔頭如意《にょい》庵《あん》領として認める直状《じきじょう》を出した。このとき、如意庵側から相談を受けた幕府の外交僧・等祥《とうしょう》は「伊勢田については木左（木沢長政）に催促をすべき」と返答をしている〔大徳寺文書〕。

さらには、山城瓶原《みかのはら》（京都府木津川市）の秋田《あきた》という者が確執をもつ狭川《さがわ》某の親類を語り、東大寺《とうだいじ》田聖坊に押しかけ狼藉を働いた事件があった。木沢長政は秋田とその与力に対し、成敗を加える下知を出している〔伺事記録〕。

これらの事例は、山城の上三郡（久世郡、綴喜《つづき》郡、相楽《そうらく》郡）地域に関わるものである。このように山城南部に大きな影響力を持っていたことから、山城の半国守護代として抜擢されたと考えられる（山下二〇一七）。

また長政は、天文年間初頭に敵対していた本願寺と細川晴元を繋ぐ取次役を買って出ていた。天文八年六月二十一日、細川晴元は祖父にあたる細川政元《まさもと》の三十三回忌を執行した。本願寺は晴元のもとに香典を贈るのだが、長政を通じ晴元へ届けている。

他にも、本願寺は摂津欠郡《かけのこおり》（大阪市）にかかる諸公事の免許を得るために木沢長政を頼った。長政は本願寺から細川政元・澄元《すみもと》期に出された制札を預かると、免許を得るため、晴元だけでなく周囲の被官たちへも協力を仰いでいたとみられる。よって、長政の働きかけにより新たな制札は滞りなく得られた。そして長政は本願寺に対し、制札を得るために関わった取次などへもどれぐらいの礼を送るべきかまで助言をしている〔天文日記〕。

右のように、本願寺は細川晴元への窓口として、木沢長政を信頼していた。長政自身も細川晴元麾下の人間関係や段取りを熟知しており、交渉能力を持っていたことが垣間見える。長政は細川晴元の対外交渉を担う一員として活動したのである。

「大和守護」を称す

天文五年（一五三六）正月二十日、本願寺は大和国吉野《よしの》・上市《かみいち》（いずれも奈良県吉野町）・下市《しもいち》（同下市町）にある一向宗諸寺院の還住を願うために、木沢長政に相談をしている。このとき、本願寺は還住にあたり大和国民の越智《おち》氏にも意見を仰ぐべきでないかとし、長政にそれを伝えた。しかし長政はその相談に対し、「その心配はいらない。大和については私が守護であるから、進退については私が決める」と返事をしている〔天文日記〕。そして、守護であると発言したその五ヶ月後の六月二十日、長政は大和の信貴山城《しぎさん》（同平群町）に居を構えている〔天文日記〕。

本来、大和守護は遡れば鎌倉時代より興福寺が支配をするところであった。しかし、長政が守護であるからと語るように、幕府からのお墨付きを得て、大和国内の問題について介入するようになる。

早速同年閏十月十六日には、幕府の上意を受けた長政が東大寺衆徒である戒重《かいじゅう》左近将監に成敗を加えた。これは、興福寺側から幕府へ戒重左近将監が大和国大仏供上《だいぶくかみ》庄（奈良県桜井市）を違乱していると訴えたことに端を発した事件であった。戒重左近将監はなおも違乱を止めなかったようで、その二年後の正月二十六日には長政の手によって殺害された（春日神社文書、親俊日記）。

さらには、興福寺側は長政に伺いを立てねばならない場合もあった。天文八年六月二十四日、興福寺雑掌《ざっしょう》の柚留木《ゆるき》氏は、春日神社の御神供を調えるために幕府からの下知を得られた。しかし、それだけでは足りなかったようで、今回の下知について長政と筒井《つつい》氏に向けて幕府の内談衆《ないだんしゅう》である大舘常興《おおだちじょうこう》（尚氏）の一筆が欲しいと願い出ている（大舘常興日記）。つまり、興福寺は一乗院《いちじょういん》衆徒の筒井氏に加えて、長政へも幕府の下知を得たことを知らせる必要があった。

また、長政はその筒井氏をはじめとした在地衆徒・国民を味方に引き入れている。天文九年九月二十九日には、長政が小替又八郎という人物と和与したことで大乗院《だいじょういん》衆徒の十市遠忠《といちとおただ》に合戦を仕掛けている。翌月の十四日には幕府と興福寺の仲介のもと遠忠とも和議がなされるが、このとき長政の他に、越智氏と筒井氏の名が挙げられている（大舘常興日記）。

前述のように、天文二年段階で「大和衆」を引き連れていることから、その頃にはこのような共闘関係が結ばれていたと考えられる。長政が大和を差配する上で、在地の衆徒・国民との連携は欠かせなかった。筒井氏や越智氏など有力な衆徒・国民と連携して大和支配を推し進めたのである。

細川晴元に叛く

さて、長政は総州畠山家と細川京兆家の両方の被官でありながら、大和の支配を着々と広げていた。そんな折り、天文十年（一五四一）八月、細川晴元は細川高国派であった摂津国人塩川政年《しおかわまさとし》の立て籠もる一蔵城《ひとくら》（兵庫県川西市）を攻めている。塩川氏と縁故関係にあった伊丹親興や三宅国村が援軍として駆けつける中、その中に長政の姿もあった。塩川氏の要請を受け、加勢したという〔細川両家記〕。その翌月に、長政は伊丹親興・三宅国村と連名で突如幕府に対し三好政長を訴え出ている〔大館常興日記〕。おそらくこの訴えとは、一蔵城を攻めたことに関わることであろう。幕府もこの訴えを受け取りながらも、晴元方の内輪のことであるので、ひとまずこの訴えを晴元へ見せた。しかし、三者連名の訴えもむなしく、晴元の一蔵城攻めは続いた。長政らは三好長慶・同政長、波多野秀忠《はたのひでただ》、池田信正《いけだのぶまさ》等の軍勢を退け、この場は大勝を収めている。

その後、長政は十月十三日に京都へと転進した。その目的は将軍足利義晴《あしかがよしはる》の警固のためだという〔大館常興日記〕。長政の意図としては、将軍を囲い込みたかったのだろうか。晴元と袂を分かつ覚悟の行動を取ったのである。

幕府も晴元と木沢長政の対立によって、京都を離れることを余儀なくされた。将軍義晴は十一月一日には六角定頼《ろっかくさだより》を頼り、坂本《さかもと》（大津市）へと移った。幕府は晴元に乞われた援軍要請を呼びかける御内書《ごないしょ》を作成するが、その一方で、六角定頼が仲介のもと、両者の和与を画策していたようである〔大館常興日記〕。

長政等は、十一月には摂津の池田城（大阪府池田市）と原田城《はらだ》（同豊中市）を攻めたが、三宅国村が晴元の下へ帰参したため、河内への撤退を余儀なくされた。十二月二十日には、幕府も晴元と長政の和与を諦めたのか、本願寺に対し、河内の一向宗門徒が長政に味方をするのを差し止めた〔天文日記〕。晴元は長政へ助力をする可能性がある本願寺を幕命によって絶たせ、徹底的に長政を孤立させたのである。

長政が窮地に立たされる一方で、三月に入ると尾州畠山家（政長の子孫）にも異変があった。このときの尾州畠山家の当主は畠山晴満《はるみつ》であったが、遊佐長教《ゆざながのり》の手引きによって、追放されていた畠山稙長《たねなが》が舞い戻った。晴満から稙長への当主のすげ替えが行われたのである〔多聞院日記ほか〕。落ち延びた晴満は、木沢長政を頼り、木沢の居城へ入っている〔大館常興日記〕。このため、晴元やそれに協力する六角氏に加え、尾州畠山家とも争わねばならない状況に陥り、包囲網を敷かれたのである。そして三月十七日、河内の太平寺《たいへいじ》（大阪府柏原市）において、長政は遊佐長教、三好長慶・同政長等と対峙し、討ち死にした。『言継卿記』によると、討ち取られた人数は総勢で九十六人に上った。その中には長政の親類のほかに、若狭武田《たけだ》氏の臣下であった粟屋《あわや》右京亮やその一族の名も見える。粟屋右京亮は天文七年七月十六日に武田元光《もとみつ》に背いた人物である。一時丹波へと流れ着き〔後鑑〕、おそらくその折りに何かしらの接点を持ったのだろうか。長政の軍勢には粟屋右京亮のように最後まで協力を惜しまなかった者もいた。しかし、大勢の包囲網を敷かれた結果、太平寺において生涯を終えたのであった。

長政没後の木沢一族

長政没後、すぐに持城であった信貴山城、二上山城《にじょうさん》（奈良県葛城市、大阪府太子町）は焼かれたが、畠山在氏のいる飯盛城は落城しなかった。父の浮泛やその兄弟たちも飯盛城におり、長政の戦いには参陣しなかったようである〔言継卿記〕。長政の死後、法隆寺《ほうりゅうじ》に預け置かれた長政の兵糧米を如何するか、畠山稙長方や法隆寺、三好政長など関係者の間で話が進められた。そのやり取りの中で、三好政長の親類である長政後家と長政の子孫四郎相政《まごしろうすけまさ》という人物が現れる〔法隆寺文書〕。後者の相政側は、このとき兵糧米を相続するという意向を示しているため、長政の跡を継いだと考えられよう。安堂太平寺共同墓地（大阪府柏原市）には「宗澤禅定門」と長政の戒名が刻まれる地輪《ちりん》（五輪塔の一部）が残る。相政や長政の後家等の遺族が天文十年代に供養した長政の墓である可能性が高いと推測される。相政を含めて、木沢一族は細川晴元方についた者、氏綱方についた者に別れ、ちりぢりとなったものの彼らは細々と活動した（馬部二〇一七）。

最後に長政の総評を述べたい。彼は二勢力の被官という立場と人脈を駆使し、大和や河内北部、山城南部への支配を強めた。幕府や本願寺、関係寺社などがこぞって長政を頼りにすることから、彼は国を跨がる一大勢力を築いたといっても過言ではなかろう。長政は、さまざまな立場の切り札を用いて、対外交渉をうまく立ち回った結果、一大勢力を築くまでに発展したのであった。

（山下真理子）

【主要参考文献】

馬部隆弘「畠山家における奉書の展開と木沢家の出自」（同『戦国期細川権力の研究』吉川弘文館、二〇一九年、初出二〇一七年）
馬部隆弘「木沢長政の墓と遺族の動向」（同『戦国期細川権力の研究』吉川弘文館、二〇一九年、初出二〇一七年）
山下真理子「天文期山城国をめぐる三好宗三の動向―山城守護代的立場の木沢長政と比較して―」（『戦国史研究』六七、二〇一七年）

下間頼秀・頼盛——享禄・天文の錯乱の果てに

本願寺「教団」と下間氏

本願寺《ほんがんじ》は蓮如《れんにょ》の中興によって教線を伸ばし、その衣鉢《いはつ》を継いだ実如《じつにょ》・証如《しょうにょ》らの宗主《しゅうす》によって本願寺「教団」を確立した。一方で加賀では「一向一揆」が守護富樫政親《とがしまさちか》を打倒し、その後本願寺が守護の権限を行使するようになったことで知られる〔神田二〇〇七〕。

下間《しもつま》氏は本願寺の宗主とその一族（一家衆《いっけしゅう》）に仕える私的な従者の一族であるが、「教団」が規模を拡大するにつれ「下間党」と呼ばれる集団を形成〔第八祖御物語空善聞書〕、「青侍《あおざむらい》」や「殿原《とのばら》」として組織化された〔金龍一九七七〕。

頼秀《らいしゅう》・頼盛《らいせい》兄弟の生年は不明だが、下間頼玄《らいげん》（法名「蓮応《れんおう》」）を父、三上《みかみ》越前守某女を母として出生した。蓮如というカリスマが去って後、「教団」を組織化する過程で実務を支えたのが「上座」頼玄であった。上座とは坊主衆・門徒衆の意向を宗主に披露し、宗主の意向を下達する奏者役である。坊主衆からは「下間名字さしのけて、上様へ直奏は雨が下にはならず」と言われる存在であった〔本福寺明宗跡書、以下「本」〕。

下間氏関係略系図

上座は頼玄の嫡子頼秀が引き継いだ。頼玄同様に坊主衆・門徒衆には法名「実英《じつえい》」で文書を発給している。宗主実如からの一字を受けた法名で文書を発給するのは上座の象徴であった。その傍ら弟の頼盛は法名「心了《しんりょう》」として兄を陰に支える一僧侶としての生涯になるはずであった。

この兄弟はやがて享禄・天文の錯乱とよばれる争乱で活躍した挙句に誅殺される。「その不義乱行は身をあやまらしめた」〔谷下一九六五〕と評されるが、実像はどうであろうか。

上座としての下間名字

「下間系図」（以下「系」）は願得寺《がんとくじ》実悟《じつご》（蓮如の十男）が記したとされる下間氏の系図である。それによれば、兄頼秀は童名を松千世といい、法名は当初「実恵」、後に「実英」と改めた。前述のように実如から一字を受けての法名であるが、これは一家衆と同等の処遇である。

弟頼盛は、童名松菊丸を名乗っていた頃に延暦寺《えんりゃくじ》禅林坊《ぜんりんぼう》の稚児として「礼拝講《らいはいこう》」を勤めた、とある。「礼拝講」とは毎年五月に延暦寺の僧侶が日吉《ひえ》神社に赴き法華八講《ほっけはっこう》を行う法要である。

この頃の本願寺はまだ一宗として独立した存在ではなく、比叡山延暦寺、中でも青蓮院門跡《しょうれんいんもんぜき》を本寺と仰ぎ、本願寺は末寺銭《まつじせん》を納める立場であった〔安藤二〇一八〕。

しかし、蓮如の後継である実如・円如は本願寺を独立した一宗とする体裁を整えつつあった。円如は下間氏の児童を声明《しょうみょう》の本場である比叡山大原で学ばせ、長じた後に本願寺で声明を師範することを企図していた〔本願寺作法之次第〕。頼盛が比叡山禅林坊で学んだ件も同様の事情と思われる。他宗から学び、通仏教的な行事を取り入れることで本願寺「教団」は権門宗教への階梯を上り、一宗としての独立に向けて歩みを進めていたのである。

長じて頼秀は本願寺に戻り、父頼玄を補佐しつつ上座としての地位を固めていった。官途・僧位も「筑前法橋《ちくぜんほっきょう》」として公家日記にも見られるようになる。享禄元年（一五二八）ごろには加賀軽海《かるみ》郷で代官となるのではないか、との風聞が流れている。補任されたかは不明だが、本願寺の上座頼秀に代官を委ねて所領の権益を守ろうとしたのであろう〔実隆公記、以下「実」〕。この際、頼秀は本願寺の「当権」と評されている。

頼盛も禅林坊から本願寺に戻った後、「源七頼盛」、長じて「民部少輔頼盛」を名乗った。同じ下間一族で又従妹になる下間頼助《らいじょ》の娘を妻とする〔「系」〕。「夕霧」と称する女性が頼盛の子喜三郎の母とされるが同一人物であろうか。また、頼盛自身と同じく童名を「松菊」を名乗る子もいた〔天文日記、以下「天」、夕霧は娘で喜三郎は孫の可能性もある〕。

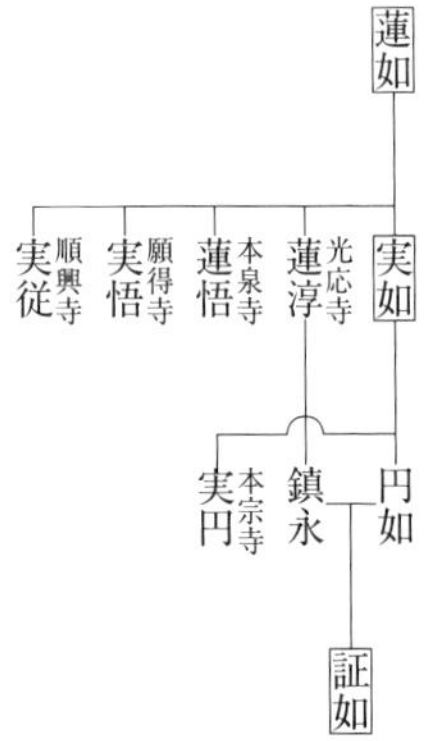

本願寺宗主略系図
※□枠の人物は宗主継承者

不明な点の多い享禄の錯乱

大永五年（一五二五）に実如が没し、宗主は孫の証如が継職した（円如は早世）。証如は継職時十歳と若年であったため、実如の弟で外祖父の光応寺蓮淳《こうおうじれんじゅん》（蓮如の六男）が後見した。蓮淳は証如を九条《くじょう》家猶子《ゆうし》、直叙法眼とするなどの工作をし、「教団」権門化を推進した。一方で、本願寺の坊主衆や門徒衆の押領地を返還させるなど権門に妥協的であり、内部では不評であった。金策に失敗した享禄二年（一五二九）末ごろから後見から消えた蓮淳に代わって、証如・頼秀枢軸による「教団」が動き出す〔岩本二〇一九〕。

享禄四年に発生した本願寺「教団」の内紛「享禄の錯乱」は不明なことが多い。明らかなことは、本願寺証如と加賀国の一家衆本泉寺蓮悟《ほんせんじれんご》（蓮如の七男）が争い、蓮悟は能登へ逃れて証如が勝利した、ということである。

錯乱は閏五月に北陸で異変が起こり本願寺勢は六月に京都を発した〔白山宮荘厳講中記録、「実」〕。七月に飛騨照蓮寺《しょうれんじ》に対し下間頼秀による軍勢催促が通達されている〔高山別院照蓮寺文書、以下「高」〕。本願寺勢は三河・尾張・美濃・飛騨の門徒を糾合して飛騨から加賀に侵入した。この軍勢を率いていたのが円如の弟、三河本宗寺実円《ほんしゅうじじつえん》と下間頼盛であった〔今古独語〕。

頼盛が残したもので唯一伝わるのがこの錯乱に関わる文書〔勝鬘寺文書〕である。宛所は飛騨の照蓮寺、享禄四年（天文元年説もあり）九月二十九日付書状で、その内容は「京都・大坂は健在である……内ケ《うちが》島《しま》上野介（飛騨国衆）が照蓮寺に照会してきた在所を「調進」すべきだが、能登在陣が長期化し、近頃は欠所の知行争いで加賀では内輪揉めとなり遠慮してまだ用意できない。照蓮寺にはそのことをよろしく内ケ島上野介に伝えてほしい」を大意とする。

加賀に向け出陣した実円・頼盛以下の本願寺勢は、加賀を越えて能登まで進出していた。敗走した蓮悟を追撃したのだろう。しかし、所領配分をめぐって本願寺勢に内紛が起こり、頼盛の苦悩がうかがえるが、協力した内ケ島氏への恩賞地を宛がうべく努めている。

享禄の錯乱は本願寺勢が蓮悟を能登へと敗走させた後、蓮悟に与同した越中神保《じんぼ》氏の加賀侵入を招いたが本願寺勢はこれを撃退、一応の終結を見た〔「実」〕。

この錯乱では証如・頼秀の指示の下、現地での指揮は頼盛が担っていた。上座頼秀による軍勢催促に加え、証如による長陣慰労の感状も残されている〔諦聴寺文書〕。本願寺による組織的「一向一揆」であった。

天文の錯乱と頼秀・頼盛

明けて享禄五年（天文元年、一五三二）六月、本願寺宗主の証如が摂津方面に向かった〔稙通公記、以下「稙」他〕。本願寺勢は細川晴元《はるもと》に与《くみ》して畿内動乱に参入したのである。畠山義堯《はたけやまよしたか》を討ち、その余勢で堺に居た三好元長《みよしもとなが》を自害へと追い込み、晴元も見切りをつけた「堺公方《さかいくぼう》」足利義維《あしかがよしつな》を四国へと逐った〔「稙」他〕。

圧倒的な本願寺勢の中心で下間頼秀は証如に近侍していたが、七月に京都から下ってきた父頼玄の使者から驚愕の報を受けている。使者は奈良で本願寺門徒が一揆を起こし、興福寺《こうふくじ》の伽藍が灰塵に帰したことを告げた〔後法成寺関白記、以下「法」他〕。

奈良一揆は急速に本願寺と細川晴元、そして他の権門勢家との関係を冷却化させる。八月初旬には本願寺勢が堺に細川晴元を攻撃するも敗退、中旬には六角《ろっかく》勢により近江の近松顕証寺《ちかまつけんしょうじ》が焼かれた。そして二十三日から山科《やましな》本願寺が攻撃を受け、翌二十四日には回禄《かいろく》（炎上）した。山科本願寺は文明十年（一四七八）に蓮如が本山として建立し、土塁など防御構造も万端の城塞であったが、主力が摂津方面に残されたままでは如何ともし難かったのであろう。留守を預かっていた頼玄もかろうじて脱出している〔私心記、以下「私」〕。

山科本願寺回禄を摂津で拱手傍観する他なかった証如は、大坂御坊を本寺と定めて天文二年二月に再び堺を攻撃、細川晴元勢を撃破し四国へと奔らせた。晴元の重臣可竹軒周聡《かちくけんしゅうそう》が討たれ、晴元自身も戦死の誤報が流れるなど、本願寺勢が一時優位に立った〔二水記、「私」〕。

この間の弟頼盛の動向だが、山科本願寺回禄後の二か月半後に動きがある。山科から脱出して笠取に潜伏していた実従《じつじゅう》（蓮如の十三男）と接触し、「伊勢に向かう」と告げている。八か月後の翌天文二年七月五日、頼盛は再度実従と「隠密」に接触、大坂へと向かった。この八か月間、頼盛は北陸・東海の坊主・門徒を動員すべく活動したのであろう〔「私」〕。

ところが頼盛が不在の間、大坂本願寺の戦況は一変していた。四月には細川晴元が今度は京都の法華宗を味方につけ反転攻勢で巻き返し、頼盛が大坂に戻ったころには本願寺と細川晴元の間で和睦が成立していたのである〔「実」他〕。

蹶起・連戦・追放

和睦によって本願寺に一時的な平穏が訪れ、天文二年（一五三三）十一月には本願寺最大の法要である報恩講《ほうおんこう》（親鸞《しんらん》の命日忌）が挙行され、下間頼秀は儀式に勤しんでいる。ところが翌年の正月四日、恒例の宗主への朝膳を進らせた後、頼秀は証如の「御意」を損ねたとして失脚した。和睦をめぐり一家衆と頼秀の間で緊張があったようだ〔「私」、「本」〕。

頼秀失脚後、上座に父頼玄が復帰し頼盛はそれを補佐して宗主の申次を行っているが、事態はさらに急変する。

三月十二日、頼盛と「殿原衆」が証如を人質にして大坂本願寺北方の榎並《えなみ》（大阪市城東区）に向かった。「与力ノ衆・武士等」も加担したクーデターである。六日後に証如は本願寺に戻るが主戦論への傾斜は止められなかった。四月四日には尾張・三河・美濃・飛騨の坊主衆を頼玄の書状で招集、五月二十九日には和睦破棄を各所に通達、六月七日に晴元勢から離れた三好連盛《つらもり》・弓介が合流、七月二十四日には軍議が行われ、再挙兵に向け着々と準備が整えられた〔「私」、「高」〕。

本願寺勢は八月から河内方面の木沢長政《きざわながまさ》を攻撃、十月には三好政長《まさなが》に大坂本願寺が襲撃されるが頼盛と三好連盛等はこれを撃破、河内の八尾・萱振を焼く。さらに反転して西宮まで至るなど、実従が日記に「合戦理運」「勝利」と浮かれて記すほど、頼盛に率いられた本願寺勢は強かった〔「私」〕。丹波で挙兵した細川晴国《はるくに》との連携により、本願寺は再び畿内情勢の主役となった〔馬部二〇一二〕。この時期が頼盛の絶頂期といえよう。

この年の十一月にも報恩講は営まれている。ただし、「御伝鈔」拝読を勤めたのは父頼玄で頼盛が頼秀に代わり上座として報恩講に関わることはついになかった。

連戦連勝の大坂本願寺内部に反動が兆しつつあった。すでに六月の時点で木沢長政の腹心である中《なかの》坊堯仙《ぼうぎょうせん》の調略があり〔馬部二〇一八〕、翌天文四年三月ごろには頼玄・頼盛親子の「雑説」が流れ、両者が暇乞《いとまご》いを求める混乱があった。正月に息子松菊を喪ったことも頼盛の意気を挫いたであろうか〔「私」〕。

本願寺内部が動揺しつつあった天文四年四月、逼塞していた光応寺蓮淳が本願寺に帰参した。朝廷とのパイプを持つ蓮淳の帰参は、本願寺での主戦論後退を意味する〔岩本二〇一九〕。

それでも頼盛の戦いは止まらない。四月から六月にかけて各所から大坂本願寺への攻撃があり、頼盛は「町人」と共に防戦しているがもはや劣勢であった〔「私」〕。六月十三日には後奈良天皇が「滅亡か」と記すほどの大敗を喫する〔後奈良天皇日記〕。

勝敗は決した。責を負う者として九月十四日、頼秀・頼盛は本願寺を追放された〔「私」〕。

「忠節」の果て

天文五年（一五三七）以降、本願寺「教団」は朝廷や将軍との関係を修復し、蓮淳の企図する権門化への道へと復帰した。錯乱の責任は頼秀・頼盛にあるとし、証如は頼盛が加賀で行った闕所地処分を破棄、兄弟の誅殺を指示した〔「天」〕。

父頼玄は兄弟追放直後の天文五年六月に病死、頼秀も同七年三月に近江北部で刺客に討たれた。頼盛の息子（孫？）の喜三郎も殺害が命じられる〔「天」〕。細川晴国も天文五年八月に謀殺された〔馬部二〇一二〕。

しかしなお、頼盛は不屈であった。追放後に摂津中嶋《なかじま》（大阪市西淀川区）の反晴元勢に迎えられて抵抗の意志を示し、同地を退去後も大坂本願寺の目と鼻の先の堺から不敵にも寺内調略を試みている〔「天」〕。

頼盛の最期は呆気ない。天文八年七月二十一日に堺で果てた、と証如が記すのみである〔「天」〕。証如は「緩怠狼藉」と頼秀・頼盛兄弟を評したが、近江北部の浅井亮政《あざいすけまさ》は頼盛の追放を聞いて「忠節」の者ではないか、と本願寺の便僧に問うたという〔「天」〕。

頼秀・頼盛の戦いは権門化を目指す一家衆の反動と足利将軍の秩序の前に潰えた。しかし埋み火となった「一向一揆」は再び本願寺を呑み込むであろう。頼盛の妻はその業火を見届けるように天正四年（一五七六）に亡くなる〔「系」〕。

（岩本潤一）

【主要参考文献】

安藤弥「戦国期の大坂本願寺教団と比叡山延暦寺―『天文日記』の検討を中心に―」（『戦国期宗教勢力史論』所収、法藏館、初出二〇一八年）
岩本潤一「光応寺蓮淳と享禄・天文の錯乱」（『戦国史研究』七七、二〇一九年）
神田千里『一向一揆と石山合戦』（吉川弘文館、二〇〇七年）
金龍静「戦国時代の本願寺内衆下間氏」（『名古屋大学文学部研究論集』七一、一九七七年）
谷下一夢「下間頼秀・頼盛兄弟について」（『増補真宗史の諸研究』所収、同朋舎、初出一九六五年）
馬部隆弘「細川晴国陣営の再編と崩壊―発給文書の年次比定を踏まえて―」（同『戦国期細川権力の研究』所収、吉川弘文館、初出二〇一二年）
馬部隆弘「足利義晴派対足利義維派のその後」（同『戦国期細川権力の研究』所収、吉川弘文館、初出二〇一八年）

筒井順興・順昭
——官符衆徒の一員から大和最大の国人へ

筒井氏の概要

中世の大和には守護が置かれず、興福寺《こうふくじ》が実質的にその権限を行使していた。そして、筒井《つつい》氏は代々、大和の添下《そえじも》郡筒井城（奈良県大和郡山市）を本拠とする興福寺一乗院《いちじょういん》方の衆徒《しゅと》で、基本的には代々、官《かん》符《ぷ》衆徒（興福寺の衆徒の代表機関である二十名で構成された衆中）の地位にあった。その地縁的なつながりから、国中《くんなか》（大和盆地）北部の国人《こくじん》たちを中心に戌亥《いぬい》脇《わき》党を結成した。

確かな記録に名が見えるのは、十四世紀末~十五世紀前半にかけて活躍した順覚《じゅんかく》が初めとされる。以下、順弘《じゅんこう》・順永《じゅんえい》・順尊《じゅんそん》、そして本稿で取り上げる順興《じゅんこう》・順昭《じゅんしょう》へと続く。

順賢と順興は同一人物か

順興は、順尊の次男として文明十六年（一四八四）に誕生した。幼名は藤王を名乗った。家族構成は、兄は福住《ふくずみ》家の養子となっており、姉もしくは妹が一人いた。父方の叔父に成身院順宣《じょうしんいんじゅんせん》と安楽坊《あんらくぼう》、父方の叔母に遊佐《ゆざ》河内守の妻がいた（『大乗院寺社雑事記』）（以下、『大』）。

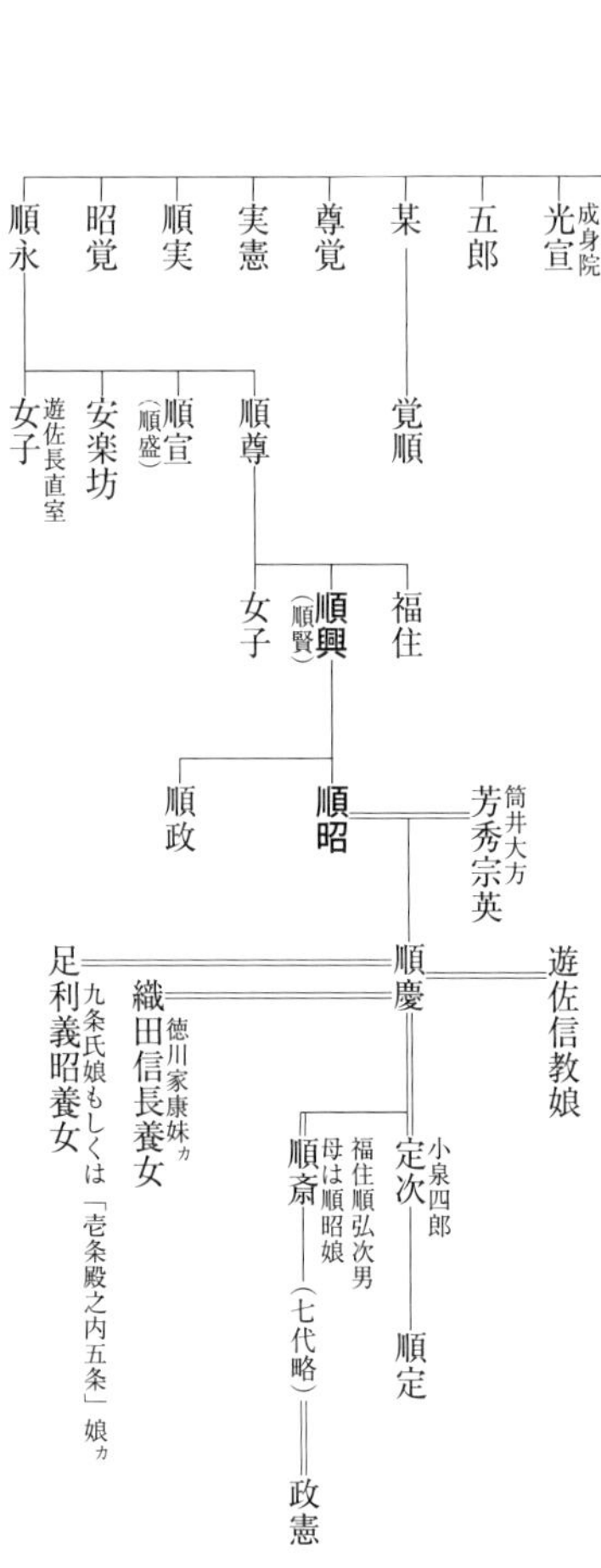

筒井氏略系図

朝倉弘は順賢を長男、順興を次男としているが（朝倉一九九三）、幡鎌一弘は両者が同じ仮名《けみょう》（良《りょう》舜房《しゅんぼう》）を用いていることから、同一人物であるとし、順賢から順興に改名したものとしている（幡鎌二〇〇二）。「順賢」の死亡や「順興」としての家督相続の記述も管見の限り確認できないことから、本稿においても、順賢と順興は同一人物であるという立場を取ることとする。なお、永正三年（一五〇六）三月十五日時点では、「筒井良舜房順賢」とあり（多聞院日記）（以下、（多））、永正十三年四月十一日時点で「筒井順興」の名で書状を発給していることから（西大寺文書）、遅くともこれまでには「順賢」

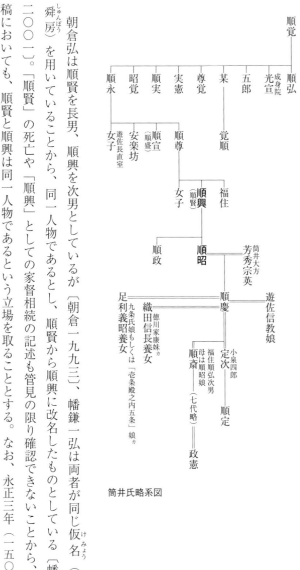

から「順興」に改名していた。大永五年（一五二五）、僧位の最上位「法印《ほういん》」に任ぜられている〔二条寺主家記抜萃〕（以下、〔二〕）。

越智・古市方との抗争

順興生誕前年の文明十五年（一四八三）九月、畠山政長《はたけやままさなが》に与する筒井家は畠山義就《よしひろ》方の攻勢により、筒井城を逐われて東山内《ひがしさんない》（大和高原）に没落していた。文明十九年六月にようやく順尊は、越智《おち》・古市《ふるいち》と和談して筒井城に復帰することとなった。もっとも、筒井方と越智方の対立はこれで終わったわけではなく、長享二年（一四八八）正月、将軍足利義尚《あしかがよしひさ》は畠山政長に御教書《みぎょうしょ》を下して畠山義就の討伐を命じ、十月にも義尚は順尊らに奉書を出し、越智家栄《いえひで》を討つように命じている。

こうした状況のなかで長享三年七月二十二日、順尊は京都の宿において酒の飲み過ぎにより三十九歳で死去した。そのとき、順興はわずか六歳であった〔大〕。順興が幼少であったことから、叔父の成身院順宣が後見人になった。延徳元年（一四八九）八月二十四日、「筒井名藤王丸」とあるのが幼名の初出である〔大〕。

この後も畠山両氏の対立を背景に筒井方・越智方の抗争は続く。そして、明応二年（一四九三）閏四月十一日には郡山城《こおりやま》（奈良県大和郡山市）に籠もっていた「成身院・安楽坊・筒井以下」の軍勢が古市方の攻勢に遭い、自焼没落している〔大〕。こうしたなか、閏四月二十五日に細川政元《ほそかわまさもと》が河内正覚寺《しょうかくじ》（大阪市平野区）に畠山政長を攻め、自害に追いこんだ。こうして、政元は幕府の実権を握った。ここに、大和では細川政元に与する越智家栄・古市澄胤《ちょういん》の全盛期を迎えた。

しかし、越智氏と古市氏はまもなく対立を深め、明応六年九〜十一月にかけて筒井方は越智・古市方を破り〔大〕、筒井城へ戻った。ここに筒井方と越智・古市方の形勢は逆転したのである。

筒井城跡外堀　奈良県大和郡山市　撮影：筆者

赤沢朝経父子の大和侵攻と大和国人一揆

明応八年（一四九九）十月、大和国人衆の間には和睦の動きが起こってきた。すなわち、古市氏を除く「越智・十市《とおち》・筒井・成身院・楢原《ならはら》以下三十余人」が、畠山氏の内訌と関係して両派に分かれた大和国人衆同士の抗争を停止しようとした〔大〕。しかし、多武峰《とうのみね》（奈良県桜井市）の反対によって和睦にはいたらなかったようである。

このような中の十一月二十二日、「筒井藤王」が興福寺西南院《さいなんいん》で得度し、「順賢舜良房（良舜）」に改名している〔大〕。ここに、惣領《そうりょう》不在の時期が続いた筒井氏は、十六歳となっていた「順賢」（後の順興）が惣領を継いだのであった。叔父の成身院順宣が引き続き後見人になったとみられる。

しかしそれも束の間の十二月十八日、今度は細川政元の重臣・赤沢朝経《あかざわともつね》が大和へ侵入して秋篠《あきしの》城（奈良市）に押し寄せ、秋篠・超昇寺《ちょうしょうじ》・宝来《ほうらい》の諸氏が敗退した。ついで、法花寺《ほっけじ》・西大寺《さいだいじ》・菅原寺《すがわらでら》を焼き払い、古市澄胤が手引きして興福寺や春日社《かすがしゃ》に乱入した。これにより、「成身院律師・筒井・豊田《とよだ》・番《ばん》条《じょう》・十市・楢原以下」の諸氏は没落し、国中所々が焼き払われている〔大〕。

朝経は大和侵入後、明応九年六月に数か所の荘園を配下に知行させ、大和支配を進めていく。大和国人衆はそれに危機感を持ち、永正二年（一五〇五）二月四日に「筒井良舜房」は、布施《ふせ》・箸尾《はしお》・越智・十市の諸氏とともに、春日社頭に啓文《こくぶん》を掲げて和睦し結束した。六日には例年の薪猿楽《たきぎさるがく》が行われ、貴賤が群衆する中、「大和大名筒井官符・越智・布施・箸尾・十市以下」がこれを見物している〔多〕。二十四日、この盟約の証しとして、「筒井所」に越智家令《いえのり》の十三歳の娘が嫁いだ〔大〕。これは、当主順興との婚姻と考えてよかろう。八月二十八日には、この啓文に署名しなかった「一両一疋衆」といわれた国人衆がこの啓文に連判した。ここに、大和国人一揆体制が初めて本格的に結成されたのである。

十一月、細川政元から興福寺に対して、赤沢朝経を将とする河内の畠山義英《よしひで》（義就流）討伐に向けた軍勢が大和を通過する旨の通知が寄せられたが、「布施・箸尾・越智・万歳《まんざい》・吐田《はんだ》・楢原・片岡《かたおか》・筒井・十市」は連判状をもってこれに反対している〔多〕。結局、政元勢が誉田《こんだ》城（大阪府羽曳野市）の義英、高屋《たかや》城（同羽曳野市）の尚順《ひさのぶ》（政長流）と立て続けに破ると、両人が大和へ逃げ込んだことから南都に再び緊張が高まる。

永正三年七月二十四日、政元は成身院順宣に対して、大和国人衆が河内攻めに協力しなかったこと、義英等牢人衆をかくまったことを断罪し、忠節を誓うよう命じている。同日付けで政元が赤沢朝経に宛てた書状では「筒井・成身院」は別心がないとしていることから、順興・順宣の取り込みを図っていたようである〔多〕。

八月二日、赤沢朝経が山城から大和侵攻を開始した。順興・順宣は政元の誘いに応じず、大和国人一揆としてこれに対抗した。しかし、四日には順興・順宣は井戸《いど》城（奈良県天理市）を捨てて没落し、東山内に逃れることとなった〔多〕。十六日、順興は東山内より「山際」（大和盆地の奈良付近の山際か）に出陣して、「北方一国一揆」が蜂起し、朝経軍の通路を封鎖した。ついで、「筒井足軽」が古市・山村《やまむら》・藤原《ふじわら》・横井《よこい》・長井《ながい》以下をことごとく焼き払い、奈良に入った。これにより、古市胤盛《いんせい》は没落した。これに対し、古市澄胤は赤沢朝経と談合して南へ出陣し、路次において筒井足軽や一揆勢と一戦に及んでいる。そして、「筒井与力衆・内衆」は豊井《とよい》・豊田・別所《べっしょ》・布留《ふる》・櫟本《いちのもと》付近に陣取るなど抵抗を試みている〔多〕。

十八日、順興は仁興《にごう》（奈良家天理市）に出陣し、山内衆はことごとく筒井の与力となった。伊賀衆もこの動きに同調し、出陣する運びとなった。二十一日には宝来・西京《にしのきょう》・生駒《いこま》衆以下が郡山城に入るなど朝経軍との決戦に備えた〔多〕。しかし、二十四日には朝経軍数千騎の猛攻を受け、「東山際之衆」がことごとく没落、「筒井与力内衆以下」数十人が討ち取られ、郡山城も落城した。結局、その後も一揆勢は各地で敗退するなど、大敗北を喫した。順興等は東山内の吐山《はやま》（奈良市）付近に逃れた。これにより、「北脇国中」（筒井氏等が治める国中北部か）は赤沢朝経の知行分となった〔多〕。

赤沢朝経の死と長経の大和侵攻

永正四年（一五〇七）六月二十三日、細川政元が養子の澄之《すみゆき》や香西元長《こうざいもとなが》らに暗殺され、大和には部下の和田源四郎《わだげんしろう》を置いて丹後に出陣していた赤沢朝経も、石川直経《いしかわなおつね》らの逆襲を受け退路を塞がれて自刃する。その際、朝経に従って丹後へ出陣していた古市胤盛も討ち死にし、周辺の事態は急変した。大和国人一揆勢はこれに乗じ、二十五日には二上山《にじょうさん》（奈良県葛城市・大阪府太子町）から逃れていた和田源四郎・蘆田助次郎《あしだすけじろう》以下を桜井《さくらい》（奈良県桜井市）付近で襲撃し、源四郎・助次郎等数百人を自害させ、七百余りの死者を出すなどの戦果を挙げるなど反撃の狼煙を上げた。

このように、大和国人一揆は一時的に盛り返して六月二十七日には畠山義英とともに大和へ戻ってきたが、八月二十七日に細川澄元《すみもと》の家臣で朝経の養子・赤沢長経《ながつね》が大和へ入ろうとしていることを聞くと、義英と連携をとってこれに対抗した。しかし、十月十八日に赤沢長経・古市澄胤の軍勢に敗れ、「十市・箸尾・楢原・成身院・筒井与力衆」はことごとく没落し、大和は京衆による支配を受けることになる。なお、順興と成身院順宣は河内高屋へと逃れたようである〔多〕。

十一月十三日に国人衆は再び蜂起、京衆をいったん奈良まで退かせ、十四日には筒井・十市以下は高《たか》田《だ》城（奈良県大和高田市）に、筒井与力衆の一部は桃尾《もものお》（同天理市）に集結した。しかし、十五日には長経軍に一国ことごとく焼き払われるなど敗北を喫し、筒井氏をはじめとする高田城の軍勢は宇智《うち》郡へと逃れたようである〔多〕。さらに十二月四日には、一時平穏となっていた河内の畠山尚順・義英の和睦が破れ、その影響を受けて「大和牢人衆」のほとんどが尚順に味方したことから、国人一揆も崩壊する運びとなる。

こうした状況の中、永正五年七月十九日に筒井方は赤沢長経と古市澄胤が奈良に打ち入ったところ、三条《さんじょう》（奈良市）で迎え打ったが敗退した〔春日社司祐弥記〕。これにより、長経は大和一国を平定したようである。しかし、長経の横暴が度を越したことから、幕府は畠山尚順に命じてこれを討ち取るよう命じている。その後、舞台は河内へと移し、二十六日に大和牢人衆は高屋城で赤沢長経等の軍勢を迎え打ち、古市澄胤等ほか数百人を自害させた。ついで、二十八日に尚順の軍勢は大和に逃れた長経を初瀬《はせ》（桜井市）にて生け捕りにして、八月二日に河内においてこれを斬首している。

明応末・永正初年（一四九九〜一五〇八）の赤沢朝経・長経の大和侵入とそれに対抗すべく結成した筒井・越智両氏の和睦・国人一揆が、大和における戦国期の開始期と評価されている〔村田一九八五〕。

筒井方と越智・古市方の対立と再度の大和国人一揆

赤沢長経と古市澄胤の死により、大和が平穏になったかというとそうではなく、再び細川・畠山両氏の確執の影響により二派に分かれて一進一退の攻防を繰り返すことになる。

　永正八年（一五一一）七月十三日、将軍足利義稙《よしたね》を擁する細川高国《たかくに》・畠山尚順に与する筒井方は、前将軍足利義澄《よしずみ》を擁する細川澄元・畠山義英に与する越智・古市方と河内において合戦に及ぶも敗退し、東山内に没落した。二十六日に筒井・箸尾・十市・宝来・秋篠の諸氏が国中へ戻り、順興は井上（奈良市）に入ると、八月二日には「古市ノ陣上六寸」を攻め落とし、古市方を破っている〔二、祐園記抄〕（以下、〔祐園〕）。

　永正十三年十月五日、筒井氏は越智氏との合戦に敗れ、没落した〔御法成寺尚通公記〕。永正十四年四月二十七日、「筒井牢人」は奈良に出陣し、攻勢に転じた。足利義稙は畠山順光《のぶみつ》を上使として派遣し、両者の仲を取り持とうとしたが、順興はこれを待たなかった。順興は古市公胤《こういん》と官符衆徒棟梁の地位をめぐって相論となっていたこともこの問題を複雑にしていた。義稙が立腹した結果、二十二日には順興は奈良を逐われている〔祐園〕。ただ、閏十月五日に順興は西大寺に千体地蔵菩薩像を寄進していることから〔大和西大寺千体地蔵厨子〕、まもなく復帰したようである。

　永正十五年三月三日、義稙の仰せ付けにより、順興は念願の官符衆徒棟梁の地位に就いた。こののち、官符衆徒棟梁の地位は筒井氏に継承されていくことになる。六月五日には、義稙の命を受けた順興や十市・河内守護代遊佐順盛《のぶもり》等は、箸尾郷・十市郷を焼き払っている。翌日には箸尾・万歳・南郷・八田氏が没落し、越智氏のもとに逃れている〔春日社司祐維記〕（以下、〔春維〕）。

永正十七年二月十七日、細川高国方の畠山尚順の嫡男稙長《たねなが》と遊佐順盛が高屋城に在城していたところ、細川澄元方の河内守護畠山義英と越智氏等の大和衆が高屋城へ総攻撃をかけた。尚順の援軍もなく、順興も陣立てしなかったため、三月十六日に高屋城は落城した〔祐維記抄〕（以下、〔祐維〕）。五・六月には筒井方は反撃に転じ、越智・古市方への攻撃が行われる。五月七日、筒井足軽が、超昇寺・山村・柴屋を焼いたことにより、古市公胤は「山ノ城」（鉢伏《はちぶせ》城、奈良市）に入った。八日には筒井衆が数千の軍勢で詰め寄せ麓を焼き払い、その勢いで鉢伏城を攻め落とし、破城した〔祐維〕。

このような両者の抗争のなかで、六月中頃過ぎになると、大和国人衆はまたここで二度目の一揆を結ぶ動きが出てくる。これは畠山稙長が細川高国と相談した上で遊佐順盛を使者として順興に仲介したものであった。これにより、十月九日に法隆寺《ほうりゅうじ》において順興と越智が和談するに至った〔祐維〕。もっとも、この二度目となる大和国人一揆体制によって大和が平穏になったわけではなく、古市氏は一揆に加わらず、京都では細川・畠山両氏の内訌が継続するなど、依然として不穏な情勢が続いた。

このようななか、大永元年（一五二一）六月五日には順興は越智氏（家頼《いえより》か）の娘を娶り、大和国人一揆の結束を確かなものとしている〔祐維〕。一回目の越智氏との婚姻であったが、永正二年（一五〇五）二月二十四日に婚姻した越智家令の娘との関係は不明である。

大永二年八月四日、邑地《おおじ》氏と福岡《ふくおか》氏の相論に関連して、筒井から五千の軍勢が出陣し、大平尾・邑地両郷へ押し寄せ、邑地郷を焼き払い、五日にはこれを帰伏させた〔春維〕。また、順興は同月二十九日には豊田氏と井戸氏の争いを調停し、大永三年十月三日には豊田郷河原上において興福寺僧侶が殺害されたことに対し、同所を焼き払うなど〔経尋記〕、官符衆徒の棟梁として検断権を行使した。

大永四年十一月十三日、順興・越智等は、畠山稙長の援軍のために龍田《たつた》（奈良県斑鳩町）に在陣し、筒井をはじめ布施・万歳、越智等の大和国衆が河内国分《こくぶ》（大阪府柏原市）に出陣している〔祐維〕。大永七年十二月三日には、順興・越智氏ら大和衆は二万五千の軍勢で稙長とともに京都四条・五条に陣取り、足利義維《よしつな》方との合戦に備え、翌年二月五日に帰陣するまで京都に在陣するなど〔実隆公記、厳助往年記〕、京都における権力抗争に駆り出されていることがたびたび確認できる。

柳沢賢治の大和侵攻と椿尾上城の築城

享禄元年（一五二八）閏九月五日、大和は足利義維方の柳本賢治《やなぎもとかたはる》の侵攻を受け、越智氏もこれに同心した。翌二年四月、賢治は大和へ入国し、国中が焼かれる事態に陥るが、順興は三千貫の礼銭を支払うことにより、賢治との和与に持ち込んだ。しかし、賢治は大和一国に私段銭《したんせん》を賦課するなど、大和への影響力を強めていくこととなった〔二〕。享禄三年五月に賢治が播磨で戦死するまで、この状態は続いたとみられる。

このようななか、順興は東山内と国中の境の稜線上に椿尾上城《つばおかみ》（奈良市）を築いた。国中の筒井と東山内の福住（奈良県天理市）を結ぶ生命線ともいうべきルートを確保するために築かれたものとされる。

筒井城の詰城《つめじろ》という枠を越えて、広域の勢力圏である「筒井郷」全体の詰城で、なおかつ政庁的な機能も備えた〔村田一九八五〕。初見は享禄四年正月十七日〔享禄四年記〕であるが、それ以前には築かれていたといえる。

天文一揆への対処

享禄五年（一五三二）五月、順興ら大和衆は、畠山義英の子・義堯《よしたか》による木沢長政《きざわながまさ》が籠もる飯盛城《いいもり》（大阪府大東市・四條畷市）攻めに参戦した。長政は主君細川晴元《はるもと》に助けを求めると、晴元は山科《やましな》の本願寺《ほんがんじ》証如《しょうにょ》に援軍を要請した。証如は近国の一向宗門徒三万人を集め、六月十五日には飯盛城に押し寄せた。これにより、大和衆・河内衆は敗れ、十七日に義堯は自害するに至った。

これに乗じて、奈良中において興福寺に反発する商人や郷民による一揆が蜂起して、七月十日には興福寺・春日社に乱入、院坊を破壊した。興福寺僧等が越智氏の高取城《たかとり》（奈良県高取町）に避難すると、一揆勢は同月末に高取城を攻撃した。順興や十市氏は、越智氏の来援に駆け付け、八月八日には一揆勢を破っている。一揆勢は吉野《よしの》（奈良県吉野町）へ退き、二十二日再び吐田（奈良県御所市）で越智方と戦うが敗れ、数百人が討たれ、ようやく下火となっていき、こうして大和における一揆は収まった〔二、二上社浜床銘〕。木沢長政はこの頃から大和国衆と連携しているようで、天文三年（一五三四）十一月には越智氏と合戦に及んだほか、五月には順興を介して間接的に人夫を挑発するなど、大和での活動を開始している〔馬部二〇一八〕。

このように、長政との連携が進んでいた矢先の天文四年（一五三五）七月五日、順興は五十二歳で没した〔二〕。応仁の乱後の没落やたび重なる対外勢力の侵攻という筒井家の苦難を乗り越え、大和最有力国人に導いた筒井氏中興の祖として評価できる。

順昭の誕生から結婚まで

順興の嫡男順昭は、天文四年（一五三五）七月五日に父順興が死去した際、「息藤松殿十三歳」〔二〕とあることから、大永三年（一五二三）生まれであること、幼名が「藤松」であることがわかる。

母は、大永元年に順興と婚姻した越智某（家頼か）の娘である可能性が高い。弟に順政《じゅんせい》がいる。天文七年（一五三八）正月十七日、「筒井藤松」は棟梁として興福寺衆中から慶賀を受けており〔天文年間記録抜書〕（以下、〔天抜〕）、四月二十七日には得度し、「栄舜房《えいしゅんぼう》順昭」を名乗っている〔天文七年衆中集会引付〕。

天文九年七月二十五日頃には、相手が不明ながら結婚していることが確認できる〔天抜〕が、天文十一年三月十三日に順昭妻は難産を患い、十八日に死去している〔多〕。その後、天文二十一年二月までには遊佐長教《ながのり》の娘（養女か）を妻とした〔興福寺大般若経（良尊一筆経）奥書、天野二〇二〇〕。

木沢長政の大和侵攻

順興死去後まもない天文五年（一五三六）には、木沢長政が大和において台頭してくる。

上山城守護と河内半国守護代の権限を実質的に有していた長政は、正月段階で本願寺証如《しょうにょ》から大和守護と認識されるほどの権勢を誇り、六月には普請・作事を進めていた信貴山城《しぎさん》（奈良県平群町）に移り、これを居城とした〔天文日記〕。

この年、大和では当時戒重《かいじゅう》氏の知行下であった大仏供《だいぶく》荘（奈良県桜井市）からの年貢未進が続いており、興福寺は越智氏に戒重氏への発向を命じるが実施されなかったため幕府へ訴えた。将軍足利義晴《よしはる》の命を受けた長政は閏十月六日に筒井方の中坊美作に相談の上、戒重氏を成敗する旨を興福寺側に伝えている〔春日大社文書〕。天文六年七月二十九日、長政は越智氏討伐を行い、天文七年正月二十五日には戒重氏を信貴山城で殺害するなど〔享禄天文之記〕（以下、〔享〕）、徐々に大和における影響力を強めていった。

天文八年には興福寺領の荘園が三十二か所も闕所《けっしょ》となっており、長政がこの間に荘園を次々と占領して自らの家臣に知行させていた可能性が高い〔安国一九九一〕。その後、天文九年十月には幕府より越智・木沢長政・順昭に対し、大和の無事のために相談すべきである旨が申し渡されるなど〔大館常興日記〕、協調路線が模索されている。

ところが、義晴は長政を討伐することとなり、天文十一年三月に長政は河内守護代遊佐長教等の軍勢と河内太平寺《たいへいじ》（大阪府柏原市）にて合戦に及ぶも敗死し、信貴山城・二上山城も焼け落ちるなど〔多〕、長政による大和支配も長くは続かなかった。順昭は木沢方に援軍を出したか、もしくは傍観していたとの風聞があったようで、同盟関係にあったとみられていた。ただし、二十日には高屋方によって別儀なしとされ、河内へ約千騎を入れることとなった〔多〕。順昭は、実質的に畠山家を主導し、木沢長政を降した遊佐長教に従うよりほかなかったといえる。

八月には畠山稙長・遊佐長教が和泉の松浦《まつら》氏を討つために出陣することになり、順昭は六千の軍勢を率いて高屋城の留守を預かっている。十月十四日、「十市・筒井衆」が飯盛城に出陣するなど、木沢勢力の一掃に加わっている〔多〕。

順昭の代になると、椿尾上城の史料が散見されてくる。天文十年五月二十一日、薬師寺《やくしじ》が木沢長政の軍勢による薬師寺領への陣取を止めてもらうよう交渉するため、「山ノ城」へ寺使が出向いたというものである〔享〕。「山ノ城」には順昭がいたとみられることから、当時順昭は筒井城だけではなく、椿尾上城にも在城していたことが推測できる。これにより、当時順昭が椿尾上城で政務を執っていたことがわかる。

順昭の台頭

天文十一年（一五四二）三月の木沢長政敗死後、大和国人一揆体制は崩れていき順昭が台頭してゆく。天文十二年四月、順昭は六千騎の軍勢を率いて東山内の簀川《すがわ》城（奈良市）を攻め落とし、その帰途に古市方を攻め、古市城（奈良市）を「自焼」させた。ついで、天文十三年七月には東山内の柳生《やぎゅう》城（奈良市）を攻め落とした〔多〕。

天文十五年八月二十一日、順昭は細川氏綱《うじつな》・畠山政国《まさくに》（稙長の弟、政長流）・遊佐長教方として、和泉堺に出陣した三好長慶《みよしながよし》征伐の援軍として龍田まで出陣したが、三好方は無勢であったことから堺会合《かいごう》衆《しゅう》の調停により引き退いたため、合戦には至らなかった〔享、細川両家記〕。

順昭は九月十九日に十市氏を破り、翌日に十市城（奈良県橿原市）を受け取った〔二〕。二十四日には菅原（奈良市）を焼き払うと、二十五日に六千騎で越智氏の貝吹山《かいぶきやま》城（奈良県高取町）と「オキ田ノ城」を攻めた。十月三日には勧学寺《かんがくじ》（同高取町）で合戦があり、筒井方は越智の軍勢を数多く討ち取った。十日、貝吹山城は和談により開城することになり、順昭は嘉幡《かばた》・高田・八条《はちじょう》氏等を入れ置いて帰城している〔多〕。さらに、順昭は天文十六年五月に箸尾氏の拠る箸尾城（奈良県広陵町）を破却している〔二〕。このように、順昭は大和の有力国人であった古市・十市・越智・箸尾氏等を次々と降し、実質的に東山内・国中周辺の統一を果たし、筒井家の全盛期を迎えた。

天文十七年になると、将軍足利義晴・義輝《よしてる》父子・細川氏綱・遊佐長教と細川晴元・三好長慶の対立激化にともない、順昭は国外を転戦する。四月には順昭は遊佐方の軍勢とともに河内の楠葉《くずは》荘（大阪府枚方市）まで出陣するが、和睦の動きがあったことからまもなく帰陣した。七月二十九日から八月一日にかけて、順昭は山城の和束《わづか》（京都府和束町）の城に籠もる畠山政国の弟を数千騎で攻め寄せ、自害に追い込んだ〔享〕。この背景には惣領名代の政国と遊佐長教との対立があったとみられる。

　このようななか、天文十八年五月に遊佐長教の養女が三好長慶に嫁いだ。これにより、順昭も遊佐・三好方として細川晴元に対峙していくこととなる。

順慶誕生と順昭の死

　天文十八年（一五四九）、順昭の嫡男として順慶《じゅんけい》が誕生した。順慶は、幼少期には藤勝《ふじかつ》と名乗った。しかし、順慶が誕生してまもなく順昭が予想外の行動を取った。

　四月二十三日、細川晴元に与する南近江の守護六角定頼《ろっかくさだより》は、遊佐長教配下で山城上三郡守護代鷹山弘《たかやまひろ》頼《より》を通じて順昭の懐柔を図ろうとすると〔興福院所蔵鷹山家文書〕、二十六日に順昭は四・五人のみを引き連れ、比叡山延暦寺に入った〔多、享〕。筒井城で光る事象が多くあったり、狐が人々を悩ますというような、奇異な出来事が多くあったことから、順昭が狂気したのではないかという〔多〕。また、順昭は天文十五年九月に「もかさ」（天然痘）を患っていたとみられることから〔多〕、その平癒・療養が目的であった可能性もある。

　五月八日、六角定頼は順昭重臣の八条藤政《はちじょうふじまさ》に対し、順昭の延暦寺居住に便宜を図っているので安心すべきであること、「同名・与力・被官中」に対し、大和で異変が起きないよう、各々がよく相談することが肝要であることを申し伝えるよう要請している〔前田育徳会尊経閣文庫所蔵編年文書〕。

その後まもなくして、順慶に家督が譲られた。天文十九年正月十七日には「棟梁藤勝殿」とある〔天文十九年衆中集会引付〕（以下、〔天十〕）。

二月二十八日、順昭は十か月ぶりに比叡山から帰国した。順昭は家臣の飯田《いいだ》方を宿所としたが、すでに順昭は病床に伏せており、六月二十日に死去した〔享〕。享年二十八であった。

順昭の死はこの時点では秘匿されていたようで、六月二十日・二十一日、学侶による病気平癒の祈祷が行われ〔多〕、二十二日には衆中が唯識三十頌一万度・般若心経一万度・連歌を立願して、書状を順昭へ送っている〔天十〕。それを察したか、二十三日には多聞院英俊《たもんいんえいしゅん》は「順昭死去之由」と日記に記している〔多〕。このことから、順昭死後まもなく、興福寺関係者にはすでに知れ渡っていたようである。なお、順昭の死にまつわる逸話として広く知られる「元のもく阿弥」ということわざは後世の作り話にすぎない〔幡鎌二〇二二〕。

（金松誠）

【主要参考文献】

朝倉弘『奈良県史』一一　大和武士（名著出版、一九九三年）
天野忠幸『列島の戦国史4　室町幕府分裂と畿内近国の胎動』（吉川弘文館、二〇二〇年）
生駒市教育委員会『興福院所蔵　鷹山家文書調査報告書』（生駒市教育委員会、二〇二〇年）
金松誠『筒井順慶』（戎光祥出版、二〇一九年）
幡鎌一弘『衆徒の記録から見た筒井氏―筒井順慶顕彰会講演会―』筒井順慶顕彰会、二〇〇一年）

幡鎌一弘「順慶の父順昭と「元のもく阿弥」」（『月刊大和路ならら』二〇二一年九月号、なら文化交流機構、二〇二一年）
馬部隆弘「木沢長政の政治的立場と軍事編成」（『戦国期細川権力の研究』、吉川弘文館、二〇一八年）
村田修三「大和の「山ノ城」」（岸俊男教授退官記念会『日本政治社会史研究』下　塙書房、一九八五年）
安国陽子「戦国期大和の権力と在地構造―興福寺荘園支配の崩壊過程―」（『日本史研究』三四一、日本史研究会、一九九一年）

杉坊明算・照算——軍事を担った根来寺の院家

地域の公権力・根来寺を支えた行人

杉坊《すぎのぼう》が属した根来寺《ねごろでら》（和歌山県岩出市）は、紀伊北部の根来にある真言宗の大寺院である。根来寺は高野山《こうやさん》の高僧覚鑁《かくばん》が平安時代後期に開いた寺院で、もとは高野山の一院（大伝法院《だいでんぽういん》）であった。その後に高野山を離れて紀州山脈の南麓、紀伊国那賀《なか》郡根来の地に移り、高野山から独立した寺院となった。

根来寺は学侶が教学を研鑽する新義真言宗の学山であるが、紀伊北部に寺領荘園をもち、室町期には行人《ぎょうにん》という僧から成る武力を蓄えた。そして室町幕府の軍事動員にも従い、河内・紀伊守護の畠山《はたけやま》氏に対抗し得る軍事勢力となった。戦国期に入ると畠山氏のうち政長《まさなが》流に味方し、畿内南部の各地で戦った。そして根来寺は和泉の南部に勢力を伸ばし、和泉南部の公権力として幕府・畠山氏や地域社会から認められるようになった。

室町期以降、根来寺の軍事と寺領支配を担ったのは、行人という下級の僧侶である。行人とは教学や法会を担う学侶と異なり、本来は修行、寺内の作務、寺院の防衛、寺領の支配などをつとめる存在である。中世後期は各地の寺院で行人が軍事力と経済力を持ち、権限を強めた時代であった。

根来寺の行人のなかにも勢力差があり、杉坊（杉之坊）は根来寺を代表する有力な行人の院家《いんげ》（坊院）である。この杉坊の主のうち、戦国期中盤の院主が明算、戦国末期（織豊期）の主が照算《しょうさん》である。

有力行人・杉坊の登場

杉坊が根来寺の有力行人として登場するのは戦国期の序盤、十六世紀初頭である。根来寺の北に位置する和泉の日根《ひね》荘（大阪府泉佐野市）では、領主である五摂家の前関白九条政基《くじょうまさもと》が在荘して直務《じきむ》支配を行った。その日記が『政基公旅引付《まさもとこうたびひきつけ》』（以下『旅引付』）である。『旅引付』は戦国期の荘園村落と民衆の一級史料であるが、根来寺の行人方の権力構造を知る上でも重要な史料である。

『旅引付』によれば、根来寺では惣分《そうぶん》という組織が軍事や支配権の行使を決定していた。惣分には集会の制度や衆会所評定衆・宿老中の役職があったが、実質的には有力な行人十数名が集会を開き惣分の決定を動かしていた。杉坊（杉之坊侍従《じじゅう》）はこの十数名の行人の一人である〔廣田二〇〇五〕。また、九条政基は杉坊に日根荘の安全保障を求めており、杉坊は寺外からも有力な行人として知られていた〔旅引付〕。この時期の杉坊の主の名前はわからないが、明算より前の主であろう。

杉坊は根来寺の境内のなかの蓮華谷《れんげだに》にあった〔太郎兵衛講文書、武内二〇一三〕。蓮華谷は根来寺大門の北、根来寺を代表する根本大塔・大伝法堂の西の谷にあたる。中世根来寺の境内は谷々を含む広大な範囲を持ち、行人の院家や要害により守られていた。

杉坊明算と河内畠山氏

杉坊明算は、このような有力行人の院主として天文年間（一五三二～五六）に活躍した。根来寺が味方する政長流畠山氏が支配する河内で天文九年（一五四〇）、杉坊明算は河内国渋川《しぶかわ》郡 橘 島《たちばなじま》の真観寺《しんかんじ》（大阪府八尾市）に対して、末寺の南泉庵《なんせんあん》の領地を真観寺に保障した。そしてその保障を承知した河内の実力者木沢長政《きざわながまさ》が河内守護代遊佐長教《ゆざながのり》に出した文書を真観寺に渡している。畠山稙長《たねなが》も遊佐長教と杉坊明算の「仰《おおせ》」（命令）を受けて、真観寺に南泉庵分年貢の納入を保障している（真観寺文書、廣田二〇一一）。

このように、杉坊明算は河内の有力寺院真観寺領の保障の決定に関わり、畠山氏の河内支配の一翼を担っていた。また、河内北部を支配した木沢長政（当時は京兆家当主の細川晴元《ほそかわはるもと》の重臣）からも真観寺領についての保障を取り付けている。

この明算は、実は遊佐長教の弟であった（興福寺大般若経（良尊一経）奥書、弓倉二〇〇六、天野二〇二〇）。根来寺の行人の多くは紀伊北部や和泉南部の土豪・地侍の子弟であるが、明算は河内守護代遊佐氏の出身であった。そして単独で河内畠山氏の支配に関与している。この時期の根来寺行人のなかでの杉坊の格の高さを示すものであろう。

明算の所領支配と畿内の和平

根来寺の行人は和泉・紀伊の根来寺領荘園を支配するとともに、紀伊・和泉・河内の寺社本所領（公家寺社領荘園）の代官をつとめ、また紀伊・和泉の田地の地主権を買得していた。明算の所領支配もこれと同様であったと思われる。紀伊では天文九年（一五四〇）に、根来寺に近い田中荘《たなか》（和歌山県紀の川市）で田地を買得している〔紀の川市上田井極楽寺文書〕。また、明算は河内では天文六年（一五三七）に公家の転法輪三条《てんぽうりんさんじょう》公頼《きんより》の家領鞆呂岐荘《ともろぎ》（大阪府寝屋川市）の半分の支配権を得ており、鞆呂岐荘の代官として転法輪三条家に年貢を納入している〔廣田二〇二一〕。

この時期はそれ以前から続いた畿内の戦乱が終息し、室町将軍や管領家の細川京兆《ほそかわけいちょう》家が関係を修復していく。天文六年には転法輪三条公頼の娘が将軍足利義晴《あしかがよしはる》を支える近江守護六角定頼《ろっかくさだより》の猶子《ゆうし》として細川晴元と結婚している。河内では木沢長政が政長流畠山氏（守護代遊佐長教）と共存する体制が成立していた。こうした状況のなかで、長政が仕える晴元の親戚となった公頼の家領鞆呂岐荘の回復が図られ、畠山氏の支配に貢献した明算に鞆呂岐荘が恩賞として与えられたのであろう。とすれば、天文年間の畿内の和平に明算も一役買っていたことになる〔廣田二〇二一〕。

覚鑁大師号追贈運動への関与

天文年間には、根来寺が開山の覚鑁に大師号《だいしごう》を追贈されるよう朝廷や幕府に働きかけた。大師号追贈の交渉は、根来寺の上級の僧侶である学侶や衆徒が担ったが、明算もその一端を担った。天文八年（一五三九）、「杉坊」（杉御坊）こと明算は根来寺の惣山衆中に交渉結果を報告している。ただし、明算の交渉はうまくいっていない〔醍醐寺文書、廣田二〇二一〕。なお、覚鑁の大師号追贈は比叡山延暦寺《ひえいざんえんりゃくじ》の反対により実現しなかった。しかし、学山としての根来寺に最重要の大師号追贈という案件に行人の明算が関与していることに注目したい。

明算の活躍がわかる史料は、天文年間の初期に集中している。これ以後の明算の行動はわからない。根来寺の行人や軍勢は、文書や記録では「根来」「根来衆」「根来寺衆」というように集団名でしか呼ばれないので、個々の行人の活躍はなかなかわからない。天文二十年には明算の兄である遊佐長教が河内で暗殺されている。明算の活動が停滞していくとすれば、兄の死が影響したのかもしれない。後述の『津田家系譜』によれば、明算の死去は永禄元年（一五五八）とされる〔太田一九九六〕。

紀伊の紛争と杉坊

弘治年間（一五五五～五八）には根来寺の山内で抗争が続いた。弘治二年（一五五六）には杉坊の「ちかき者」や「門住」（杉坊門下の僧）の三宝院《さんぼういん》と、有力行人の泉識坊《せんしきぼう》の「門住」が山内で戦った〔佐武伊賀覚書〕。戦国期も後半になると、杉坊は泉識坊とともに惣分の「寄親《よりおや》」であり、根来寺境内の谷々の行人を「近付衆」や「門住」として配下に編成していた〔太郎兵衛講文書、武内二〇一三〕。その一方で、根来寺の行人を二分する杉坊と泉識坊の配下の僧が激突する紛争が発生している〔坂上猶右衛門氏所蔵文書、武内二〇一三〕。

天正年間に入ると根来寺と粉河寺《こかわでら》（和歌山県紀の川市）の紛争が起こり、根来寺の軍勢の大将を泉識坊と杉坊がつとめ、粉河寺の大将別当《べっとう》御池坊《おいけぼう》を討ち死にさせた〔粉河寺旧記〕。この時期の杉坊の主は照算である。このように、戦国期も終盤になると紀伊国内や根来寺内での紛争が激化していった〔廣田二〇一七〕。

鉄砲伝来と杉坊・津田氏

杉坊はしばしば根来寺に鉄砲を採り入れたと言われる。日本への鉄炮伝来の経緯を記した『鉄炮記』（禅僧の南浦文之《なんぽぶんし》の叙述）によれば、根来寺の「杉坊某公」が天文十二年（一五四三）に種子島《たねがしま》の鉄砲を求めたとされる。杉坊明算の時期ではあるが、これは後世の記述であり、そのまま信用するわけにはいかない。

また、堺の鉄砲鍛冶の芝辻《しばつじ》家伝来の『鉄炮由緒記』は、紀伊国那賀郡小倉（和歌山市）の津田監物《けんもつ》算長が種子島から根来寺の門前町坂本《さかもと》に鉄砲をもたらしたと記す。すでに知られているように、小倉の『津田家系譜』によれば杉坊明算・照算は小倉の土豪津田氏の出身で、明算は津田監物算長の弟、照算は算長の子で監物算正の弟とされる〔太田一九九六〕。ただし、明算は遊佐長教の弟であり、津田算長の弟とは考えられない。

照算については、ここでは定説のとおり津田算正の弟としておく。明算は親族ではない津田氏出身の照算を後継者としたことになる。血縁のない門弟などを後継とすることは寺院の院家では珍しくない。

杉坊は遊佐氏の親族という立場から、紀伊北部の土豪津田氏を基盤とする行人へと、性格を変えたことになる。

杉坊照算と信長政権

根来寺は政長流畠山氏を支持してきたが、元亀四年（一五七三）に畠山秋高《あきたか》が殺害されると織田信長《おだのぶなが》に属した。信長は天正五年（一五七七）に紀伊の雑賀衆《さいかしゅう》を討伐、根来寺は杉坊こと照算が中心となり一山を挙げて信長に味方した〔兼見卿記、信長公記〕。ただし、前年から対立していた泉識坊は根来寺から離れて雑賀衆に与している。照算はこの年の二月、上洛して信長に対面し雑賀攻めへの協力を申し出、信長軍のいち早い出兵を求め、紀伊の情勢を知らせている〔細川家文書、当代記〕。照算は信長軍の案内をつとめ、山側（北）から雑賀に侵攻した。信長は照算の働きを「無二」と激賞している〔太田家文書〕。三月、信長は紀伊より北の和泉佐野城（大阪府泉佐野市）の守備を津田信張《のぶはる》（織田一門）と照算に命じた。照算はおそらく軍勢を派遣して佐野城を守らせたのであろう。泉識坊も信長家臣の調停により保護されている〔大阪歴史博物館所蔵文書〕。

しかし、信長につくか雑賀衆につくかをめぐる杉坊・泉識坊の路線対立は続き、四月には有力行人の泉識坊・岩室坊《いわむろぼう》・杉坊の間で紛争が起こり、その「扱《あつかい》」（調停）が難航する事態となった。これに対して、織田信長と対抗する大坂本願寺《ほんがんじ》の法主顕如《けんにょ》が調停を試みている〔安土城考古博物館所蔵文書〕。

根来寺はこの後も信長に従って畿内各地で戦い、紀伊・和泉・河内での勢力を維持した。天正九年、信長が京都で馬揃えを挙行したときには、根来寺衆に交じって杉坊こと照算も参加している〔立入隆左記、信長公記〕。

本願寺の大坂退去と照算

大坂の本願寺顕如は十年にわたり信長に抗戦してきたが、天正八年（一五八〇）に信長と講和して大坂を退去、紀伊雑賀の鷺森《さぎのもり》（和歌山市）に移った。四月、顕如は泉識坊・杉坊照算ら根来寺衆に「御礼」を申している。根来寺が顕如の鷺森下向に「入魂」つまり尽力したからである〔飛騨照蓮寺文書、大和本善寺文書など〕。根来寺は信長に属したが、本願寺とは以前から交流があったのだろう。

六月、顕如を受け入れた雑賀衆の土橋春継《つちはしはるつぐ》・胤継《たねつぐ》と、泉識坊快厳《かいげん》・杉坊照算は、顕如の講和方針を支持する旨の起請文を信長の家臣に出した。これはまだ大坂に残っていた反信長派の教如《きょうにょ》（顕如の子）に味方しないという誓約である。この起請文は快厳・照算という実名がわかる数少ない史料である〔本願寺文書〕。なお、土橋氏は泉識坊の親族である。快厳・照算は信長と本願寺の講和の維持に尽力していた。

天正十年正月、雑賀衆の内紛が起こり土橋若大夫・土橋平次が殺害された。若大夫の一派で小倉の津田氏一族と思しき小倉監物も「成敗」された。小倉監物は土橋氏・反信長方に与し根来寺・杉坊から離反していたことになる。土橋氏は泉識坊とともに雑賀で抗戦したが二月に信長軍に敗れ、泉識坊が討ち取られた。ただこの後も泉識坊は存続し、鷺森の本願寺と交流している〔宇野主水日記、信長公記〕。四月、杉坊こと照算ら根来寺衆は雑賀のうち岩橋《いわせ》荘（和歌山市）で麦の徴収を実現している〔湯橋家文書〕。

秀吉との戦い、根来寺炎上、照算の死

信長の死後、根来寺は羽柴秀吉《はしばひでよし》と全面的に対決する。天正十年（一五八二）より秀吉と根来寺は和泉の支配をめぐって対立した〔浅野家文書〕。天正十一年、根来寺・雑賀衆・粉河寺などからなる「紀州一揆」が和泉に侵攻し、秀吉方の岸和田城将中村一氏《なかむらかずうじ》と戦った。杉坊こと照算は「紀州一揆」の大将の一人であった〔中村一氏記〕。

天正十二年三月にも根来寺・雑賀衆など紀州の「一揆」は和泉の一揆と連合し、中村一氏と和泉の南郡で戦った〔宇野主水日記〕。照算は紀伊・和泉の戦いの史料にその名は現れないが、根来寺の大将として活躍したことであろう。根来寺は天正十二年には秀吉と敵対する織田信雄《のぶかつ》・徳川家康《とくがわいえやす》・土佐の長宗我部元親《ちょうそかべもとちか》と好を通じている。このとき、杉坊こと照算が土佐の香宗我部親泰《こうそかべちかやす》（元親の弟）に送った書状には実名は「聖算」とある。「しょうさん」と読むのであろう〔土佐国古文叢、香宗我部家証文〕。

天正十三年三月、秀吉の大軍が和泉に攻め入り秀吉も出陣、和泉の根来方・雑賀方の城を攻略し、紀伊に攻め込んだ。三月二十三日、根来寺は放火（または自焼）により根本大塔・大伝法堂を残して全焼し、残った僧が秀吉に降伏した〔宇野主水日記〕。『津田家系譜』によれば照算は天正十三年に「討死」した

とされる。ここに中世根来寺の行人集団の柱石を二代にわたり担った杉坊は滅亡した。しかし、杉坊の名は後世に根来寺行人の「四旗頭」（泉識坊・杉坊・岩室坊・閼伽井坊《あかいぼう》）の一人として語り継がれた。

（廣田浩治）

【主要参考文献】

天野忠幸『室町幕府分裂と畿内近国の胎動』（吉川弘文館、二〇二〇年）
太田宏一「津田流砲術と奥弥兵衛について」（『和歌山市立博物館研究紀要』一〇、一九九六年）
武内雅人「根来寺境内の景観と構造」（海津一朗編『中世都市根来寺と紀州惣国』（同成社、二〇一三年）
武内雅人「佐武伊賀覚書から読み取る根来寺行人の世界」（海津一朗編『中世都市根来寺と紀州惣国』（同成社、二〇一三年）
廣田浩治「地域の公権力としての中世根来寺」（『根来寺文化研究所紀要』二、二〇〇五年）
廣田浩治「中世根来寺の戦争と武力」（『和歌山地方史研究』五〇、二〇〇五年）
廣田浩治「中世根来寺権力の実像」（山岸常人編『歴史のなかの根来寺』勉誠出版、二〇一七年）
廣田浩治「戦国期根来寺の河内国進出」（『十六世紀史論叢』一四、二〇二一年）
弓倉弘年「畿内に出陣した紀州衆」（小山靖憲編『戦国期畿内の政治社会構造』和泉書院、二〇〇六年）

赤松洞松院——守護家の執政をつとめた後室

洞松院をめぐる研究史

赤松洞松院《あかまつとうしょういん》は、応仁の乱の中で播磨・備前・美作守護家の赤松氏を再興した赤松政則《まさのり》の妻である。弟の細川政元《ほそかわまさもと》の意向によって政則に嫁ぎ、夫の没後に養子義村《よしむら》が成長するまでの間、守護赤松氏の政務を担った。駿河今川《いまがわ》氏の寿桂尼《じゅけいに》と並ぶ後室（後家《ごけ》）による守護家執政の事例として注目されてきた人物であり、かつ寿桂尼より一世代早い事例となる。

洞松院権力の評価については、赤松義村が成長するまでの中継ぎ執政である点を共通理解としつつ、彼女自身の政治力を高く評価するか〔今谷二〇〇〇〕、先例踏襲傾向が強く独自性に乏しいと評価するか〔渡邊二〇一一〕を軸に議論が交わされてきた。近年は外交・内政両面における実質性が再評価される一方で、次代義村期における家中分裂へ向けた矛盾の蓄積や、知識と経験を持つ側近・宿老層の不在や在地化傾向による裁判の機能不全が論じられるなど、議論に広がりが生まれている〔小林二〇一八、野田二〇一八、二〇二二〕。さらに最近年には、「家」の妻との概念に注目して戦国期の家長を担った女性を論じる一事例として、あらためてその生涯がまとめられている〔黒田二〇二一〕。本稿ではこうした研究史を踏まえて、洞松院の姿を紹介していきたい。

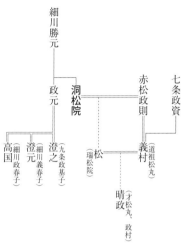

赤松政則との結婚

洞松院は、当初は父細川勝元《かつもと》が建立した龍安寺《りょうあんじ》（京都市右京区）の尼僧となっていたが、弟の政元の意向により還俗して明応二年（一四九三）三月に赤松政則に嫁いだ。このときの年齢については、史料によって三十歳〔蔭凉軒日録〕、三十一歳〔大乗院寺社雑事記〕、三十三歳〔後法興院記〕とばらつきがある。また、政元の館の門に「天人とおもいし人は鬼瓦　堺の浦にあまくたるかな（天人かと思ったら鬼瓦だったよ、堺の浦へ天下った人は）」との落首《らくしゅ》が貼られたという〔蔭凉軒日録〕。堺に在陣中だった政則のもとへ嫁いだ彼女を「鬼瓦」と表現する落首で、容貌に関する風評との理解が一般的であったが、近年は政元と政則の政治的関係を暗喩した表現とみる理解も示されている〔小林二〇一八〕。

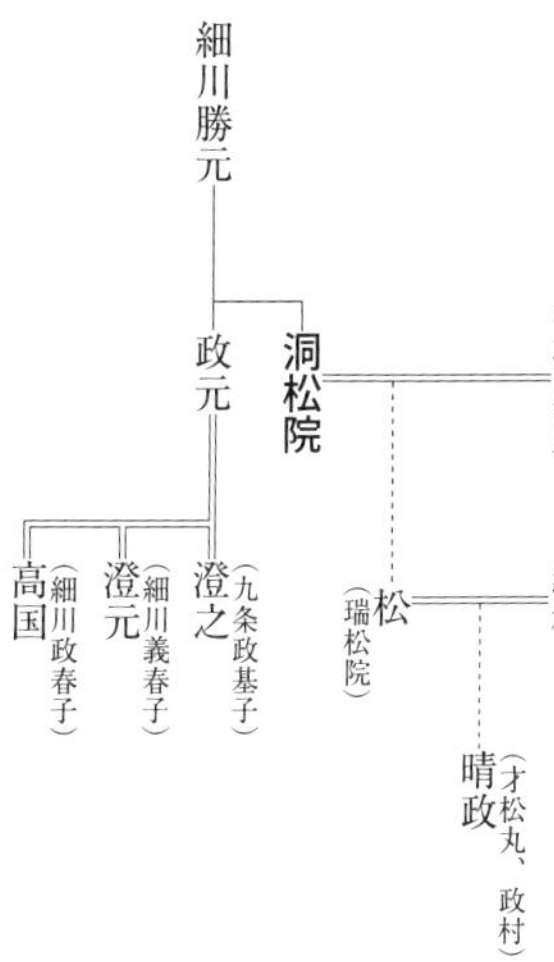

洞松院関係系図

この理解にもみられるように、政則との結婚は政元による政略であった。結婚はこの年二月からの将軍足《あし》利《かが》義材《よしき》（後に義尹《よしただ》・義稙《よしたね》）による河内畠山基家《はたけやまもといえ》（後に義豊）討伐戦の最中で、四月二十二日晩、政元は京都で義材の廃立と義遐《よしとお》（後に義澄《よしずみ》）の擁立を決行する。明応の政変である。洞松院の入嫁は、この政変を企てていた政元が赤松氏を自派に引き込むためのものであった。

洞松院との呼び名は結婚前の尼僧としての坊名である。読みは彼女の入嫁を示す史料に「トウセウ院《いん》」（後法興院記）とみえるので確定できるが、漢字表記は史料によって「東勝《とうしょう》院」（晴富宿禰記）、「洞勝院」（蔭凉軒日録）、「東松院」（大乗院寺社雑事記）とさまざまである。現在通用されている「洞松院」表記は、管見の限り『赤松記』などのやや後世の編纂物にみえる。その後、永正年間以降の史料では、分国内では「めし様」、「大方殿」、「御つほ《ぼ》ね」、京都の人々からは「赤松うは《ば》の局」、「大めし」などと呼ばれている。「めし」は実名とみる理解もあるが、「女司」の漢字が当てられる史料がある上、義村の妻の松（後に瑞松院《ずいしょういん》）も「こ《小》めし」と呼ばれている点から、赤松家中における妻室の制度的呼称である可能性も指摘されている（野田二〇一八）。

執政の背景と概要

明応五年（一四九六）四月に夫の政則が死去する。家督は赤松一門七条《しちじょう》家の道祖松丸《さいまつまる》（後に義村）が政則の娘松と結婚することで相続したが、直後から宿老層相互の対立が激化、同年八月から明応八年まで断続的な内紛状態に陥った。ついで文亀二年（一五〇二）には最有力宿老の浦上則宗《うらがみのりむね》、赤松政秀《まさひで》が相次いで没するなどし、家中を取り仕切る器量・家格をもった人物が不在となる。こうした政治的空白状況の中で、洞松院が実権を掌握したと考えられているのである。なお、後年に洞松院と松が一体的な政治的行動をみせることから、松は洞松院が産んだ実子とみる説もある〔今谷二〇〇〇〕。また、道祖松丸の生年については明応三年（一四九四）とする所伝が有力視されている〔黒田二〇二一〕。

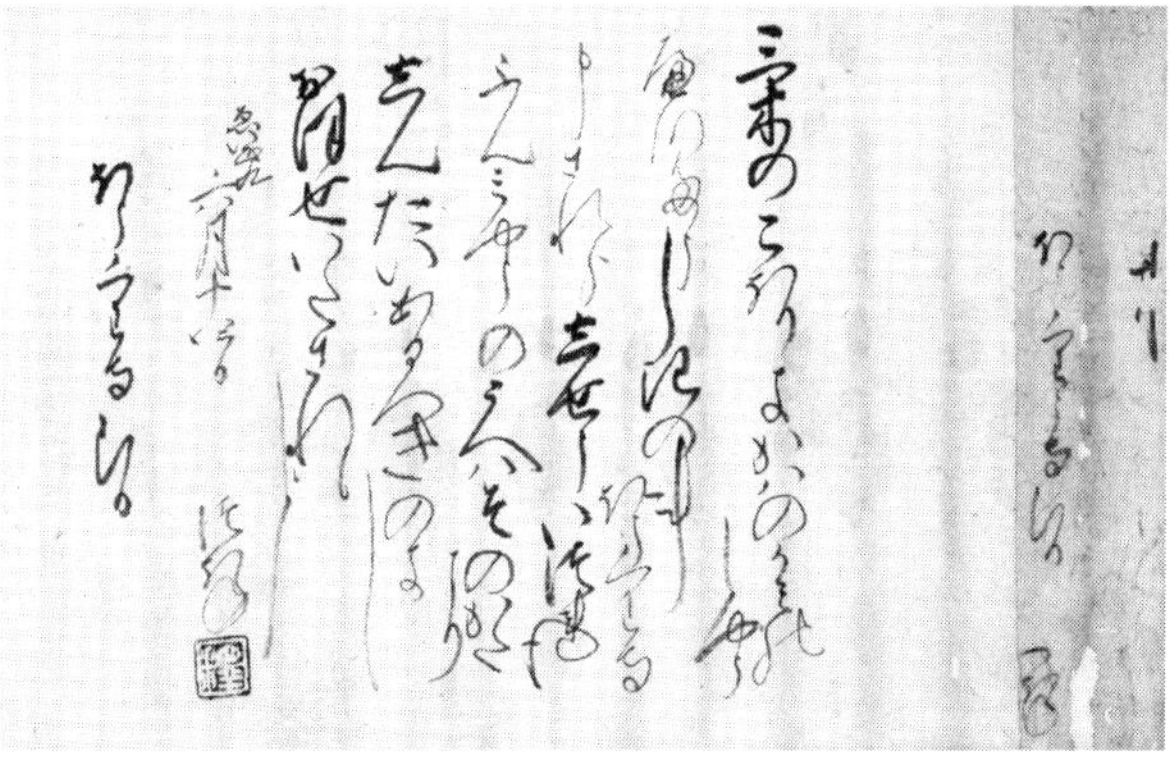

永正９年６月14日付洞松院奉書　兵庫県三木市・法光寺蔵
撮影：東京大学史料編纂所

洞松院の執政を端的に示す史料は、仮名書き主体で、差出人名を「つほね」とし、「釋」字の印章を墨で押す洞松院奉書である。黒印なし一通を含めて、永正三年（一五〇六）～十年の間に八通が知られている。内容は、所領の安堵、相論の裁定、課役の免除、荘園代官補任の連絡などで、一般的な守護の職務を示すものといえる。ただし、いずれも末尾に「…よし、おほせいたされ候（…とのお命じがありました）」との文言があり、守護義村の意思を奉じる形式をとっている。洞松院は守護ではなく、その後見人として政務を担っていたのである。

洞松院奉書がみられる時期は、赤松氏の宿老層や奉行人によ

置塩城跡（右側の山上）と字岡前（左側山麓の宅地）
兵庫県姫路市

る守護方発給文書がほぼみられない〔野田二〇二二〕。洞松院奉書がこれらの代わりになっていたことになるが、その数は、新史料の紹介〔湯川二〇〇六、野田二〇二二〕によって増えてきたものの、前後の時期の守護方発給文書の数に比べて少なめである。また、後年義村の執政開始を受けて、大徳寺《だいとくじ》領播磨国大塩《おおしお》荘（兵庫県姫路市）の現地国人らが、奉行人も決まり置塩《おしお》（姫路市）も変わってきたので今後は期待ができる、といった趣旨の情勢報告を大徳寺に送っている〔大徳寺文書〕。史料の残存は偶然性にも左右されようが、こうした義村執政への期待感とあわせてみれば、洞松院の執政は積極性という点ではやはり前後の時期と比べて一段低く評価するのが妥当であろう。

また、洞松院執政期には赤松氏の拠点が置塩に移転している〔依藤二〇〇六〕。置塩はその直前の拠点であった書写坂本《しょしゃさかもと》（姫路市）から夢前川《ゆめさきがわ》の河谷を六キロメートルほど遡った山間部にある。置塩への移転は、政則没後の内紛後で、有力宿老不在という不安定な政情を踏まえて、坂本や府中姫路、港津英賀《あが》（いずれも姫路市）などの姫路周辺の経済拠点を押さえつつ、より防御性の高い場を求めてのものとみられている。なお、洞松院期における置塩の拠点施設は、後年天正年間まで使用された山上の城郭（置塩城）ではなく、夢前川対岸にある段丘上の字「岡前《おかまえ》」付近に所在した居館であったと考えられている。

外交交渉での活躍

洞松院の執政で近年注目されているのが、外交面での存在感である〔野田二〇一八〕。明応の政変後、細川政元政権は永正四年（一五〇七）の政元暗殺によって崩壊し、養子の澄之《すみゆき》・澄元《すみもと》・高国《たかくに》の抗争がはじまる。赤松氏は当初澄元と彼が擁立していた足利義澄を支援しており、永正八年三月ごろには、高国―足利義尹（後に義稙）派に逐われて近江にいた義澄から男子亀王丸《かめおうまる》（後の将軍義晴《よしはる》）を預かっている。しかし、同年七月からの澄元挙兵が失敗に終わった結果、赤松氏は高国政権との和睦の道を選び、翌永正九年六月に尼崎《あまがさき》（兵庫県尼崎市）で高国と洞松院が会談して和議が成立した〔拾芥記〕。

近年の研究では、和議の最終局面で当主義村ではなく洞松院が高国と会談している点が重視されている。また、ここまでの政元暗殺後の細川氏分裂抗争への対処や、義澄から亀王丸を預かるなどの意思決定も、洞松院執政下でのものであった。こうした外交面での手腕の発揮は、まずは彼女の細川京兆家《けいちょうけ》出身という出自とそれに付随する人脈に支えられていたと理解できる。そして同時に、敵地である尼崎に赴いて高国と和睦交渉を行った事実は、彼女自身の行動力を示すとみて差し支えないであろう。

洞松院関係地図

洞松院執政下の裁判

次に、彼女の内政のあり方をみていきたい。まず、永正十一年（一五一四）に発生した播磨の鵤《いかるが》荘（兵庫県太子町、たつの市）の用水相論への対応をみていく〔鵤庄引付〕。この年は旱魃で、八月一日に鵤荘と小宅《おやけ》荘（たつの市）との間で水争いが発生、小宅側の提訴を受けて、八月下旬に置塩で二回にわたって双方からの弁論が行われた。しかし、三度目の審理で赤松氏は年寄衆が揃ったときにあらためて裁定するとの洞松院発給文書を交付するに止まり、裁定は下せないまま終了した。この相論は、結局は六年後に現地有力者の仲介で和解が成立している〔酒井一九九九〕。

この相論は、有力宿老不在の政治状況

下で、守護裁判が十分に機能していなかった事例として取り上げられている〔渡邊二〇一一、野田二〇二二〕。ただしその一方で、相論当事者が置塩へ呼ばれ、主張を弁論しあうといった手続き自体は型どおりである点も重視されている〔小林二〇一八〕。ここでも、八月一日に発生した紛争が、その月の内に三回にわたって審理されているスピード感には注目しておきたい。また、播磨の吉川上《よかわかみ》荘の若宮《わかみや》神社（兵庫県三木市）をめぐる相論のように、洞松院奉書で裁定されている事例もある〔法光寺文書〕。守護裁判の形式自体は整っていると評価してよいであろう。

一方、洞松院自身が所領相論の火種を抱えていた事例もある。赤松一族衆である得平《とくひら》氏は、嘉吉の乱により喪失し、細川一門の所領となっていた播磨の安田《やすだ》荘五ヶ郷（兵庫県多可町）の回復を希望していたが、洞松院執政下では五ヶ郷のうち三ヶ郷を洞松院自身が知行していたため訴訟は進まず、ひたすら義村への代替わりを待ち望んでいたという〔得平記〕。こうした分国内の所領をめぐる火種はおそらく多数あり、これを十分に整理していくだけの方策は洞松院も持ち合わせていなかったのであろう。

荘園領主との交渉

また、最近紹介された賀茂《かも》別雷《わけいかづち》神社（賀茂社）領備前国竹原《たけはら》荘（岡山市東区）の守護請に関する一連の史料〔賀茂別雷神社文書〕によれば、永正十年（一五一三）、賀茂社は置塩に居住する氏人市隆平《いちたかひら》とその母を通して赤松氏と年貢交渉を進めており、隆平の母は、日々「御屋形（義村）」を訪ねて苦労していたという。交渉の結果、赤松氏から三十貫文が支払われることとなったが、隆平はその請取状の宛先を「御屋形様之御つほねへ」とすべきと本社に伝えている。さらにその後、細川高国被官薬師寺国《やくしじくに》長《なが》から洞松院への書状を受けて、彼女の計らいでさらに五貫文が追加されている〔辰田二〇二〇a・b〕。この交渉には義村も関与していたが、赤松氏の事実上の代表者は洞松院であり、また京都との人脈も背景に彼女が主体的に関与していたことがわかる。

義村との対立

この賀茂社との交渉事例にもみえるように、義村は永正十年（一五一三）ごろから政務関与を明瞭化させていく。洞松院の後見を外した義村の単独執政開始は、『鵤庄引付』と『得平記』双方にこの年の代始めを示す記事があることから、永正十四年とみるべきであろう。政則没後二十一年が経っており、義村は青年に成長していた。

しかし、義村の単独執政はすぐに宿老浦上村宗《むらむね》との対立を発生させた。永正十六年十一月、義村は備前三石《みついし》城（岡山県備前市）の村宗を攻撃する。このころ細川澄元が再度挙兵していたが、高国の専横に嫌気した将軍義稙も陰で澄元と通じており、義村は彼らと連携していた〔浜口二〇一四〕。しかし、義村勢は永正十七年十月に宿老小寺則職《こでらのりもと》が美作岩屋《いわや》城（岡山県津山市）で大敗・討ち死にしたことで瓦解、同年十一月に義村は出家して嫡子の才松丸《さいまつまる》（後の政村《まさむら》・晴政《はるまさ》）を村宗に引き渡すこととなった。義村はなお屈せず、その年末に足利亀王丸を擁して再度挙兵するが、翌年四月に和議となる。しかし、これは細川高国から亀王丸の確保を依頼された村宗の計略であった。亀王丸を奪われた義村は浦上方拠点の室《む》津《ろつ》（兵庫県たつの市）に幽閉され、同年（改元があり大永元年）九月に殺害されてしまう。

こうした義村と村宗の抗争の中で、洞松院は嫡孫の才松丸を確保した上で義村妻の松とともに村宗方につくことを選択した。『得平記』は、永正十七年十一月の義村降参の折、洞松院・松ともにかねてから村宗と同心しており、義村を捨てて、才松丸と一緒に室津へ移ったと伝えている。この時点で、洞松院と義村との間はすでに険悪化していたのである。

義村は、永正十二年八月に裁判に関する規定を定めるなど〔赤松家風条々事〕、ごく短い治世ながら積極的な政治姿勢を示していた〔渡邊二〇一二、野田二〇二二〕。しかし、守護権力の確立を急ぐ積極姿勢は、すぐに浦上村宗との抗争を惹起してしまっている。周囲は義村執政に期待を寄せつつ、同時に危うさも感じていたのではないか。永正十四年の代始めの時点で、すでに政則没後二十一年であり、当時としては遅い代替わりといえる年齢である。洞松院は義村の政治姿勢を危惧していたために、なかなか実権を手放さなかったのではないか。永正十年ごろから明瞭化する義村の政務関与は、永正十二年の裁判規定に「女房公事《にょうぼうくじ》（女官をとおした訴訟）」の禁止条項が含まれている点からみて、早くから洞松院との対立を孕んでいた可能性が高い〔野田二〇〇一〕。こうした対立が深化しきった結果が、義村の澄元派との連携であり、永正十七年の訣別であったと推察されるのである。

また、洞松院と結んだ筆頭宿老浦上村宗も、義村より若干若い世代であった〔畑二〇〇六〕。義村の単独執政開始が永正十四年になった一因として、村宗の成長を待っていたことも考えられる。義村と村宗は共に洞松院の執政下で成長し、やがて訣別したことになる。両者の成長をみてきた洞松院は、最終的に義村を切り捨てて村宗を選んだのである。

洞松院権力の評価

最後に、洞松院権力の評価を整理しておきたい。まず、守護方からの文書発給が少なくなるなど、一定程度政務の停滞と受け取れる状況があったことは確認しておきたい。その背景には、宿老層の在地化傾向〔野田二〇一二〕とともに、筆頭宿老浦上氏の当主村宗が若年であったことも影響していたと考えられる。

ただしその一方で、守護裁判の形式自体は整っており、また洞松院は荘園領主との交渉においても主体的に関与していた。さらに、洞松院執政期の赤松分国はおおむね平穏を保っていた。永正五年（一五〇八）には高国・義尹政権の成立に連動して赤松大河内《おおかわち》勝範《かつのり》の反乱があったがすぐに鎮圧されており、義村が澄元派と結ぶ動きをみせるまでは、中央における細川氏分裂抗争に起因する分国内の分裂は本格化しなかった。積極性に欠ける現状維持的な政治姿勢の結果との見方もできるが、分国内の政務についても宿老・有力国人層との軋轢を避ける運営が行われていたのではないか。高国派との和議の成功とあわせて、こうした分国の平穏も彼女の一定の政治力を示すとみておきたい。

しかし、洞松院は後継者義村を制御できなかった。これが彼女の執政上での最大の失敗といえよう。現状維持的な政治姿勢が、若い義村の反発を招いたとも考えられる。これ以後、赤松分国では断続的に分裂抗争が繰り返される中で、宿老・有力国人層の自立化が進み、守護赤松氏の権力と求心力は本国播磨においても徐々に低下していく道をたどる。

さて、洞松院は続く政村（後に晴政）期まで存命で、義村後室の松とともに一定の影響力を維持していた。大永六年（一五二六）、同七年、享禄元年（一五二八）の三度、将軍義晴（かつて庇護した亀王丸）より赤松氏の出陣や忠節を家中にうながすよう依頼する御内書《ごないしょ》が「あか松うはの局」などに宛てて発給されている〔後鑑〕。これらの御内書は洞松院の政務関与を示すとみる理解もある〔黒田二〇二一〕。洞松院の没年は定かではないが、政村が村宗を討った享禄四年の大物《だいもつ》崩れ以前には没していたとみられている。

（前田徹）

【主要参考文献】
今谷明「洞松院尼細川氏の研究」（同『室町時代政治史論』塙書房、二〇〇〇年）
辰田芳雄「賀茂別雷神社領備前国竹原荘の史料紹介」（『岡山朝日研究紀要』四一、二〇二〇年a）
辰田芳雄「賀茂別雷神社領備前国竹原荘の守護請について」（『東京大学史料編纂所研究紀要』三〇、二〇二〇年b）
黒田基樹「戦国最初の「おんな家長」―洞松院（赤松政則後室）」（同『戦国「おんな家長」の群像』笠間書院、二〇二一年）

小林基伸「応仁の乱と赤松・山名氏の抗争」、「赤松義村と浦上氏」（『姫路市史』二　本編古代中世、姫路市、二〇一八年）
酒井紀美「水論と村落」（同『日本中世の在地社会』吉川弘文館、一九九九年）
野田泰三「戦国期における守護・守護代・国人」（『日本史研究』四六四、二〇〇一年）
野田泰三「戦国期播磨における大名家妻室について」（京都橘大学『女性歴史文化研究所紀要』二六、二〇一八年）
野田泰三「戦国期播磨における守護方文書の発給動向」（川岡勉編『中世後期の守護と文書システム』思文閣出版、二〇二二年）
畑和良「浦上村宗と守護権力」（『岡山地方史研究』一〇八、二〇〇六年）
浜口誠至「義稙後期・義晴前期の幕府政治と細川高国」（同『在京大名細川京兆家の政治史的研究』思文閣出版、二〇一四年）
湯川敏治「『守光公記』に見る播磨国の禁裏料所について」（『史泉』一〇四、二〇〇六年）
依藤保「播磨置塩城主赤松氏の動向」（『播磨置塩城跡発掘調査報告書』夢前町教育委員会、二〇〇六年）
渡邊大門「播磨国守護赤松義村の領国支配構造」（同『中世後期の赤松氏』日本史史料研究会、二〇一一年）
渡邊大門『備前浦上氏』（戎光祥出版、二〇一二年）

垣屋続成——戦国期の山名惣領家を支えた筆頭被官

垣屋氏の出自

垣屋《かきや》氏は、山名《やまな》惣領《そうりょう》家の重臣として仕えた一族である。垣屋一族は越前守を名乗る嫡流を中心に、越中守流、駿河守流などの複数の庶流家によって構成されていた。垣屋続成《つぐなり》は嫡流・越前守流の出身であり、十五世紀末から十六世紀初頭にかけて山名惣領家の権力構造の中枢で活動した人物である。続成の事績を語る前に、まずは垣屋氏の出自を確認しておきたい。

垣屋氏は平姓の一族で、もともと土屋《つちや》氏を名乗っていた。これまで土屋氏は関東出身の山名氏譜代被官とされてきたが、近年は出雲を出自とする説も出されている。実際、土屋氏は西国各地に分布しており、垣屋氏自体も丹波国多紀《たき》郡垣屋村（兵庫県丹波篠山市）が名字の地と考えられるという。土屋氏は南北朝期の山名氏を支えたが、明徳の乱の際、土屋氏は室町幕府に反旗を翻した山名氏清《うじきよ》らに与《くみ》したことで一族の大半が討ち死にし、土屋氏の主流派は大きな打撃を受けた（明徳記）。このとき、垣屋氏は幕府方の山名時熙《ときひろ》を支えて奮戦したことから、この戦乱を契機にそれまで庶流であった垣屋氏が台頭していく。十五世紀に入ると、垣屋氏が筆頭被官として山名惣領家を支える重臣層の中核を占める構造ができあがっていくのである。

続成の登場前夜の垣屋氏と山名氏

垣屋氏の系図によれば、続成は垣屋宗続《むねつぐ》の子という。祖父は垣屋豊遠《とよとお》、曽祖父は垣屋熙続《ひろつぐ》（法名・宗《そう》忠《ちゅう》）である。いずれも越前守を名乗り、山名惣領家の筆頭被官として活躍した人物であった。続成の生年は定かではないが、文明三年（一四七一）三月、垣屋宗忠が守護所である但馬国城崎《きのさき》郡九日市《ここのかいち》（兵庫県豊岡市）で孫の「亀石丸《かめいしまる》」を養育していたと伝えられる〔応仁別記〕。父宗続はすでに寛正六年（一四六五）二月には垣屋四郎次郎の名で見えるため〔親元日記〕、亀石丸は宗続ではない。このため、宗忠の曾孫にあたる続成のことを指す可能性も考えられるが、垣屋氏の法名覚書には、続成とは異なる法名が記されている〔蓮華寺文書〕。ひとまず、両者は別人と見ておくが、いずれにせよ、幼年期の続成についてては不明な点が多い。

曽祖父の垣屋宗忠は文明八年三月に死去した〔結番日記〕。次いで祖父の豊遠が後継者として越前守を名乗ったが、文明九年十二月には山城守護代の地位が父宗続に移っている〔東寺百合文書〕。祖父豊遠については文明十二年までに死没したとする説もあるが、最後の豊遠発給文書は文明九年十月であるから、豊遠は文明九年十月から十二月までの間に没した可能性が考えられる。なお、この時点で続成は表舞台に登場していない。

応仁・文明の乱の際、山名氏は嘉吉の乱の恩賞で獲得した播磨・備前・美作三か国を赤松《あかまつ》氏に奪い返されており、東軍と和睦して幕府に復帰を果たした後も山名氏はこれらの地域の支配回復を目指していた。文明十一年、惣領の山名政豊《まさとよ》は但馬に下向し、伯耆・因幡両国の争乱を鎮圧すると、再び勢力を回復する。その勢いで文明十五年十二月、政豊は一族被官を率いて赤松氏分国に侵攻した。当初、赤松政《まさ》則《のり》は没落し、翌文明十六年三月の時点で山名氏が大半の地域を制圧する勢いであった〔大乗院寺社雑事記〕。一連の戦乱では、垣屋氏は山名氏の軍事行動を支える中核的存在として活動している。

山名・赤松両氏の抗争において転機となるのは、文明十七年閏三月の播磨蔭木《かげき》城合戦であった。この合戦で山名氏は赤松氏に大敗を喫し、山名方軍勢の主力であった垣屋氏は父宗続をはじめとした主要な一族の大半が討ち死にする痛手を負ったのである。蔭木城合戦で垣屋氏の「名字」はことごとく潰えたとする史料も存在しており〔多聞院日記〕、垣屋氏が相当な人的被害を受けたのは確かであろう。その後、赤松氏優位な戦況が展開する中、両者の抗争は継続・泥沼化していくが、長享二年（一四八八）七月に山名惣領家で内紛が発生すると、山名氏の軍勢は撤退していった。こうした混乱する情勢の下で、続成は史料上に現れるのである。

山名政豊・俊豊父子の争いと続成

長享二年（一四八八）七月に顕在化した山名惣領家の内紛では、赤松氏との抗争敗北の影響もあり、当主政豊とその側近に対する不満が噴出していた。そうした中で、政豊に反発するグループは政豊の子・俊豊《としとよ》を擁立し、但馬国内が二分される深刻な内訌に展開していった。

同年九月初め、丹波の僧からの情報として、「垣屋孫四郎《まごしろう》」（続成）は内紛に対する態度を明確にしていないことが伝えられている〔蔭涼軒日録〕。ようやくここで続成が登場する。当時、俊豊を支持していたのは、太田垣《おおたがき》氏を中核とする朝来《あさご》郡衆、さらに太田垣氏が守護代を務めていた備後国人衆らであった。続成をはじめとする垣屋氏の態度が明確ではなかったのは、当初の俊豊陣営は太田垣氏のような非垣屋系国人衆が主導的な立場を占めていたため、逡巡していたのであろう。しかも、父宗続が急死して三年ほどしか経っておらず、その他の主な一族も失い、いまだ若年と思われる続成にこのような難局を乗り切るのは少々荷が重かったことは想像に難くない。最大の勢力垣屋氏の去就が定まらない状況で但馬情勢は混沌状態に陥っていたが、情勢は急展開していく。九月に入ってから、将軍足利義尚《よしひさ》の近江出陣に従軍していた俊豊が但馬に下向すると、一転して続成も俊豊陣営に与する姿勢を明確にした。同月中旬、続成は丹波国人の足立《あだち》氏に対して俊豊方への協力を要請している〔足立文書〕。俊豊の下向を受けて、続成もようやく覚悟を決めたのであろう。

キャスティングボートを握る存在であった垣屋氏が俊豊支持に回ったことで、但馬情勢は俊豊方優位に推移していった。その後、延徳三年（一四九一）八月、俊豊は足利義材《よしき》（義尹、義稙）政権の近江出陣に従軍するため上洛し、義材政権の後ろ盾を得ることに成功した。ところで、相国寺《しょうこくじ》蔭涼軒《いんりょうけん》主の亀泉集証《せんしゅうしょう》は、俊豊方の重臣として上洛した者のほとんどが若年者ばかりであると感想を述べている〔蔭凉軒日録〕。見る側にとって、俊豊の軍勢は心もとない印象であったことがうかがえる。この中には垣屋一族（垣屋新五郎、垣屋駿河守）もいたが、このとき続成も上洛していたのか定かではない。俊豊は、依然として続く但馬の争乱に対処するために一部の軍勢を残し置いたと伝えられることから〔大乗院寺社雑事記〕、垣屋氏の惣領にあたる続成は在国して内紛に対応していた可能性が考えられる。

さて、俊豊方は義材政権の後援を得たが、一方で政豊方も細川政元《ほそかわまさもと》との回路を背景に息を吹き返しつつあった。延徳四年（明応元、一四九二）後半に入ると、再び但馬情勢は悪化していったが、俊豊方に与した備後国人渡辺《わたなべ》氏の史料によれば、同じ頃に垣屋・太田垣両氏が相次いで俊豊方を離反したという〔渡辺先祖覚書〕。結局、続成は情勢が悪化すると、あっさりと俊豊を見限り、再び政豊陣営に復帰したのである。明応二年三月に俊豊は但馬に下向して争乱に対処したが、俊豊を後援していた義材政権が明応二年の政変で崩壊すると、直後の合戦で俊豊陣営も大敗を喫した〔蔭凉軒日録〕。

その後、俊豊は但馬を逃れて備後を拠点に抵抗したが、政治的に復権を果たした政豊は、徐々に但馬平定を進めていった。俊豊の抵抗も続いたが、但馬国内では一部の地域を除いて混乱はさほど伝えられていない。なお、明応三年に至っても続成と政豊が衝突していたとする説があるが、前出の「渡辺先祖覚書」には、明応二年の垣屋氏は政豊を支援していたとあるほか、同年には他の垣屋一族も政豊から感状を受けている〔高畑垣屋文書〕。実際のところ、続成は政豊の平定戦を支持する立場であったと見てよい。

山名致豊との抗争

明応八年（一四九九）正月、政豊が五十九歳で没すると、同年五月には対立していた俊豊も後を追うように病死した〔実隆公記、宗鏡寺本山名系図〕。新たに後継者になったのは、政豊三男の致豊《むねとよ》であった。しかし、この致豊はもともと南禅寺栖真院《なんぜんじせいしんいん》の禅僧であり、芳心宗伝《ほうしんすうでん》と名乗っていた〔蔭凉軒日録、翰林葫蘆集など〕。禅僧時代の致豊と面識があった亀泉集証は「美少年」と記しているが、いずれにせよ、本来は後継者候補ではなかった。政豊長男の常豊《つねとよ》は文明十八年（一四八六）に死没している上、山名氏の内紛を受けて二男の俊豊が退けられたことから、急遽還俗して京都から呼び戻されたこともあり、当初から致豊の権力基盤はさほど整っていなかったと見てよいだろう。

このような致豊の後継者就任をめぐる事情は、致豊と続成の対立の火種となったと思われる。父政豊の場合、近習を重用したことが内紛発生の一因になっていた。一方、父政豊と対立していた俊豊の場合、幼年期に太田垣氏と共に備後に下向しており〔天陰語録、禿尾長柄帚〕、太田垣氏・備後国人衆との結合が確認できるが、致豊はそうした分国経営にすら関与していた形跡もない。推測の域を出ないが、後継者候補ではなかった致豊は旧来の重臣層と深い繋がりを有したわけではなく、父政豊から引き継いだ近習層を基盤とせざるをえなかったのではないか。続成のような重臣層にとって、近習層の重用は容認できない面もあったのだろう。

文亀三年（一五〇三）、致豊は但馬楞厳寺《りょうごんじ》（兵庫県新温泉町）から取り上げて他の者に給与していた因幡国服部荘《はとりのしょう》領家《りょうけ》分を同寺に返付しているが、後年、楞厳寺に出された別の致豊書状を読むと、こうした致豊の行為は「国錯乱」と関連があるらしい〔楞厳寺文書〕。すでにこの時点で致豊と続成の間に争いが生じていたのであろう。さらに争いは激化していった。この頃の山名氏は守護所の九日市を離れて、此隅山城《このすみやま》（兵庫県豊岡市）の麓に新たな館を構えていたとされる。永正元年（一五〇四）には出石《いずし》神社（豊岡市）が兵火で焼けているが、致豊と続成の争いの影響と思われる〔神床文書〕。出石神社は此隅山城の膝下というべき場所に位置しており、続成が致豊の至近まで攻め込むという深刻な状況を見て取ることができる。また、こうした事態には中央政権も懸念を示した。永正二年、将軍の足利義澄《よしずみ》は致豊・続成両人に対して和睦するように指示しているが、義澄が出した御内書《ごないしょ》によれば、永正二年以前よりたびたび和睦の指示が出されていたようである〔室町家御内書案〕。なお、少なくとも永正初年には、続成は垣屋惣領の官途「越前守」を名乗るようになっている。

両者の抗争がどのように終結へ向かったのかという点は、確実な史料では見えてこない。永正三年、但馬興長寺《こうちょうじ》領に守護方が陣夫役《じんぷやく》を賦課したことが問題となっているが、今回の争乱に対応する課役と考えることができる〔興長寺文書〕。永正三年時点で争乱は継続中であったと思われるが、気になるのは守護方の代官として垣屋孫三郎の名前が登場している点である。垣屋孫三郎は垣屋庶流の駿河守家出身であるが、垣屋一族の中には続成と異なって致豊に近い立場の者も存在した可能性があり、山名氏と垣屋氏の争いという単純な対立構図で捉え切れない側面も留意しておく必要がある。

永正五年、致豊は因幡国服部荘領家分を国内が「静謐」になったとして楞厳寺に元の如く還付している〔楞厳寺文書〕。ひとまず永正五年までに致豊・続成両人の抗争は終結したと見てよいだろう。さらに永正八年八月、円通寺に対して壁書《かべがき》（寺院内の規式を定めたもの）が出された。現在残されている写しを見ると、続成が署判していることがわかるが、『山名家譜』によれば、壁書は致豊の指示により発給されたという。両者の同意の下で壁書が出されていることから、両者が和解している様子が明白に見て取れる。しかし、一連の抗争は、次で述べるように、それだけでは済まなかったようである。

抗争終結後の致豊と続成

『山名家譜』によれば永正九年（一五一二）、致豊は出家して政務から引退し、代わりに致豊弟の誠豊《のぶとよ》が家督を継承したという。一部の先行研究では、続成をはじめとする重臣たちの圧力によって致豊が引退させられ、山名氏の当主権力は弱体化したと理解している。さらに続成は幕府から毛氈鞍覆《もうせんくらおおい》・白笠袋《しろがさぶくろ》の御免を得たことにより、山名氏から独立したとする評価もある。

しかし、最近の研究ではその後も引き続いて当主権力が健在であった点に注目が集まっている。そもそも永正九年以降も致豊は発給文書が複数確認できるため、政務から引退したとする理解は正しくない。

加えて発給文書には「致豊」と署判しており、出家した形跡もない。しかも幕府による毛氈鞍覆・白笠袋の御免も、重臣クラスであれば許可される事例が全国的に散見されるように、それだけでは大名化の指標にはなりえない。少なくとも致豊は続成との抗争に敗れて引退したわけではない。山名氏当主の権力は無力化しておらず、続成を一方的な勝利者と判断するのは正しくないのである。

ただし、致豊・誠豊兄弟共に備後国人に対して同日付の書状を送り、家督譲与について伝達している〔萩藩閥閲録巻一三二和智孫九郎、山内首藤家文書〕。このように誠豊への家督交代が実現したこと自体は確実といえる。さらに永正九年に誠豊は但馬の軍勢を引き連れて因幡国内に侵攻しており〔宗養奥書本鷹書〕、誠豊自身の行動もはっきりと確認できるようになっている点は留意しなければならない。永正九年の因幡侵攻は、誠豊の代替わりと連動した軍事行動であろう。家督交代時期に関しては、『山名家譜』の伝えるとおりで永正九年と見てよいと思われる。

それではどう考えればよいのだろうか。一例を挙げると、大永二年（一五二二）に山名氏が播磨に侵攻したときには致豊が「大御屋形様」、誠豊が「御屋形様」と呼ばれており〔鵤荘引付〕、致豊・誠豊兄弟による軍事行動が確認できる。つまり、当時の山名惣領家では致豊・誠豊兄弟が併存する「両屋形体制」とも呼ぶことができる政務運営が実現していた。誠豊自身は垣屋氏や太田垣氏のような旧来の重臣層を取次窓口にしており、先行研究が指摘するように、続成を中心とする重臣グループに擁立されたと見てよい。このような様子を見ると、続成は致豊との間で政治的に妥協したといえるだろう。この頃、他の守護家でも同様の権力抗争がみられるが、山名氏の場合は当主と重臣双方の落としどころを探り、両者の共存を図った点に特徴がある。それが致豊・誠豊兄弟による権力の分担であり、二人の屋形が並立する体制であったといえよう。

永正年間後期に入ると、山名惣領家は分国外への軍事行動に乗り出すなど、両屋形体制下で一時的に安定的・積極的な運営が可能となった。また、山名惣領家は出雲尼子《あまご》氏との協調的な姿勢を見せたほか、対立していた伯耆守護山名澄之《すみゆき》とも良好な関係を成立させている。この点自体は致豊・誠豊兄弟並立期の特色として評価してよいだろう。そうして見ると、続成は政治的な安定を求めていた人物であり、致豊との抗争もその延長線であったのだろう。旧来の重臣層を代表する存在として続成は、これまで通りの当主と重臣の関係を維持しようと試みていたと考えられる。続成は実権を握り、主家の山名氏を圧倒していったのではなく、山名惣領家内部の抗争を鎮め、政治的妥協と安定期を成立させた功労者の一人なのである。

続成の死没とその後の垣屋氏

こうして山名惣領家の抗争を沈静化させた続成であるが、永正十三年（一五一六）八月には続成の子である続貫《つぐつら》（孫四郎）が致豊の意を受けて文書を発給している〔芥川弁伊東文書〕。続成の没年は不明だが、最後に確認できる続成署判文書が先述した永正八年の円通寺壁書であるから、推測するに永正十三年八月までの間に没したのであろう。法名は「定光寺瑞森宗伝」という〔蓮華寺文書〕。

十五世紀末以来続いてきた山名惣領家の内紛を一時的に収束させた続成の功績は大きい。重臣層の政治的立場もそれなりに守る形となったのも続成の成果といえるが、続成の子孫たちはどうなったのだろうか。永正十五年十月、続貫とは別人で垣屋氏と思われる四郎次郎某が文書を発給している〔秦文書〕。続貫は永正十三年八月〜同十五年十月までの間に死没していると見てよいだろう。続成の子である続貫は永正十年当時二十歳であったから〔忘肉抄〕、続貫は二十三〜二十五歳で亡くなったと推測される。続成は政治的な妥協の成立を見届けてから亡くなることができたと思われるが、子の続貫の早世は思わぬ誤算であっただろう。その後の山名惣領家内部では、越前守流はさほど振るわず、代わりにそれまであまり表舞台に登場しなかった垣屋氏の庶流家が台頭していくことになる。

（伊藤大貴）

【主要参考文献】

石田善人「山名政豊の播磨進攻と蔭木城合戦」（『国史学論集』今井林太郎先生喜寿記念論文集刊行会、一九八八年）
伊藤大貴「応仁・文明の乱後の山名氏と室町幕府」（『ヒストリア』二七四、二〇一九年）
片岡秀樹「早歌書「忘肉抄序」の作者平続貫について」（『季刊ぐんしょ』六四、二〇〇四年）
片岡秀樹「文明・明応期の但馬の争乱について」（市川裕士編著『山陰山名氏』戎光祥出版、二〇一八年、初出二〇〇八年）
川岡勉「山名氏の但馬支配と室町幕府」（市川裕士編著『山陰山名氏』戎光祥出版、二〇一八年、初出二〇一四年）
小坂博之『山名豊国』（吉川広昭、一九七三年）

宿南保『城跡と史料で語る但馬の中世史』（神戸新聞総合出版センター、二〇〇二年）
高橋正弘『因伯の戦国城郭　通史編』（自費出版、一九八六年）
原慶三「松江市史中世史料編・補遺についての補足」（『松江市史研究』一〇、二〇一九年）
山本一「国立公文書館内閣文庫蔵「宗養奥書本鷹書」（仮称）をめぐって」（『金沢大学人間社会学域学校教育学類紀要』七、二〇一五年）
渡邊大門『中世後期山名氏の研究』（日本史史料研究会企画部、二〇〇九年）

【執筆者一覧】（掲載順）

天野忠幸　別掲

川口成人
一九八九年生まれ。現在、日本学術振興会特別研究員（PD）。
【主な業績】『鎌倉幕府と室町幕府』（共著、光文社、二〇二二年）、「都鄙関係からみた室町時代政治史の展望」（『日本史研究』七一二、二〇二一年）、「忘れられた紀伊の室町文化人」（『日本文学研究ジャーナル』一九、二〇二一年）

木下昌規
一九七八年生まれ。現在、大正大学文学部准教授。
【主な業績】『戦国期足利将軍家の権力構造』（岩田書院、二〇一四年）、『足利義晴と畿内動乱』（戎光祥出版、二〇二〇年）、『足利義輝と三好一族』（戎光祥出版、二〇二一年）

山田康弘
一九六六年生まれ。現在、東京大学史料編纂所学術専門職員。
【主な業績】『戦国時代の足利将軍』（吉川弘文館、二〇一一年）、『足利義稙―戦国に生きた不屈の大将軍』（戎光祥出版、二〇一六年）、『足利義輝・義昭―天下諸侍、御主に候』（ミネルヴァ書房、二〇一九年）

佐藤稜介
一九九〇年生まれ。現在、京都府京都文化博物館学芸員。
【主な業績】「戦国期における幕府奉行人家の分裂」（『古文書研究』八八、二〇一九年）、「三宝院持厳考」（奈良国立博物館研究紀要『鹿園雑集』二二、二〇二〇年）、「戦国期幕府奉行人の経済基盤」（元木泰雄編『日本中世の政治と制度』吉川弘文館、二〇二〇年）

笹木康平

一九八七年生まれ。現在、札幌市職員。

【主な業績】「若狭武田氏における「国家」」（『戦国史研究』七六、二〇一八年）、「文明期における若狭武田氏の在国と在京—国信・信親父子の役割分担を中心に—」（『戦国史研究』八〇、二〇二〇年）、「若狭武田氏の小浜における拠点形成—「在浜」「出浜」文言の検討を中心に—」（『若越郷土研究』六六—二、二〇二二年）

松下　浩

一九六三年生まれ。現在、滋賀県文化スポーツ部文化財保護課主幹兼安土城・城郭調査係長。

【主な業績】『織田信長　その虚像と実像』（サンライズ出版、二〇一四年）、『覇王信長の海　琵琶湖』（共著、洋泉社、二〇一九年）、『織田信長の城郭』（編著、戎光祥出版、二〇二〇年）

西島太郎

一九七〇年生まれ。現在、追手門学院大学文学部教授。

【主な業績】『戦国期室町幕府と在地領主』（八木書店、二〇〇六年）、「室町幕府奉公方と将軍家」（『日本史研究』五八三、二〇一一年）、「戦国期守護職をめぐる尼子氏と京極氏」（『古文書研究』九二、二〇二一年）

古野　貢

一九六八年生まれ。現在、武庫川女子大学共通教育部教授。

【主な業績】『中世後期細川氏の権力構造』（吉川弘文館、二〇〇八年）、「伊賀・伊勢・志摩国守護仁木氏」（川岡勉編『中世後期の守護と文書システム』思文閣出版、二〇二二年）、「細川氏・三好氏の権力構造　畿内・阿波からの視点」（石井伸夫・重見髙博・長谷川賢二編『戦国期阿波国のいくさ・信仰・都市』戎光祥出版、二〇二一年）

浜口誠至
一九八二年生まれ。現在、産業能率大学兼任教員等。
【主な業績】『在京大名細川京兆家の政治史的研究』（思文閣出版、二〇一四年）、「戦国期管領の在職考証」（『日本史学集録』三九、二〇一八年）、「中御門宣胤と武家」（戦国史研究会編『論集　戦国大名今川氏』岩田書院、二〇二〇年）

岡田謙一
一九六六年生まれ。現在、渋谷区郷土博物館・文学館文化財担当学芸員。
【主な業績】「細川澄元（晴元）派の和泉守護細川元常父子について」（小山靖憲編『戦国期畿内の政治社会構造』和泉書院、二〇〇六年）、「細川晴国小考」（渡邊大門ほか編『戦国・織豊期の西国社会』日本史史料研究会、二〇一二年）、「和泉上守護細川氏の書状に関する一考察―細川常有父子の私信を中心に―」（川岡勉編『中世後期の守護と文書システム』思文閣出版、二〇二二年）

小谷利明
一九五八年生まれ。現在、八尾市立歴史民俗資料館館長。
【主な業績】『畿内戦国期守護と地域社会』（清文堂出版、二〇〇三年）、『南近畿の戦国時代』（共編著、戎光祥出版、二〇一七年）、「畠山氏の権力構造と文書発給」（川岡勉編『中世後期の守護と文書システム』思文閣出版、二〇二二年）

中西裕樹
一九七二年生まれ。現在、京都先端科学大学教育開発センター特任准教授。
【主な業績】『戦国摂津の下克上 高山右近と中川清秀』（戎光祥出版、二〇一九年）、『大阪府中世城館事典』（戎光祥出版、二〇一五年）、『松永久秀の城郭』（編著、戎光祥出版、二〇二一年）

飛鳥井拓

一九八四年生まれ。現在、亀岡市文化資料館学芸員。

【主な業績】「「片山文書」と丹波和知荘片山氏の動向」（『丹波』二〇、二〇一八年）、「戦国期丹波国の守護代に関する一考察」（亀岡市文化資料館編『第34回特別展展示図録　明智光秀と戦国丹波―丹波進攻前夜―』二〇二〇年）、「天正八年武吉村指出帳と丹波国検地」（『織豊期研究』二三、二〇二一年）

山下真理子

一九八七年生まれ。現在、世田谷区政策企画部政策企画課区史編さん担当資料調査員。

【主な業績】「天文期山城国をめぐる三好宗三の動向―山城守護代的立場の木沢長政を比較として―」（『地方史研究』三八六、二〇一六年）、「天文期細川晴元奉行人奉書から見る晴元有力被官の動向」（小此木輝之先生古稀記念論文集刊行会編『小此木輝之古稀記念論文集　歴史と文化』青史出版、二〇一六年）、「細川晴元期京兆家の領国支配と守護職」（戦国史研究会編『戦国期政治史論集　西国編』岩田書院、二〇一七年）

廣田浩治

一九六七年生まれ。現在、静岡市歴史博物館学芸課長。

【主な業績】「中世後期の九州の散在名荘園と村落」（『十六世紀史論叢』一三、二〇二〇年）、「中世荘園・和泉国日根荘」（仁木宏・磐下徹編『歴史家の案内する大阪』文理閣、二〇二一年）、「地域歴史遺産と日本中世地域史」（神戸大学地域連携センター『ＬＩＮＫ』一四、二〇二一年）

弓倉弘年

一九五八年生まれ。現在、和歌山県立和歌山工業高校教諭。

【主な業績】『中世後期畿内近国守護の研究』（清文堂出版、二〇〇六年）、『和歌山県の歴史』（共著、山川出版社、二〇〇四年）、『南近畿の戦国時代』（共編著、戎光祥出版、二〇一七年）

岩本潤一

一九七七年生まれ。現在、地方公務員。

【主な業績】「信濃小路長盛と戦国の九条家三代 ―下向・不如意・出奔―」（中脇聖編著『家司と呼ばれた人々』ミネルヴァ書房、二〇二一年）

金松　誠

一九七七年生まれ。現在、三木市立歴史資料館係長。

【主な業績】『松永久秀』（戎光祥出版、二〇一七年）、『筒井順慶』（戎光祥出版、二〇一九年）、『秀吉の播磨攻めと城郭』（戎光祥出版、二〇二一年）

前田　徹

一九七二年生まれ。現在、兵庫県立歴史博物館学芸員。

【主な業績】『中世後期播磨の国人と赤松氏』（清文堂出版、二〇二一年）、「中世初期の地域社会」（荘園・村落史研究会編『中世村落と地域社会』高志書院、二〇一六年）、「播磨・但馬の天正八年羽柴検地帳」（『織豊期研究』二三、二〇二一年）

伊藤大貴

一九九一年生まれ。現在、島根県立古代出雲歴史博物館主任学芸員。

【主な業績】「応仁・文明の乱と山名氏」（『日本史研究』六六〇、二〇一七年）、「応仁・文明の乱後の山名氏と室町幕府」（『ヒストリア』二七四、二〇一九年）、「山名教豊・是豊兄弟の政治的位置」（『年報中世史研究』四五、二〇二〇年）

【編者略歴】

天野忠幸（あまの・ただゆき）

1976年生まれ。大阪市立大学大学院文学研究科後期博士課程修了。博士（文学）。
現在、天理大学文学部准教授。

主な著作に、『三好長慶』（ミネルヴァ書房、2014年）、『増補版　戦国期三好政権の研究』（清文堂出版、2015年）、『三好一族と織田信長』（戎光祥出版、2016年）、『荒木村重』（戎光祥出版、2017年）、『松永久秀と下剋上』（平凡社、2018年）、『列島の戦国史4　室町幕府分裂と畿内近国の胎動』（吉川弘文館、2020年）、『三好一族』（中央公論新社、2021年）などがある。

戦国《せんごく》武将列伝《ぶしょうれつでん》7　畿内編《きないへん》 上《じょう》

2022年12月20日　初版初刷発行

編　者　天野忠幸

発行者　伊藤光祥

発行所　戎光祥出版株式会社

〒102-0083 東京都千代田区麹町1-7 相互半蔵門ビル8F

TEL：03-5275-3361（代表）　FAX：03-5275-3365

https://www.ebisukosyo.co.jp

印刷・製本　モリモト印刷株式会社

装　丁　堀 立明

ISBN：978-4-86403-446-3